U0096199

古代歷史文化研究輯刊

三十編

王明蓀 主編

第9冊

江西永豐科舉狀元傳

顧寶林 著

國家圖書館出版品預行編目資料

江西永豐科舉狀元傳／顧寶林 著 -- 初版 -- 新北市：花木蘭文化事業有限公司，2023〔民 112〕

目 2+190 面；19×26 公分

（古代歷史文化研究輯刊 三十編；第 9 冊）

ISBN 978-626-344-414-0（精裝）

1.CST：科舉 2.CST：傳記 3.CST：江西省永豐縣

618　　112010438

ISBN-978-626-344-414-0

9 786263 444140

古代歷史文化研究輯刊

三十編 第九冊　　ISBN：978-626-344-414-0

江西永豐科舉狀元傳

作　　者 顧寶林

主　　編 王明蓀

總 編 輯 杜潔祥

副總編輯 楊嘉樂

編輯主任 許郁翎

編　　輯 張雅淋、潘玟靜　美術編輯 陳逸婷

出　　版 花木蘭文化事業有限公司

發 行 人 高小娟

聯絡地址 235 新北市中和區中安街七二號十三樓

電話：02-2923-1455／傳真：02-2923-1452

網　　址 http://www.huamulan.tw 信箱 service@huamulans.com

印　　刷 普羅文化出版廣告事業

初　　版 2023 年 9 月

定　　價 三十編 15 冊（精裝）新台幣 42,000 元

江西永豐科舉狀元傳

顧寶林 著

作者簡介

顧寶林，江西蓮花人。2012 年畢業於中國社科院研究生院，獲文學博士學位。現為井岡山大學人文學院教授、副院長及廬陵文化研究中心研究員，主要從事古代文學和江西省古代名人文化研究。近年來主持完成國家社科基金項目 1 項、省部級項目多項，在《文學遺產》《文學評論》等刊物發表論文 50 餘篇，出版專著 2 部、古籍整理 2 部，榮獲江西省社科優秀成果獎二等獎 3 次。兼任中國歐陽修研究會副會長（2017）、江西省文藝學會歐陽修專業委員會副會長（2020）、江西省宋史研究會理事（2022）、吉安市歐陽修文化研究會顧問（2022）以及中國詞學研究會和中國文學地理學會理事（2015、2016）等。2016 年入選江西省「百千萬人才工程」。

提　要

本著在參資前人書寫和有關史料基礎上，用虛實相接的筆法詳盡地書寫了江西省永豐縣南宋時代的董德元、明代曾棨與羅倫和清末劉繹 4 位科舉狀元的生平事蹟及其影響，並對他們的學術成就和文學創作作了一定程度的探討與研究。全書從狀元仕宦案例入手，採用歷史事實與藝術加工的方式，盡可能地為讀者奉獻出一個個較為詳盡的狀元形象及其人生履歷與影響，多側面多視角展示那個特定時段特殊人物的心路歷程和社會狀況，為宣傳、反映地方狀元文化增添新的參考。

目次

前　言

科舉文化是中國隋唐以來的特有文化，伴隨而來的是進士——這種科舉時代知識分子精英，成為封建王朝文官體制中的主要成員，通常凝結著家族一代甚或數代人的艱辛與智慧，閃耀著無與倫比的榮耀和光芒。而科舉考試中的最高榮譽和等次莫過於一甲頭名進士——狀元，俗稱「榜首」抑或「狀頭」，代表進士群體中的最高等級。「狀元」不僅是科舉制度中的最高等次，也是一個國家的文化符號和窗口。對於此，一個西方史學專家說道：「中國科舉的產生，是時代的驕傲，而科舉制度中的驕子——狀元，又是一個酸甜苦辣的集合體，他同東方社會構成五光十色的連環關係。要瞭解中國的過去就得瞭解狀元。」此言不虛。

江西是科舉社會中的一塊聖地，是進士生產大省和人才出產高地。廬陵歐陽修曾自豪道：「區區彼江西，其產多材賢。」（《送吳生南歸》），即以進士而言，可以佐證歐老夫子此言不矜。據統計，在長達一千三百多年的科舉史中，江西總共出產進士 106449 名，占全國進士數量的 10.43%，其中文狀元 47 人。（李天白《江西狀元全傳》）這也側面反映科舉社會的江西教育、文化相對發達，在全國名列前茅。

廬陵吉安又是江西科舉盛業中的重要區域。據劉宗彬《吉安進士名錄》統計，現吉安各縣市歷史上出產進士達 2778 人，在全國地級市中排名第一。不僅如此，廬陵吉安在明代有過現象級的科舉盛況。如建文二年（1400）庚辰科，該科共取進士 110 人，但一甲前三名胡廣、王艮、李貫都是吉安府人；永樂二年（1404）甲申科，狀元曾棨、榜眼周述、探花周孟簡全是吉安人；二甲前四人也都是吉安人。這種盛況書寫了科舉史上的一個奇蹟。整個科舉時代，吉安貢獻了 17 位文狀元，占全省三分之一強。區區吉安府一地人才、文風之盛，由此可見一斑。

永豐縣是吉安市的一大文化重鎮，是一代文壇領袖歐陽修的祖父居住地。永豐縣位於吉安市的東偏北方向，東鄰撫州市的樂安、贛州市的寧都縣，南接贛州市的興國縣，西與吉水、青原區毗連，北和峽江、新幹縣接壤。永豐縣始建於宋仁宗至和元年（1054），析吉水縣報恩鎮及雲蓋、興平、龍雲、永豐、明德 5 鄉（即陽豐、興平 2 縣地）置永豐縣，以報恩鎮為治所，屬吉州廬陵郡兼軍事。紹興十九年（1149），雲蓋鄉被劃歸新設立的撫州樂安縣，其餘轄地基本未變，屬於吉安府管轄。

永豐縣科舉文化興盛，共出產科舉進士 287 人，其中狀元 4 人（含恩科狀元）：

一、董德元（1096～1163），字體仁，宋哲宗紹聖三年（1096）出生於吉州永豐縣雲蓋鄉流坑村。宋高宗紹興十八年（1148）舉進士第，時年五十三。本列進士一甲第一人，因有職在身，循例降一等，為恩榜狀元（《紹興十八年同年小錄》）。紹興二十一年（1151），簽書鎮南軍節度判官（《建炎以來繫年要錄》卷六二）。紹興二十四年（1154），遷監察御史、殿中侍御史兼崇政殿說書、進侍講（同上書卷一六六、一六八）。紹興二十五年（1155），拜參知政事，封爵廬陵開國子；同年十二月，以讒秦檜致顯，檜死，遂罷官（同上書卷一六九、一七〇）。隆興元年（1163）卒，年六十八。恩榜狀元，官至副相。董德元成為永豐縣歷史上的第一名狀元，與歐陽修一起成為永豐的榮耀，因此，永豐縣被稱為「歐董名鄉」。

紹興十九年（1149），因流坑所在的雲蓋鄉被劃歸新設立的樂安縣，於是董德元又成了樂安縣的進士狀元。

這裡需要說明的是，董德元儘管當今一些書志將其當作撫州樂安縣人，這固然當是，然而我們考察董德元其人一生，發現董德元 68 年生涯中，54 年生活在永豐縣時期，尤為關鍵的是獲取恩榜狀元時還屬於永豐縣。另外晚年罷官歸居後，董德元繼續生活在吉州而非撫州或樂安縣，可見無論是客觀事實還是主觀心態，董德元可算是一個地地道道的吉州永豐人。這是我們將其列入本書書寫範圍的根本緣由。

二、曾棨（1372～1432），字子棨，號西墅，吉安府永豐縣龍潭（今永豐縣佐龍鄉曾家村）人。永樂二年（1404）中進士第一。明成祖閱其答卷批曰：「貫通經史，識達天人。有講習之學，有忠愛之誠。擢魁天下，昭我文明，尚資啟沃，惟良顯哉！」授翰林修撰。是年成祖令解縉從進士中挑選優秀俊敏者28人為庶吉士，進文淵閣深造，曾棨被列為第一人。宣德元年（1426）升右春坊大學士，進講文華殿。宣德二年（1427），任詹事府少詹事，掌管太子宮內事務，仍值文淵閣。宣德七年（1432）病逝，享年六十一。贈禮部左侍郎，謚襄敏。官至詹事府少詹事（正四品）。有《西墅集》等行世。

三、羅倫（1431～1478），字應魁，一字彝正，號一峰，吉安府永豐縣（今永豐縣瑤田鄉水心村）人。年少家貧好學，成化二年（1466）大試，對策萬言，指切時弊，擢進士第一（狀元），授翰林院修撰，名震京都。後因上《扶植綱常疏》直諫朝廷奪情起復內閣大學士李賢，得罪明憲宗，而謫為泉州市舶司副提舉，次年復官翰林院修撰，改南京任職。成化五年（1469）九月，稱疾辭職，回歸故里，隱居家鄉，閉門著述講學。成化十一年（1475），開始隱於離家百餘里處的永豐龍岡毛蘭，主持金牛洞書院，鑽研經學，開館授徒，從學者甚眾。成化十四年戊戌（1478）卒，年僅四十八歲。嘉靖初年追贈左春坊諭德，謚文毅。羅倫學術上篤守宋儒為學之途徑，重修身持己，尤以經學為務。為文有剛毅之氣，詩作磊落不凡，著有《一峰集》等。

四、劉繹（1798～1879），字詹岩（或瞻岩），吉安府永豐縣城南（今永豐縣恩江鎮八一街道）人。道光十一年（1831）中舉人，十五年（1835）乙未中進士試一甲第一名，授翰林院修撰。道光十八年（1838）任山東提督學政。道光二十一年（1841）首聘為白鷺洲書院山長。咸豐十年（1860），詔加三品京堂。劉繹官滿後歸家，致力教學廬陵。著有《存吾春齋文抄》十二卷、《存吾春齋詩抄》十三卷等。另纂有《同治永豐縣志》《光緒吉安府志》《光緒江西通志》，等等。

永豐縣時值當今也僅是一個三四十萬人口的小縣，然而科舉時代卻貢獻出近 300 名進士和 4 個狀元，令人不得不歎服傳統時代學而優則仕的巨大引領作用，也不得不令人感佩永豐乃至廬陵吉安在傳統耕讀文化的薰陶下，當地區域的讀書人奔競在科舉賽道所付出的心血和取得的成就！科舉狀元已然成了過往歷史，但作為民族文化的一部分，這種持續不竭、莊敬自強的力量卻是一個國家、社群奮爭不息勇於求進的永存精神力量。遺憾的是，我們書寫的這些對象，有的事蹟不彰，或語焉不詳，甚或有的狀元事蹟和文集還躲在歷史故紙堆中，乏人整理開掘。作為一所坐落在歷史文化名城吉安市的井岡山大學，有責任去挖掘他們；作為井岡山大學一個廬陵文化愛好者和弘揚者的筆者，更有義務去整理和傳播這些曾經的知識精英分子的事蹟及其精神遺產。

本書在前人整理基礎上，採用歷史事實與藝術加工的方式，盡可能地為讀者奉獻出一個個較為詳盡的狀元形象及其人生履歷與影響。必須說明的是，本書不是嚴格意義上的人物傳記和學術專著，而是寄希望於捎帶點學術性的一般通俗讀物。本書成稿過程中曾得到諸多校內同事和永豐縣當地耆舊新俊的指導與幫助，當然尤為銘感的是花木蘭文化事業有限公司，無私地給予出版支持，使得剛剛過去的那個低溫籠罩又充斥新冠病毒的壬寅歲末冬天略顯幾分暖意。所幸新春以來，疫毒遁逃，中華大地乍復山光水秀，一派熙熙，煙火濃濃。藉此春光，向所有曾伸出援手的他們一一致敬，表示衷心感謝。由於本人受閱讀資料和學識水平的限制，書中肯定有不妥和疏漏之處，還請方家和讀者諸君多多包涵並指教。

顧寶林

癸卯年春月（2023 年 2 月）

南宋恩科狀元董德元傳

在吉安市東北方位的永豐縣和撫州市西南方向的樂安縣交界附近，有個今屬樂安縣牛田鎮的千年古村——流坑村。流坑村距樂安縣城 80 華里左右，背依雩山餘脈於山西北麓的金鼓峰，四面青山環抱，有「天馬南馳，雪峰北聳，玉屏東列，金絳西峙」之稱。村後發源於永豐、樂安、寧都三縣交界處靈華山西側和雩山北麓的烏江（即恩江上游）上游的牛田河自東南方向沿崇山峻嶺繞村迤邐而來，如一條碧綠的翠帶，至村緣轉繞而西，再奔赴下游的麻坑村。流坑三面繞水，另有淤塞河段穿村而過，正面的西南部是桑竹良田，流坑公路穿境而過。據傳，明嘉靖、萬曆年間，在村西邊緣挖掘出七口由南而北、緊密相連、綿延如龍的池塘組成的長湖——龍湖，形成了獨特的風水格局，當地人形象地將其稱之為「活水排形」。十里香樟，延綿恩江兩岸，枝繁葉茂，碧翠蔥榮。近百棵古樹掩映村莊，融合在遠山近水、輕煙薄霧之中，形成了一幅瑰麗壯觀的水墨畫卷。

流坑村是一個以董姓為主聚族而居的血緣村落，迄今已有一千多年的歷史。董氏尊西漢大儒董仲舒為始祖，又認唐代宰相董晉為他們的先祖。據族譜記載，董晉裔孫董清然在唐末戰亂時，由安徽遷入江西撫州的宜黃縣，他的曾孫董合（字仲諱合，為三世祖尚三之子）一家於五代南唐昇元年間（937～943年）西遷流坑，這裡當時尚屬廬陵吉州吉水縣，後改屬永豐縣雲蓋鄉，南宋紹興十九年（1149），割崇仁天授、樂安、忠義三鄉及永豐雲蓋鄉設立樂安縣，隸撫州，自此，流坑便屬撫州樂安。所以，董合一系先叫廬陵派，以後又叫樂安流坑派。董合，便是流坑董氏的開基祖。

從縱向上來看，流坑歷經千年風雨的洗禮，董氏家族屢經戰亂和遷徙，但流坑董氏文化命脈未嘗斷絕，且日久彌新，散發出傳統鄉土耕讀傳家的精神味道，聲名遠播海內外。推算起來，宋代是流坑歷史上最為輝煌的時期，董氏崇文重教，以科第而勃興，成為江南大家族聚居的典型，時有「一門五進士，兩朝四尚書、文武兩狀元，秀才若繁星」之美稱，而永豐縣也有「歐（歐陽修）董（流坑董氏）名鄉」之美譽。

本書傳主——南宋恩榜狀元董德元即是生長於流坑這樣一個科舉興盛的特殊村落，同時他本身的舉業和政治進退又為流坑董氏科舉和名人文化增添了傳奇色彩。

董德元（1096～1163），字體仁，小名丙哥，小字長壽，宋時吉州永豐縣雲蓋鄉流坑村（今屬江西省樂安縣）人，為流坑村開基祖董合之七世孫。董德元初就特奏名，補文學，後調道州寧遠主簿（《獨醒雜志》卷六）。宋高宗紹興十八年（1148）舉進士第，時年五十三，本列進士一甲第一人，因有職在身，循例降一等，為恩榜狀元（《紹興十八年同年小錄》）。紹興二十一年（1151），簽書鎮南軍節度判官（《建炎以來繫年要錄》卷六二）。紹興二十四年（1154），遷監察御史、殿中侍御史兼崇政殿說書、進侍講（同上書卷一六六、一六八）。後轉中書舍人，除吏部侍郎，升尚書。紹興二十五年（1155），拜參知政事，封爵廬陵開國子；同年十二月，以諂秦檜致顯，檜死，遂罷官（同上書卷一六九、一七〇）。隆興元年（1163）卒，年六十八。恩榜狀元，官至副相。董德元成為永豐縣歷史上的第一名狀元，與歐陽修一起成為永豐的榮耀，因此，永豐縣被稱為「歐董名鄉」。紹興十九年（1149），流坑所在的雲蓋鄉被劃歸新設立的樂安縣，於是董德元又成了樂安縣的進士文狀元第一人。

一、家世淵源

流坑董氏的家世淵源流長，明代萬曆年間編撰的流坑董氏房譜《本源考》記載：根據唐代著名學者韓愈所撰寫的唐肅宗時期宰相董晉的神道碑上溯，認為董晉為西漢著名的儒家學者董仲舒之後。大約唐代末年，董晉的後裔董清然由安徽遷入江西的宜黃。南唐昇元年間（937～943年），董清然曾孫董合又從宜黃擴源率家遷居流坑，開始了董氏流坑的千年文明。董仲舒為漢代廣川郡（今屬河北衡水景縣廣川鎮大董古莊）人，因此流坑董姓自稱廣川董氏。但北方董仲舒後裔究竟是如何南遷至廬陵流坑的，其族譜也語焉不詳，只提及「仲舒之孫守訪江，子孫家焉」，算是一說。現存董氏各種族譜中最通行的說法即是如此。根據族譜董清然以下的世系明晰這一事實，大致判斷流坑董氏先祖為董清然之說可信，然而上溯至董晉並追溯至董仲舒恐不足以使人信服。所以，應該說董清然是流坑董氏現在可以確知的第一位先祖，而董合當為流坑村開基祖。1984 年出土於江西德興的南宋初年董鴻墓誌銘寫道：「五季（按：似當為唐末）之亂，士大夫皆保歙之黃墩。亂定稍出，散其旁數百里間……董氏其一出。」德興董氏亦為董清然之後，則流坑董氏祖先曾居皖南，其後才輾轉遷至江西。

唐宰相董晉是否為流坑董氏先祖呢？值得懷疑。中國民間族譜往往好喜為本族添光，將一些查無出處的遠祖依附在同姓名人身上。這位董晉，據新舊《唐書》可知為今天山西永濟人，生於開元十一年（723 年），死於貞元十五年（799 年），官至宰相。貞元十二年（796 年）七月，唐朝大文學家韓愈二十九歲，受董晉推薦，出任宣武軍節度使觀察推官。這是韓愈從政的開始。韓愈在任觀察推官三年中，一邊指導李翺、張籍等青年學詩作文，一邊利用一切機會，極力宣傳自己對散文革新的主張，發起了影響中國古代文學深遠的古文運動。董晉卒後，韓愈有感推薦之恩，撰寫了《董公神道碑銘（並序）》一則。文中韓愈言辭懇切地總結了董晉非凡的一生，高度讚揚董晉在社稷國家中的地位和作用，「一邦之人，得公而理，失公而亂」。董氏將這樣一位政治高官樹為先祖，其影響和意義自然不言而喻。不過有一點可以說明，近來董全吉考證推測認為流坑的一世祖董清然與唐宰相董晉之孫董清然並非同一個人（《「千古第一村」流坑的董清然的千古之謎》），這個事例說明有的董氏後裔並非贊同為了祖上榮光而盲目地將先祖的名分隨意掛靠在一些歷史名人頭上的做法。

流坑董氏一世祖董清然居於宜黃擴源（譜中或作霍源、北源。今仍稱北源村），生二子，長子連，次子稱。連復有三子，長子尚一，生董全、董含；次子尚二，無後；三子尚三，生董合。此後的董清然一家三代，不僅人丁漸繁，而且家道頗裕，「富甲里邘」。董清然去世後，在五代吳國順義年間（921～926 年），董連曾在宜黃黃山施田建寺以守其墓，據說其面積達至 1300 畝，外加魚塘 8 口。但董氏族譜都稱清然為「居士」，絕非仕宦之人，只是一個富有的庶族地主。五代南唐時期（937～975 年），大約因為家族繁大，董氏全、含、合三兄弟分蘗析居。其中董全徙鄱陽海口，因其地後屬德興，後世董全一支稱德興海口派；董含與父、祖留居宜黃，其後即為宜黃北源派；而董合一家西遷流坑，這裡當時尚屬廬陵吉州吉水縣雲蓋鄉，後世董合一系就叫吉水派，南宋樂安建縣後叫樂安流坑派。董合，便是流坑董氏的一世開基祖。南宋紹興年間，董合因八世孫董德元位居參知政事而被追贈司徒，所以在族譜中又被尊稱為「司徒公」。

董德元出生的雲蓋鄉，其得名傳說是因為唐武則天延載元年（694 年），有道士在此修仙得道、羽化飛奔昇天而去，時「環山數十里紫雲紛鬱，覆罩累日」，因而取名「雲蓋」。可見那時這一片土地山多樹密，靜謐幽深，罕有人至。當南唐昇元年間董合來到流坑時，這裡「猶是魚鳥之境」，「榛篁森翳，人莫有居之者」。然而綠水青山，別有洞天，在當時天下紛擾動盪之際，雲蓋鄉較山外相對安寧，且處河谷地帶，土肥地闊，差似桃源之境。董合一家扶老攜幼，風塵僕僕，一進入雲蓋鄉，便在山腳下烏江西回轉角處的白泥塘安下家宅，從此賴地利地勢之便開荒墾田，植樹種菜，開啟了流坑董氏的基業。董合有兩個兒子，長子名楨，次子名耽。董楨又生四子，為文廣、文肇、文晃、文亨；董耽亦有後嗣。據載董楨「以誼俠自任，時方擾攘，盜賊盈野，乃糾率義勇，保固鄉里，賊不敢犯，賴以為濟者甚眾。」從這一記載中可以看出，經過一段時間的創業打拼和生息繁衍，董氏一家已在雲蓋鄉立穩腳跟，並成為當地有勢力和影響的大戶。而隨著時代的發展，這一區域也已初步得到開發。大約就在此後不久，因為生齒漸衍，家業漸大，董氏一家又將河東南岸三面環山水落石出的白茅洲開闢出來，闔家移居於此，這就是逐漸發展起來的流坑村。依靠著辛勤經營和良好的自然條件，以及流坑董氏家族內部的精誠團結，家族事業益發壯大，遂在宋代成為科甲聯中、仕宦眾盛而雄於江右的巨大家族。

關於董氏家族的勃興，在民間的口耳相傳中流傳一個有關風水的故事，而在流坑的譜牒文獻中也記載一個與風水師有關的掌故傳說，這就是認為流坑董氏的發達興旺是與唐代楊筠松、曾文迪兩位風水師前來堪輿占穴密不可分。

楊筠松（834～900 年），名益，字叔茂，號筠松，唐代竇州（今廣東信宜西南）人，著名風水宗師。楊筠松曾為唐僖宗朝國師，官至金紫光祿大夫，專掌靈臺地理之事，為唐朝著名的地理風水學家。著有《疑龍經》《撼龍經》《一粒粟》《天玉經》《都天寶照經》《天元烏兔經》等。相傳他用地理風水術，能使貧者致富，所以世人稱之為「救貧」先生，後人由此也稱其為「楊救貧」。唐末黃巢破長安，楊氏漫遊江南，以精相地名世，遂為堪輿南派的鼻祖。曾文迪，為江西雩（於）都縣人。文迪於經緯、黃庭、內景之書，無所不究，而地理尤精。著《尋龍記》《陰陽問答》等。曾文迪是楊氏嫡傳弟子，亦為堪輿宗師。據說楊、曾兩位漫遊到流坑後受到董家熱情款待，在此留居二年之久。臨別之際，為報答主人盛意，他們為董合董楨父子相得吉穴四口，又為流坑占視形勝。他們還留下了許多符籙祝語，預言董氏從此要發跡，前程不可限量。如有符籙說：「賜緋賜紫一百人，三百綠袍玄息著。兒孫累世享官榮，與國齊同如山嶽」「陽星日月峽相隨，文武狀元歸。端正飛鵝頭上生，金殿玉階行。代代富貴家有官，子息不窮寒。亥上峰，明月樓臺，董氏子孫，功名百世。」如此等等，不一而足。這些祝語，至今仍保留在董氏的各種譜牒中，因為此後不久董氏果然蘭桂齊芳，成為鼎鼎有名的簪纓世家，故而董氏一族世代尊奉楊、曾二氏為地仙，以至將他們從祀大宗祠報功堂，以示不忘其占穴賜福之恩。流坑一帶，也留下了大量有關二人的傳說和風物古蹟，像流坑所謂的「十六古蹟」，就多與他們相關。據明代著名學者羅洪先說，這個掌故後來甚至成為世間談堪輿者「莫不引重」的典範。古代的堪輿術，多半具有迷信成分，所以這個掌故的真實性當然是值得懷疑的。明嘉靖年間的兵部尚書、理學家永豐人聶豹在《董氏重修祠堂記》一文中曾說：「楊、曾物土遍天下，乃江南卜兆婦姑子父如董氏者豈少哉？而榮祿文獻之盛不一再見，豈堪輿之術神於流坑也耶？君子弗之諱也。」聶氏之言，委婉地表示了自己的見解，可謂有識。

現在看來，流坑董氏以科第而勃興的真正原因，首先是董氏族人齊心協力共振家業，久而久之積攢了殷實的資產，為子弟學優而仕提供了物質基礎。其次亦與當時吉州地區「序塾相望、弦誦相聞」「文風盛於江右」的習俗濡染薫陶有關。當然董氏子弟奮發有為積極進取的意識以及族人以科考功名訓導子孫以光耀門庭的做法才是關鍵。

講到這裡，我們有必要先將董德元的家族世系理順下。根據流坑董氏族譜和《同治永豐縣志》記載，流坑村的奠基者董合被追認為一世祖，後因為董德元的勳業被追贈為戶部尚書大司徒。董合之子董楨為二世祖，同樣地被追贈為工部尚書大司空。三世祖董文肇（董楨次子），四世祖董淵（文肇四子），五世祖即董德元的曾祖董倚，慶曆六年（1246）丙戌科進士，後以曾孫顯貴加封太子太保。六世祖即董德元祖父董蒙休，以孫貴加封太子太保。七世祖即董德元父董蔣（獎），以子貴累贈太師。董德元為董合的第八世孫。董德元的兒子董克忠為第九世，後憑父貴授安遠（今江西安遠縣）主簿，官至全州（今廣西全州）知府。董德元上述直系家族，用一個簡易示意圖標明為：董合→董楨→董文肇→董淵→董倚（琦）→董蒙休→董獎→董德元→董克忠。

董氏不僅人丁興旺，鴻文舉業也是繁榮滋長，即使在董德元中進士前，已是科名累累，前後相踵，成了流坑董氏人引以為傲的資本。這種科第舉業的繁榮狀況首先與流坑第三世董文廣的激勵獎掖休戚相關。

董文廣主要生活在分裂割據的五代十國時期，當時的流坑一帶人煙稀少，地荒山幽，經常有盜賊出沒騷擾，後在董文廣父親董楨「以豪俠自任」率領眾鄉親的守護下，日子逐漸過得安寧，此後家資日益充實，漸成一大戶。董楨是一個有想法的長者，勞作之餘時常盯著四周群山沉入彌想，他覺得國家經歷大亂之後必定會迎來一個較為安穩的時代，希望董氏後人有更遠大的志向與目標，跳出流坑到山外去迎接錦繡前程，為此經常花費精力與資金興辦私學，延引私塾先生督導子弟致力詩書經學。而董文廣繼承其父遺志，並身體力行，表現得尤為突出。

據董楨後人董公在北宋至和元年（1054）寫的《登科題名錄》記載：

> 予伯祖文廣，始以通經為儒，不事章句，東遊金陵，值李氏亂，乃歎曰：「是不足事，以污吾祖。」棄而西歸。即而王師平江南，乃與吾祖文肇曰：「吾等老矣，不可復仁幸而生見太平，當有子弟以儒名家。」悉出金帛，多營書史，大啟黌舍，招延學徒，士知遠方多歸之。至祥符中吾父一舉中進士，鄉里以為榮。識者謂：「董氏當擾攘之時，以誼勇自奮庇捍鄉里；太平之時，復敦儒學，教育子弟上，宜有其後以大厥族。」

由這段記載可以看出，董文廣不僅好讀詩書，而且經常外出遊歷，希冀仕用。可惜時值南唐割據自立，天下紛爭仍未將息，只得失望而歸，後來當宋太祖平定江南以後，國家急需人才之際，董文廣幸中解試，無奈年事已高，最終抱憾棄仕，只得把這種習儒舉業以求仕進的希望寄託在後生小輩，於是不惜重金，四方延引人才，進一步創造條件督辦私學。宋真宗大中祥符八年（1015）董淳在殿試中金榜題名，成為流坑的第一名進士，極大地刺激和鼓舞了流坑董氏。同此榜者有宋代賢臣楷模范仲淹等名士。

董淳，字仲源，流坑董氏第四代，董文肇子，董文廣之侄，生卒無考。董淳青少年時期，正值伯父文廣傾財辦學、納賢才、興教育之時，他有幸得到良好的教育，趕上北宋早期大開科舉、重用儒生的好時機。宋真宗大中祥符七年（1014），董淳與其弟滋、湘、淵四人同年中解試舉，次年又登進士第，初授南海（在今廣東佛山市郊）知縣，歷大冶縣（在今湖北黃石市南部）、攸縣（在今湖南株洲市東南部）知縣，升池州（在今安徽省南部）觀察推官，又歷昭信軍節度推官、鎮南軍節度掌書記、武安軍觀察判官。董淳在任地方官期間，「課士育民，廉明果毅，政行卓然」。後被調入朝，任太常寺博士、秘書省秘書丞，遷殿中侍御史，加上輕車都尉，賜緋衣魚袋、朝奉大夫、尚書屯田員外郎兼太子太保。董淳在朝為官，「立朝侃直，不阿權勢，興利除弊，中外咸賴」（見同治十三年《永豐縣志·宦業》），並「善為文章」，名入《宋史·文苑傳》。宋皇祐四年（1052），其父文肇因以子貴得贈大理寺丞，累贈尚書屯田員外郎，其妻曾氏封長安縣君。董淳為流坑董氏科宦顯赫者中最早之人，全族人為之振奮，為之榮耀。自此，激勵了歷代族中子弟為登科入仕，光宗耀祖而奮發不息。自他中第後不久，流坑董氏聯科累中，仕路大開，流坑董氏家庭顯現出一派科宦興盛的景象。

據縣志記載，對流坑董氏科舉事業作出大貢獻的董文廣本人也在大中祥符三年（1010）庚戌科中解試，算是多年奔競科第的回報。

仁宗明道二年（1033），文晃長子董淇及淇之子師德，次子董洙之子師道，與董淳之子儔、董淵之子儀、董湘之子伋，文亨之子董汀，叔侄兄弟七人同獲鄉薦；次年景祐元年（1034），洙、汀、儀、師德、師道五子聯科，叔侄五人又同中進士，時號「五桂」，士林傳為佳話。南宋文天祥《謝恩表》中有「花耀貼金，一門而五董」之句，即用此典。雲蓋鄉也曾因此一度由太守奏請朝廷改名五桂鄉。流坑後來有五桂坊，亦為彰揚此事而建。

景祐科後，董門解試四舉、五舉時有發生，登進士第者亦代不乏人。據同治《永豐縣志》記載，仁宗慶曆元年（1041）解試中，董修、董傳、董淵、董儔和董師明等六人「六子聯科」；慶曆六年（1046），董倚登進士第；慶曆八年（1048）又有董伋、董漢臣、董唐臣、董偁、董文炳等「五子聯科」的盛事。進士試中，仁宗皇祐元年（1049）董淳之子伋、偁，董淵之子偕，以及董唐臣四子同科，足與「五桂」例相媲美。又靖康元年（1126），宋廷以金人大舉南侵，「詔特設一科以謀略取士」，時在京師國子監就學的董藻「名選第一，時稱武狀元」，亦成為董氏家族殊榮。據清同治《樂安縣志》載，從宋初到樂安建縣前，樂安境內共出進士 52 名，其中流坑董氏居 23 名，占 44.23%；又解試舉人 72 名，而董氏更占 48 人，達 65.83%。近二百年間境內科甲半為董氏所佔，真可謂人才輩出，罕有其匹。所以古人有云：「江以右稱文獻世家，必以樂安董氏為最」。

北宋至和元年（1054），吉水分出永豐縣，雲蓋鄉屬之。這樣董德元又和一代文壇盟主歐陽修成了同鄉。

時光倒流到宋神宗熙寧五年（1072）七月，同為吉州永豐人的一代文宗歐陽修卻在致仕地潁州離開人世，時「天下正人節士知公之亡，罔不駭然相弔，痛失依仰」（韓琦《歐陽公墓誌銘》）。斯人已去，風範猶存。歐陽修身後留下的翰林文章和光風霽月的節操化成了一座永遠激勵後輩讀書人學習、仰慕的高山，歐陽修也因此成了廬陵地區一代風範的代表之一。歐陽修父輩居住過的永豐沙溪鎮其實離董德元的家鄉流坑村並不遙遠，兩地實際上都屬於同一水系，可謂共飲一江水，儘管歐陽修與永豐沙溪真正接觸的時間在其一生的六十餘年中只有兩次，少之又少，但他的血液裏一定有喝永豐瀧岡江河水長大成人的父輩的基因。歐陽修歿後 24 年，時為宋哲宗紹聖三年（1096），朝廷為旌表他的功業，以其子棐、辯遇恩典，追封兗國公（胡柯《歐陽文忠公年譜》）。這一年的董德元才剛剛出生入世，殊不知六十年後的紹興二十五年（1155），他官拜參知政事，在官階上追齊前輩歐陽修，後者於仁宗嘉祐六年（1061）任參知政事，放在當今是一個國家級的副總理領導職位，所以董德元和他的老鄉歐陽修一樣，都一度成了可以左右朝廷大事走向的宰輔高官。一個地方小縣，在不到百年間先後出現如此政治高官，無疑成了天下學而優則仕的舉子們孜孜以求仰慕的對象，增添了永豐縣的知名度，永豐縣所謂的「歐董名鄉」的美譽由此傳播開來。

本縣知名先賢歐陽修及其遺留下的光輝業績無疑成了永豐董德元等人汲汲於功名的榜樣，而近在身邊的流坑董氏前賢們的科舉宏業更會真切地刺激董德元成長。

南宋高宗紹興十九年（1149），朝還因樂安地勢陰險，難於治理，割崇仁天授、樂安、忠義三鄉及永豐的雲蓋鄉設置樂安縣，隸屬撫州。紹興二十五年（1155）恢復如舊，紹興三十二年（1162）再改，從此流坑董氏便一直屬樂安縣民，至今再未改變。儘管有此變化，但由於歷史淵源，更由於一脈共源的恩江水系的縮結，流坑始終與永豐和吉州保持著密切的經濟、文化聯繫，在語言、民俗和心理等方面也多依其舊。這一點，對流坑後來的歷史一直發生著重要的影響。

南宋時代特別是樂安置縣後的流坑，科舉事業已不如北宋之隆盛。據《樂安縣志》記載，從高宗紹興二年（1132）至帝昺祥興二年（1279）百餘年中，董氏進士及第者僅 7 人（建縣後 5 人），解試中舉 24 人，分別只占同時期樂安縣進士及解試者的 8.69%和 9.81%。儘管如此，董氏仍不失克勤克儉、詩書仕宦之族的本色，流坑歷史上僅有的一位「文狀元」且官位最高的董德元，便出自這一時代，尤為家族增色。

二、出生年代

宋哲宗紹聖三年丙子（1096），董德元出生於永豐縣雲蓋鄉流坑村的一戶書香門庭人家。此時流坑村所屬的雲蓋鄉已經劃歸為永豐縣四十三個年頭了。原來宋仁宗至和元年（1054）以前，雲蓋鄉還屬於廬陵（吉州）吉水縣管轄，而這一年吉州新置永豐縣，是從吉水縣割雲蓋、興平、龍雲、永豐、明德五鄉和報恩鎮成立的，這五鄉一鎮的範圍基本與東漢興平元年（194 年）至隋開皇十年（590 年）存在的陽城（陽豐）、興平兩縣地域相當。據《今縣釋名》：永豐縣「本吳陽城縣，晉改陽豐，宋改今名，有永豐山。舊傳山生石乳，赤則歲旱，白則年豐，因名永豐縣，有永豐溪。」以報恩鎮為治所，屬吉州廬陵郡兼軍事。

紹聖三年前後，北宋皇帝宋哲宗繼承神宗的基本策略，改革科舉制度，重新啟用改革新派人物李清臣、鄧伯溫等，排擠打擊元祐諸大臣，如范純仁、呂大防，進行了一系列的活動，掀起了「紹述熙豐之政」的序幕。元祐期間被驅逐的人物重新上臺，而蘇轍、蘇軾等人統統被貶。紹聖二年（1095），因戶部尚書蔡京請，恢復青苗法，追贈蔡確為太師，貶范純仁，以蔡卞為尚書右丞。紹聖三年（1096）九月，董德元的先世族人董敦逸和章惇、邢恕等人掌權後，先勾結宮中宦官郝隨和劉友端，由他們牽線，與宋哲宗的寵妃劉婕妤搭上關係。劉婕妤與章惇等大臣勾結起來，是希望拔掉孟皇后這顆眼中釘，自己取而代之；而章惇則想利用劉婕妤探聽哲宗的秘密，防患孟皇后垂簾聽政打擊重新上臺的新派勢力。在他們的內外勾結之下，孟皇后遭受誣陷，而御史臺官員董敦逸懼怕宦官權勢，稀裏糊塗地成了幫兇，於是宋哲宗不明就裏下詔廢掉皇后孟氏，冊封為華陽教主、玉清妙淨仙師，驅逐出宮，居住瑤華宮。章惇、蔡卞等人趁此機會，進一步強化了自己的權術和地位。就在這一年，後來影響董德元一生榮辱的蔡卞的親哥哥蔡京被召起為翰林學士承旨，這樣蔡氏兄弟一步一步爬向了權利頂峰，此後漸漸左右了整個北宋後期至南宋前期政治局勢和國家命運的走向。

對外邊事上，宋夏關係經過慶曆年間的短暫和平又陷入了紛爭。紹聖三年二月，西夏進犯義合砦（今陝西綏德東）；八月辛酉，進犯寧順砦；十月西夏李乾順集兵號稱 50 萬，進犯宋朝的鄜延路（今陝西延安一帶），攻陷金明砦，還把擄獲的宋俘獻給遼。宋夏陷入了第四次戰爭。

在這樣的內憂外患之際，董德元的出生無疑注定了他此後人生的動盪命運。

三、懷才不遇

董德元出生之際，流坑董氏祖上的科第榮光已經覆蓋了這個家族。董德元的曾祖父董倚在慶曆六年（1046）丙戌科登賈黯榜進士，儘管這個曾祖像流坑董氏其他的科第者一樣學而優則仕，歷知公安、海鹽縣，官至尚書都官員外郎，充荊南安撫使，後來以曾孫德元貴贈太子太保，但這種好求功名的做法和運氣似乎沒有傳導給他的兒子和孫子，也就是董德元的祖父董蒙休和父親董獎。據縣志記載，董蒙休一無科名，不知是由於時運不濟，還是學業不精，總之不像他的父親那樣科場得勝，仕途亨通，儘管曾經以延賞掛過都官這樣的名譽，估計仕途不甚有起色，最終因為以孫貴才追加太子太傅而收場。董德元的父親董獎，青年時也汲汲於功名，博學辭章，希望通過讀書科考超越自己的父親而改變命運。遺憾的是，董獎自以為滿腹詩書，卻場屋蹭蹬，屢考屢落，彷彿重復他父親董蒙休的命運，於是幾番折騰，也失卻了當初的銳氣和鋒芒，最後乾脆一氣之下，放棄了這個無數人孜孜以求的事業，雖然那時他正當壯年。不過，流坑村董氏舉業的輝煌光焰一直照耀著他，也刺激著他，多次科考的失利並沒有完全撲滅那顆幻想家庭翻身的信念。因此，壯年的董獎讀書習儒求仕不成，轉而求其次，設帳授徒，教授兒子和董氏鄉里子弟，把自己的當初理想和願望轉移到兒子董德元等下一代人身上，後半生的主要精力和財力也放在培養人才的目標上。

受家庭環境薰陶，董德元自幼便嗜好讀書，加之天性聰穎，在父親的嚴厲督導下，以及族叔董觀（宣和六年——1124 年進士）的輔導下，功課日有長進，承載祖父輩兩代人厚望的董德元自有一種同齡人少有的成熟。宋代自北宋真宗倡導「萬般皆下品，惟有讀書高」的精神以來，全國的書院和私塾不知有多少青年學子奮戰在詩書賦論之上，「三更燈火五更雞，正是男兒立志時」成了一種別樣的景致。董德元也是如此勤奮用功，對於未來的科考功名更是志在必取。

光陰冉冉，一晃十六年過去了，已經到了宋徽宗政和二年（1112），這時的北宋政府就像一個年邁的老人步履蹣跚地走到生命的末期，儘管前任皇帝宋哲宗思有作為，重用維新變法派，試圖紹續神宗新政變法自強，終究因新舊黨爭過於嚴重，一些政策法令無法實行，未能挽留江河日下的王朝命運。徽宗上臺後，重新啟用一度被邊緣化的蔡京，委以宰相重任。而這個在王安石開始熙寧變法的第二年（1070）登進士第的蔡京，曾經深得神宗和王安石欣賞，與其弟蔡卞同為中書舍人，成為新派人物中的重要成員。神宗駕崩，王安石遭貶，變法失敗，劉太后柄政，蔡京也遭到排擠打壓。元祐元年（1086），司馬光主政，「元祐更化」，新法盡廢，蔡京一度被貶出知成德軍（今河北正定縣）。元祐八年（1093），哲宗親政，重新使用變法者，任命章淳為相。這樣新派重新上臺，蔡京也借機回到京城，並被擢升為戶部尚書，助力宰相章淳繼續實施新法。宋徽宗初政時，蔡京被彈劾奪職，閒居杭州。而宋徽宗或許因為天生有種藝術嗜好，不務政事，平日迷戀聲色犬馬，派宦官童貫到杭州訪求書畫奇巧之物，當時蔡京認為有機可乘，於是勾結童貫，以書畫送達於禁中，從而得以重新起用。崇寧元年（1102），蔡京乘機排擠掉宰相韓忠彥、曾布，而升為右僕射兼門下侍郎（右相），後又官至太師，已達人臣之巔。崇寧三年（1104）七月，蔡京提議宋徽宗，將以司馬光為首、包括蘇軾在內的反對王安石變法者共309人重定黨籍，永不錄用，刻石於朝堂，這就是當時聞名天下的「元祐黨人碑」事件。北宋徽宗政和（1111～1118）、宣和（1119～1125）年間，蔡京數年利用掌控權柄與宦官童貫、楊戩、梁師成、李彥，權臣王黼、高俅、朱勉等，長期相互勾結，向宋徽宗進「豐、亨、豫、大」之言，竭全國之財，供其揮霍。蔡京等人的胡作非為和倒行逆施無疑加速了北宋政府的衰敗和危亡，給北宋人民帶來極大的災難。

政和二年（1112），年滿十六周歲的董德元出落得一表人才，飽讀詩書十數年的他躊躇滿志，意氣風發。這一年的董德元由於學識廣、功底厚輕鬆地獲得了鄉薦資格，相當於秀才身份，可以卯足勁頭準備參加兩年後的秋闈解試。徽宗政和四年（1114）秋，時剛弱冠之年的董德元不負眾望，在解試中一鳴驚人奪得魁首，名動當時的吉州廬陵四鄰八縣，而流坑董氏更是引以為傲，紛紛奔走相告。最熱鬧的還是董德元的家，幾乎被踩斷了門檻，有前來道賀的，有前來取經問學的，也有純粹來看熱鬧的，可以說那一段日子成了董家德元上學以來最幸福的日子，尤其是董德元父親董獎更是感覺喜從天降，臉上成天洋溢著流光溢彩，而整個流坑村上空彷彿也沉浸在一派喜慶的氛圍中。解試一舉奪魁，預示著來年京城春闈禮部試高中幾率大。世事無常。政和五年（1115）春，自以為禮部試勝券在握的董德元卻落榜了，這讓一貫自信滿滿的董德元第一次嘗試到科場打擊的滋味。這一年整個流坑董氏子弟無一人中舉。此後的十數年中，命運之神彷彿和董德元開玩笑似的，屢考屢不中，祖父和父親「累舉不第」的魔影一直伴隨著他，讓他無以擺脫。就這樣蹭蹬了將近十餘年，昔日英氣勃發的青年董德元彷彿一下子變成了骨架消瘦、神色略有疲倦的中年人。由於常年一腔心思撲在聖賢書上，幾乎不事田稼，董德元的家庭生活急劇下降，一度困頓到「貧甚無以自養，乃從富人家出館」的地步。

徽宗靖康元年（1126）丙戌，董德元再次中解試，流坑董氏和他同舉的尚有董允元、董宗元，以及董光顯和董良史（同治《永豐縣志》），但董良史不久之後高中紹興二年（1132）壬子科張九成榜，而屢受打擊的董德元再次名落深山，登第進士、入職帝都對於他仍然是一個遙不可及的夢。這一年董德元剛好三十歲，讀書習儒，奔波二十多年，如今年至而立依然無甚功名，這樣的殘酷現實使他倍感打擊和悲傷。此後從建炎二年（1128）至高宗紹興十四年（1144），十六年間，董德元的科考路彷彿被人下了咒語似的依然裹足不前，止步於解試。四十餘歲的董德元早已沒有先前青春的模樣，幾乎成了一個滿頭冰霜、白髮橫生的垂垂老者。回想數十年來的艱辛困苦，他悲不勝悲，於是在一個陰鬱的傍晚，借著酒勁揮筆寫就了他保存下來的唯一一首詞作《柳稍青》：

> 滿腹文章，滿頭霜雪，滿面埃塵。直到如今，別無收拾，只有清貧。　　功名已是因循。最懊恨張巡李巡。幾個明年，幾番好運，只是瞞人。

詞作以直白的語氣宣洩了自己奮鬥半百卻落潦倒的悲憤，真切感歎命運捉弄人的無情現實。全詞抑鬱苦澀之情浸滿字裏行間，讓人讀來不由心生感愴和同情。

四、時來運轉

苦心人，天不負。近知天命的董德元儘管被無情的現實所嘲弄，但對於董家世習詩書的傳統沒有放棄。那些經儒登第的先輩族人的榮光一直在激勵著他，而自身祖父輩兩代人的遺憾也一直在鞭策著他，使他無法真正忘懷學而優則仕這條艱辛道路，因此董德元雖然有時也悲觀，但還不至於頹唐，每每情緒實在不佳的時候，他喝上兩三口便宜的濁酒，用毛筆草書了孟子的勵志格言：「天將降大任於斯人也，必先苦其心志……」，或者唱起了曹孟德的「老驥伏櫪，志在千里；烈士暮年，壯心不已」。大半輩子的光陰過去了，如果說放棄，重走先祖的老路，無法對自己的滿腹詩書一個更好的交代，也無法給列祖列宗一個交代。想到這些，年近五十歲的董德元彷彿周身又充滿了力量。「學成文武藝，貨於帝王家」，董德元沒有放棄博取功名的信心，堅信有這麼一天來到。

一年的日子倏忽而逝，轉眼到了高宗紹興十五年（1145）乙丑春，又是三年一度禮部試的時候。京城臨安府（今杭州）比平日多出不少外地讀書人，這些人有的青春年少，有的人到中年，也有的貌似花甲；有的神色匆匆，有的躊躇滿志，也有的一心光顧臨安城的小吃，全然不像一副進京趕考的樣子。對於這幅景象，多次進京趕考的董德元已經司空見慣。雖是四面八方而來參加三年才有一次的文人盛典，但有的舉子並不顯得忙亂，該玩就玩，該喝就喝，該吹就吹，該吟詩作對就賦詩。這春季的臨安城可是煙雨迷蒙，花柳似錦，尤其是那波光蕩漾的西湖水，柳綠花紅，鶯歌燕語，水鳥飛翔，如此良辰美景人間難得幾回目睹。有的初來乍到比較通脫的舉子甚至發出感歎，即使落第而歸也不枉來京城一趟！然而這一切對於董德元而言沒有多少吸引力。年少時的春風得意恍然一夢，中年時的困頓蹉跎，已是刻骨銘心，讓他尤覺功名利祿的重要。所幸的是，流逝的是光陰，積澱的是學問，所欠的是機會。董德元早已學會淡然了。開考之際，貢院門外，人頭攢動，眾舉子神色各異，從各地陸續彙集。五十歲的董德元頂著滿頭白髮在人群中略為顯得有些扎眼，只見他稍微抬頭確認了號房便一頭走進了那個熟悉的貢院考場。這一年的知貢主是右諫議大夫何若，權吏部侍郎陳康伯以及秘書少監遊操同貢主。

這次省試（禮部試）完畢後，董德元竟然覺得心裏沒底，儘管他算是科場老油條了，但這幾年的形勢變化太快，尤其是策論總是感覺答得不盡人意，至於哪裏不得要領，一下子又說不出個子丑寅卯。就在董德元又準備為可能落榜結局暗暗犯愁時，一個朋友提醒說，像他這樣的屢考屢落初心不改的老榜官，按照當時的國家政策，完全可以走特奏名這條新路子曲線救國取得功名。董德元一聽，半天才醒悟過來，真是一語驚醒夢中人啊，連罵自己真是糊塗糊塗。原來，宋代為了籠絡更多的讀書人，在正常的科舉得第之外，還特別規定對於那些屢次考試不中的舉子允許他們在遇到皇帝策試時，可以報名參加附試，合格即獲特奏名進士資格。由於這一類完全是出於照顧性的目的，對於參考者的資格身份審核較為謹嚴。不過董德元算是一個貨真價實的老榜官，參考資格是沒有異議的。德元按照正常申請程序參加了附試，未料成績不俗。主考官在瞭解他的經歷後並呈上報，高宗皇帝念及董德元年事已高和科第情結，御筆一揮：准取！官授右迪公郎。這是一個僅表示政治身份的官階，不具有實職和實權，不過說明已經躋身官場了。

當這個好消息傳到流坑董德元家裏時，他也已經回到了永豐，正在和左右鄰居老友喝茶聊天。雖然是特奏名，但董德元想想自己大半輩子為之所累的科第終於有個結果和名分，多少有些安慰。消息傳來的那些日子，董德元的身子變得輕飄飄的，不知道是由於喝酒太多的緣故還是自覺身份漲價的原因，總而言之，言而總之，董德元的心情顯得無比的欣喜和高興！流坑董氏家族沉浸在喜慶當中還沒幾天，邸報又至，朝廷降旨右迪公郎董德元任道州寧遠（今湖南省寧遠縣）主簿，催促到京城辦理有關履職手續後速去道州報到。特奏名初官，多是到地方任職主簿一類的低級官吏。對於任職，董德元多少有些心理準備，不過真正聽聞到去道州寧遠任主簿職時，情緒還是有些失落。一則主簿不是地方主官，充其量秘書一類而已；二則道州寧遠，位置較偏，位於今湖南的中西南部，宋乾德三年（965 年），寧遠縣才由延熹縣改名，取遠方安寧之意，屬道州江華郡。現實社會往往缺什麼就提倡什麼，所以道州寧遠聽縣名就說明問題，位置較偏遠且估計長久以來社會秩序和治安不太平穩。不過客觀而言，宋代士人中舉任官基本上都是遠離本鄉本土的，這也是王朝管理防範官吏營私腐敗而採取的一種措施。道州寧遠雖離流坑較遠，但畢竟還在江南西道周邊，與那些跨數省遠離故土身在今天的陝甘寧一帶做官的鄉人相比，董德元算是幸運多了。

紹興十七年（1147）春，董德元已經在道州寧遠任上近兩年了，感覺除了耗費時光，寸功未建。這個寧遠縣地狹物薄，人丁稠密，民風較為剽悍，容易滋生偷盜和紛爭訴訟事件。董德元雖然僅是一個主簿，但這個低級官吏職小事繁且風險大收益小，一般比較榮光的拋頭露面的機會由縣令出面負責，而棘手的難辦的事務就推到主簿身上了，事解決好了人家誇的是縣太爺高明；糾紛多了，這責任就算主簿輔佐不力。近兩年的主簿生涯讓董德元對自己的前途擔憂起來，原先還認為能夠以特奏名進士身份進入仕途算是老祖宗開了眼，一步一步將職事做好，熬他個兩三年，機會一來，自然升遷有望；再說，又有幾人當大官的不是從最基層做起呢。然而近兩年的宦海生涯，使他覺得當官不易，升遷更難，好在這個寧遠縣內有座九疑山，算是一個閒時遣心的好去處。此山以舜源峰居中，娥皇、女英、桂林、杞林、石樓、石城、簫韶、泉明八峰拱衛，氣勢非凡，為歷代帝王遣祭之所，自古有「萬里江山朝九疑」之說。尤其是其間的灌溪仙境更是風光旖旎，幽麗多姿，後來的明代徐霞客感歎道：「遊九疑而不經此，幾失其真形矣」。忙裏偷閒的時候，董德元也會邀上一二同僚來此登臨散心，或飲酒作對，或議論政事，或調侃小城風流之事。董德元主簿的日子就這樣時緊時慢的過著，雖有諸多遺憾，五十掛零的他已經沒有多少欲望，心態已經淡然了很多，寧遠的日子倒也真寧遠——寧靜安逸，遠離喧囂，能捱過去。

紹興十七年（1047）四月，宋廷又開始為來年三年一舉的大選做準備。四月二日乙未，高宗皇帝降詔招舉賢良方正科。詔曰：「國家踵漢唐舊制，賢良之科，蓋以待天下非常之士也。暨聯纂承，亟議斯舉，屢詔中外，博加搜訪，而歷年於茲，曾未有卓然為舉首者……公卿侍從，其為朕各舉所知，俾咸造於朝。朕將臨軒親試，諮以治道，亦庶蒙得賢之福，顧不休哉！」（《宋會要・選舉》之二五《舉賢良方正能直言極諫等科》）明確提出要招納天下有用之才，並親自試考。這個賢良方正科的全名是賢良方正能直言極諫科目，宋代為招人才沿用的一種進士試政策，屬於制科的一種。應試者資格較為寬泛，凡是具有一定的科第等次（有舉人以上資格）無論在野還是在官，經高官重臣的舉薦均可參加，常科進士也可以再次參考。宋代制科多次興廢，時舉時斷，南宋紹興元年（1131）復置，每兩年下詔，但實際上直到孝宗乾道七年（1171）才錄取李垕一人，可見難度高。人數少，選拔精，體現出宋代「制舉以待非常之才」的精神。物以少為貴。宋代制舉出身的人，多為清要之職，至於宰輔。誠如孫何所說：「制舉所得，必皆遺補、館殿、臺郎、御史，匪朝伊夕，奮為公輔。」（《全宋文》卷一八四《上真宗請復設制科》）如富弼、夏竦等官至相位。

京城中央下詔舉賢良方正的消息傳到道州寧遠總是有點晚，置身其中的董德元毫不知情。紹興十七年（1047）四月的某一天，董德元的官舍突然多了一位從京城臨安遠道而來的故交，這位朋友曾是董德元的多年考友，不過比董德元幸運多了，紹興十二年（1042）就中第，現在京城皇家擔任要職。這次前來偏遠之地的寧遠縣，一則為秋天的高宗皇帝拜祭九疑山探路打前站，二則順便給董德元捎來一個情報。據朋友透露，明年的舉考高宗皇帝要求專門推薦四方德才並茂之人並親試，以備為國家所用。朋友希望董德元重振當年十六歲的雄風，好好溫習功課，緊跟時政步伐，抓住機會，再響噹噹地考個制科進士。董德元聽聞後，非常感謝朋友的一番好意和鼓勵，但表示自己年事已高，了無當初的銳氣和勇氣。看到老友董德元已經喪失了進取的信心，朋友有幾分失望，不過臨別前還是再三鼓勵董德元千萬不要錯失機會。他鄭重地對董德元說，董兄你是有職位俸祿之人，但請恕我直言，依你的才華絕對不是靠特奏名混飯吃的人，也不是寧遠這樣的窮山溝留得住腳的人，你完全可以憑自己的才能取得更好的功名，將來更大有作為。最後為刺激董德元參考，還拋下一句狠話說，來年無論是一般的進士科還是賢良方正科選拔考試，董德元你若不去應試絕對要抱憾終身，而且兩人的朋友之誼也算是緣盡了！見朋友說得這樣決絕與義氣，董德元一時感動起來，原本熄滅的科第之火彷彿又被點燃起來。

行文於此，有的讀者或許納悶：這個董德元不是已經獲取了進士科名嗎？為什麼朋友還如此激勵他再次參加進士考試呢？在這裡，我們有必要插敘一下，宋代科第之中的特奏名進士和傳統的三試之後唱名的三甲進士在榮譽影響與實質待遇上的差別。

特奏名，宋代進士科第選拔方式的一種，屬於常科、制科之外的一種選拔人才的方式。據《宋史・選舉志》記載：「凡士貢於鄉而屢絀於禮部，或廷試所不錄者，積前後舉數，參其年而差等之，遇親策士則別籍其名以奏，徑許附試，故曰特奏名。」特奏名，必須符合幾個條件：一是解試合格而省試或殿試落第；二是落第舉人還必須積累到一定的舉數和年齡。如此才可以越過省試，即由禮部特予奏名，直接參加殿試而分別等第，並賜出身或官銜。宋代的特奏名製度大約始於太祖開寶三年（970 年），《宋史・選舉志》說：「特奏名恩例，蓋自此始。」南宋時期（1127～1279）對於舉數和年齡如此改定：「進士六舉曾經御試、八舉曾經省試，並年四十以上；進士四舉曾經御試、五舉曾經省試，並年五十以上」（《宋會要輯稿・選舉》四之二〇），許特奏名。所以紹興十五年（1145），五十歲的董德元作為科場老生允許以特奏名資格直接參加殿試獲取進士身份和官職。不過，隨著特奏名人數增多，它的含金量和價值也越來越低，與正奏名的政治待遇和經濟待遇相差甚大。一般而言，正奏名進士四等，均有機會任職京官或升遷，而特奏名即使一等也是授予地方低級職銜如判、司、簿、尉等，而且轉向京官和獲取晉升的機會甚小，大部分基本上沉淪下僚，直至終身。所以，宋代士人尤其是正奏名出身的士人並不看好特奏名。如元祐三年（1088）間，時任權知貢舉的蘇軾等人，多次上疏論特奏名的弊端，甚至認為：「此曹垂老無他望，佈在州縣，惟務黷貨以為歸計。前後恩科命官，幾千人矣，何有一人能自奮厲，有聞於時？而殘民敗官者，不可勝數。以此知其無益有損。」意思是說特奏名進士普遍年紀大，主要分布在地方州縣無所作為。他們人數眾多，但真正能夠為國效力奮發有為者寥寥，相反絕大部分都是尸位素餐害人不淺，因此准許特奏名的存在就是有害無益。正常進士出身的如此痛恨特奏名，民間人士對於特奏名也有看法。據《墨莊漫錄》卷九載：「徐通閩人，博學尚氣，累舉不捷，久困場屋。崇寧二年為特奏名魁，時已老矣，赴聞喜賜宴於瓊林苑。歸騎過平康狹邪之所，同年所簪花多為群娼所求，惟通至所寓，花乃獨存。」文中記載的這位特奏名進士徐通也是悲哀，年邁好不容易獲取功名，結果連娼妓也不以為榮，特奏名之聲名由此可見一斑。另外，相比正奏名進士，一般的特奏名進士本身也顯得氣短幾分，甚至幾分酸楚。據說南宋時有個四川人何普曾做魏了翁的私塾先生，寧宗慶元五年（1199），兩人同舉，結果魏了翁是正奏名進士，而何普因年紀老大屬於特奏名。當親朋好友前來祝賀時，何普略顯沮喪地說：「昔我先君以累舉恩當得官，所為弗肯就者，將有望於厥子也。而普也不令汔負考志，嗚呼！尚忍言之？」由此可見即使獲取特奏名也顯得自卑，不滿意。

董德元科考路上幾經折騰，年輕時對於取得特奏名根本沒有考慮，一心志在金鑾殿唱名前三甲，後來隨著年歲漸增進士試科場困頓，對於功名的期望值不斷下降，覺得只要能考取進士名分，搏一微官度此餘生也算對得起祖先。但現在經京城來的朋友這麼一激將鼓勵，加之周邊一些志趣相投的好友一鼓舞，原先的觀念開始發生變化。友人走後的那個夜晚，董德元思緒翻天，輾轉反側。人生七十古來稀，就算七十歲，時年五十的董德元還有二十年功名路可以打拼，晚年的人生還可以去規劃，萬一中了，他的人生道路將再次改寫，或許不用待在這個偏遠的寧遠了，甚或在京城任官；萬一落第也不是什麼大事，至少他還有一份薪水和官職作保障。進可攻，退可守，與其徘徊，不如放手一搏。這個夜晚，董德元是注定睡不安穩的，捱到將近凌晨才迷迷糊糊地睡了過去。

紹興十七年（1147）秋，原本朋友告知的賢良方正科考試最終因為下詔後沒有下文，也就不了了之。這是宋代常見的現象，因此董德元也不以為然，但參考常科進士的欲望卻是越積越厚，恰如利箭在弦，蓄勢待發。這個過程依然是三關，先解試，再會試（禮部試、省試），後殿試。董德元因為任職寧遠，掛籍道州，按照當時的規定首先必須參加一項本地路舉行的漕試，即等同於各州郡的解試，合格即前往禮部參加下一輪競爭。這一年的丁卯科漕試，應試者人不多，董德元取得第一名的好成績，拿到了通往京城會試的入場券。因為路途遙遠，外省的舉子們參加來年的省試（會試）一般是先一年冬天到京城彙集準備，省試合格再試皇帝主持的殿試。董德元很久沒有回江西老家了，趁這次赴考機會順道過流坑省親。經過朝廷許可，他向寧遠縣主官告假整理行裝辭別，一些平常走得勤的同僚趕來辭行，宴設寧遠城東牆下的蓬萊閣餐館。席間，觥籌交錯，朋友們紛紛預祝董德元平安如意，把握機會再試奪魁；也有的借著酒勁甚至背起了「苟富貴，勿相忘」的經典詞句，希望董德元日後發達了切莫忘記了寧遠縣的老友。五十掛零的董德元歷經的世事不為不少，然性情中人的他還是為平生宦海第一站的同仁們的殷切祝願所感動。一一辭別之後，在一片互致「珍重」的聲音中，踏上一駕小驢車慢悠悠地逐漸消失在城門以外的古道上。

紹興十七年（1147）冬，董德元攜家眷在家鄉流坑做了短暫逗留，一面借機拜會家鄉長老，一面還專意到董氏祠堂拜祭了列祖列宗，希冀來年好運。大約一個月後，再三交待完畢流坑事務後便又踏上了前往首都臨安的科場路。

由永豐前往臨安杭州，一般走水路尤為便捷。董德元攜帶家童一名從家鄉烏江登船後順流下至恩江，然後直入贛江水道北上，一路行至臨江軍地界（今樟樹一帶）已是就餐時刻。當地的一些舊友聽說特奏名進士董德元再次奔赴京城會試，紛紛前來接風並祝賀鼓勵。而時任郡守的彭子從也參加了接風宴。正奏名進士出身的他聽說董德元的事蹟後，頗不以為然地說，當初若不是皇上考慮董德元年紀大，恐怕特奏名都沒資格，現在更是一大把年紀，還去湊什麼熱鬧呢，不過是一個科場老油條而已！董德元面對對方的當眾奚落，心裏非常難受，好歹自己也是個迪公郎主簿官，為此大受刺激。士可殺，不可辱，若不是在人家的地盤上肯定要翻臉，不過從另一面看，這倒激發了董德元的舉考鬥志，他暗暗發誓要混出個更好的科名來回擊這些無端的猜忌和攻擊。船過隆興府（南昌）便進入了波光浩渺的鄱陽湖，經長江水道折大運河後進入了臨安府。董德元在京城一處較安靜的地方租了間房子，一邊好好複習功課，閑暇時去拜會老友和鄉黨，以便獲取有關時局信息，於是開始了京城候考的生活。

紹興十八年（1148）春，美麗的臨安城又到暖風薰得遊人醉的季節。這年三月，一直對金國心虛膽怯的宋廷為了防止邊界有人渡過淮河北上私通金國和金人滋事生非，下了一道禁令，規定官吏士民大凡私自渡過淮河及招納叛亡者以軍法論處。不久又嚴禁各渡口碼頭及邊防人員故意放縱民眾到金國，否則與私渡者同罪，官員失察者降職一級。自從紹興十一年（1141）十一月宋與金簽訂屈辱和約以來，原本一條大宋國民可以自由來往和水上作業的內河淮水偏偏成了阻擋南北交流的天塹界河，難怪大詩人楊萬里曾經無奈地吟誦道：「船到淮河意不佳，中流以北即天涯」（《初到淮河四絕句》其一）。政治詩人之哀，莫若國土淪陷之痛。正是權勢封頂的秦檜和昏庸無能的高宗，聯合導演了這場悲劇。為了進一步控制政治形勢，防止主戰派重新興起，本年春，秦檜的養子秦熺（妻兄之子）進士中第五年後即被迅速擢升為樞密院事，負責全國的軍政大事，這自然引起全國正義人士的一片譁然。在秦氏父子主導之下，宋廷主和之音佔據上風，那些尚留一口復國之氣的人士越發被擠壓得只能發出微弱的聲音。

姦臣當道，人才流失。紹興十八年（1148）春，大考之年，會試在即。宋廷為了招攬真才實學願為國效力之人補充官員隊伍，二月份便下詔打擊考試槍手（假手），嚴格審核應試者資格證件，許諾舉報者有重獎：「假手者，許就試舉人告獲，取旨補官，仍賜出身」（宋李心傳《繫年要錄》卷一五七、《宋史全文續資治通鑒》卷二一一）。二月十二日辛丑，禮部開始鎖院。這個鎖院制度是宋代承襲唐代科舉制度進一步改革完善的制度，即科舉考試過程中，當主考官（知貢主）和副主考官（同知貢主、權同知貢主）等有關人員正式任命之後，負責科考事務的主要機構禮部即將考試官等有關人員鎖在禮部貢院，期間不得回家，不准見親友或與院外臣僚交往，只待成績揭曉才「出省」（離開貢院），前後凡一月有餘。毫無疑問，鎖院制的執行是為了防止考官和舉子相互勾結，減少營私舞弊等腐敗行為，盡可能保證考試的公正性。這一年的禮部試的主考官知貢舉是由左朝奉郎、權尚書吏部侍郎兼權直學士院邊知白擔任，副主考官同知貢舉是由左朝奉郎、權尚書禮部侍郎兼權吏部侍郎周執羔，以及左奉議郎、守右正言兼崇政殿說書巫極擔任。

董德元參考的是進士科，主要考試科目是詩賦一場、論一場、策一場，三場三天，逐場淘汰，過三關者勝出，即獲取進士資格，再進入殿試。紹興十八年（1148）的省試詩賦進士科的考試日期從二月十八日丁未開始至二十日己酉結束。

二月十八日清晨，臨安的早春還頗有點涼意。董德元早早地起床，沐浴更衣，對著家鄉永豐方向焚香祭拜後便趕往貢院。從十八日第一場的詩賦試到二月二十日的第三場策論，作為科場老前輩的董德元也不敢大意，尤其是最末一科策論與時局結合較緊，儘管他覺得題目有些難度，總體上還在複習備考範圍內，因此終場下來，感覺還較為順利。果然，三場下來，董德元的答題經考官裁定審核，以優異成績排列本次會試合格者前列，準備列入進士正奏名錄上報參加殿試。得知消息後，董德元鬆了一口氣，枉費了多少流金歲月，這個省試鬼門關終於過了，前面幾次就栽在那裡，因而心中暗暗感謝上蒼的眷顧和祖先的保佑，並祈禱好運能一直伴隨至殿試。宋代科舉會試過了就意味著進士中舉了，殿試不過是經皇帝考查後分等次而已，一般不會罷黜。想到這個最後一公里的競爭，董德元的眼前浮現了赴京前臨江軍守彭子從不屑一顧的一幕，促使他更加要取個好名分出口怨氣，從而證明自己。

就在董德元精心準備參加殿試的日子裏，老家流坑正流傳一樁奇怪的事情。據同治《永豐縣志》卷三十九記載，董德元抵京參加會試期間，他的先祖埋葬地雲水峽一帶有一天青天白日之下突然江水暴漲，平時過人的溪橋被激流裹挾沖走，大水漫漫之中，有村民看見水霧中彷彿有什麼怪物騰雲直上，衝天而去，「鄉人以為龍出」，有的鄉民甚至奔走相告：流坑要出大人物了，老榜官董德元要出運了。整個流坑村，甚至永豐縣的不少鄉民茶餘飯後都在暗暗談論、傳播這件異象。這件龍出事件當然是不可靠的，只不過是董德元中狀元後的附會傳說罷了，寄託著鄉民們對董德元中舉發跡的原始解釋。身在臨安的董德元當然不知道這個傳說，為最後的殿試放手一搏也促使他無暇關心這類消息。

紹興十八年（1148）三月，整個臨安城沉浸在一片花的海洋中，尤其是西湖周邊，無論晴好還是細雨濛濛，基本上都是人頭攢動，川流不息。二十三日，朝廷公布了御試考官，要求「諸路舉人到者，排日赴都堂，簾引迄，伺候擇日殿試。前三日，宣押知制造、詳定、考試等官赴學士院鎖院，命御策題，然後宣押赴殿。士人詣集英殿起居，就殿廡賜坐引試」。（吳自牧《夢粱錄》卷三《士人赴殿試唱名》）原先那個京城老友抽空到董德元的住處見面，時隔一年兩人相見甚歡。兩人從汴杭天氣聊到當下時局，尤其對秦氏父子主導下的宋金和平格局，友人似乎深以為贊。他說，這麼多年的國家太平，生活安康，多虧了秦太師主張與金國通好，要不戰火燃起，生靈塗炭，吃虧的還不是老百姓；再說如今人家權勢薰天，有幾個敢與其挑戰啊，當今聖上都同意了，其餘人還有什麼可說的。末了，老友再三叮囑董德元說，董兄啊，我知道你是一個有正義感的人，也明白你本次科考希冀有個更好的前途，但識時務者為俊傑，你是聰明人，我不想多說什麼了，最後祝願你宏願大成。對於秦檜的所作所為，董德元原本極為厭惡，認為高宗皇帝完全被其蠱惑，以祖宗的領地拱手相讓換取暫時的苟安，還美其名曰「和議雙贏」，這是哪一門子贏呢。然而聽了老友推心置腹的一番話，董德元又陷入了沉思。

四月三日庚寅，殿試之日，天氣晴和，春夏之交，日暖風暢，空中彷彿還夾雜著遠郊吹來的泥土的芬芳。這天清晨，董德元起了大早，儘管昨夜睡得較晚，眼皮有點沉，但一番沐浴更衣完畢又覺神清氣爽。這一次會考中試的舉子共有三百三十名，董德元便和各路舉子集合在集英殿門外，等待進場候考時機的到來。先是會試知貢舉權吏部侍郎邊知白敬呈合格進士徐履等三百三十人名錄（李心傳《繫年要錄》卷一五七，參《紹興十八年同年小錄》），得到許可之後，各舉子依次進入集英殿，這裡被臨時充當他們當日考試的休憩場所。三百多號人依會試成績順序唱名後，在引試人員的牽引下，按照張貼好的姓名標牌分坐在殿廡上。過了一會兒，有專人開始頒發刊印好的御試策題。完畢，有人公告提醒各候試人隨身攜帶的物品除了文房四寶及試卷外，其餘一律暫存集英殿，不得攜帶，違者取消應試資格。董德元和眾舉子確定攜帶物品後，在引試官的牽引下，一行人浩浩蕩蕩出了集英殿進入東華門，門衛安保檢查人員對他們細緻地檢查一遍，確無夾帶舞弊的條子之類，才逐一放行入內。御試地點設學士院內，中餐、墨水之類各有準備。

董德元找到自己的號位坐好後，展卷瀏覽試卷並思考作答對策。本次御試策題為：「朕觀自古中興之主，莫如光武之盛。蓋既取諸新室，又恢一代宏模，巍乎與高祖相望，垂統皆二百祀。朕甚慕之……。朕將親覽。」（《宋會要・選舉》一之一六《貢舉》、八之六《親試》，《紹興十八年同年小錄》）

顯然，宋高宗這道御題，是希望受試進士們結合漢代光武帝以「柔道」中興天下的歷史啟迪，討論當下治理國家的策略問題。董德元仔細審查了題目，心裏默讀多遍之後，大致通曉出題意圖八九分，於是便結合當時國際國內政治形勢提筆作答。由於有過從政經歷，加之老友此前的提醒，董德元便文思泉湧，引經據典，左右逢源，當不少人還在使勁讀題時，他已經成竹在胸，提筆縱情揮灑洋洋近萬字，可惜他的對策未能全保存下來，其中流傳下來的片段或可讓我們窺見大致樣貌：

> 晉之失，不在於虛無，失於用兵故耳。唐之失，不在於詞章，亦失於用兵故耳。東漢固無如是之失也。

從上隻言片語中，不難發現董德元將歷史之失歸咎於用兵，反過來證明國家要長治久安要以主和為主要國策，這不僅是歷史經驗，更是當時高宗皇帝大力提倡的治國之道。

午後交卷完畢，董德元隨眾舉子陸續而出學士院，儘管神色各異，但大部分都有種如釋重負的感覺。是啊，會試過關了他們就是進士了，而殿試一般不會裁人，不過是將會試結果根據殿試成績重新排座位分等次而已。他們堪稱人中之龍，是當時讀書人中的精英分子和傚仿對象，按照宋代重文輕武的政策，三試之後的進士即使沒有授予官職，也可以獲取更高的身份衣錦還鄉，以及晉升的可能。董德元回到了租住地，晚上約了幾個進士同年美美地喝了頓酒，然後昏沉沉地睡去。那晚，他做了一個夢，夢見自己戴上了狀元的花冠，在眾人的簇擁下開始走馬遊街。夢中的董德元笑了，彷彿還閃爍著幸福的淚花。等他一覺醒來，已是第二天的日上三竿時分。

御試完了後，不會馬上張榜公布排名，因為還要經過考官覆核、審定、彌封、判分、分等次，初步評定榜魁三人，再將名單和試卷敬呈皇帝御覽，再定名次，擇日唱名張榜。董德元在候旨唱名這段時間裏，基本上日日與京城舊友和新科準進士們徜徉在西湖周邊的景致中。四月初夏的西湖，河堤柳枝倒垂，兩岸柳絮飄飄，湖面上波光閃閃，不時有人攜歌姬乘船酌酒行令，微風飄來，滿湖酒香，令人不由想起同鄉前輩歐陽修的《采桑子》詞：「畫船載酒西湖好，急管繁絃，玉盞催傳，穩泛平波任醉眠。　行雲卻在行舟下，空水澄鮮，俯仰留連，疑是湖中別有天。」

這段貌似瀟灑的日子裏，董德元也並非不關注之前的科考狀況，至少他打聽到自己名列御試榜魁前三，這就意味著有機會掙得狀元。名列前三、與董德元競爭狀元的有王佐，另一個是陳孺，其實看看他們二人的試策答卷部分內容，不然明白個中原因。

如王佐：

> 王義之言：隆中興之業，政以道勝，寬和為本。蓋譏當時不務息民保國，欲以兵取勝也。杜牧有言：上策莫如自治。蓋譏當時不計地勢，不審攻守，而徒務為浪戰也。況陛下今日任用真儒，修明治具，足以鋪張對天之宏休，揚厲無前之偉績，則光武之治不足深羡。

再如陳孺：

> 今日中興之盛，以言乎內治，則大臣法，小臣廉，百姓遂其衣

食，萬物蒙其豐美；以言乎外治，則講信修睦，夷夏交歡，邊鄙無虞，五兵不試，東漢之事，未足慕也。願申傷邊郡守臣，傳兩相撫輯，庶幾邊隙不生，遠人益服。此品章條貫之一助。(《紹興十八年同年小錄》、宋李心傳《繫年要錄》卷一五七)

兩人策論核心主旨與董德元一樣，都主張息兵，加強內部治理，與高宗、秦檜主張的柔道治國非常契合。

四月十七日，高宗皇帝即將親自臨軒唱名，這是三年一度的天下讀書人最為嚮往和關注的重要時刻。這一年正奏名進士三百五十三人，其中含四川缺考殿試者二十三人，實際上高宗皇帝親自主持的唱名進士三百三十人。甲辰時分，宋高宗神采奕奕地出現在文德殿上，在高官大僚的率領下，群人三呼萬歲後開始啟奏唱名。首先權禮部兼直學士院沈該初考官，權戶部侍郎李朝正復考官，工部尚書詹大方詳定官，根據御試成績最後宣布排名：董德元第一，王佐第二，陳孺第三，其他人各有等次，依次上奏。奏官還特別將董德元等前三名殿試試卷呈皇帝親覽，並重新將三人試卷順序調整好。接著有人按新排順序唱名，三次喚名之後，三人才應聲而出，其中王佐排前，董德元居中，陳孺殿後。然後高宗皇帝親自過問三人鄉貫出身和年齡，回答完畢後被牽引至狀元班排，更換皇帝所賜衣服朝靴。最後發布御告，大意是：經過三年的艱辛苦讀和鄉試、會試、殿試三場大比武，本次榜魁和進士等次已經揭曉；其中殿試成績第一名右迪功郎董德元，但根據大宋祖宗之法，狀元不授有官之人，是故右迪功郎董德元降一等為榜眼，授恩榜狀元，擢王佐為狀元，陳孺為探花，其餘人等，各依成績排定，稍後予以張榜公示。群人又三呼萬歲，聲音響徹雲霄。（宋吳自牧《夢粱錄》卷三《士人赴殿試唱名》）

唱名完畢，不少同年進士和老友前來祝賀董德元。說實在的，董德元儘管沒有獲取狀元桂冠，但天下人都知道殿試成績是他第一名的，而且授予的恩榜狀元享受的政治待遇比同狀元，因此董德元也知足了。科場奮鬥到五十三歲，能夠取得如此功名，董德元認為對得起自己和祖宗。如果不是還有事務要開展，他真想快馬加鞭回去流坑向列祖列宗報喜，向老家那些關心他、支持他的家人和朋友報喜。那一晚，董德元又失眠了。

接下來的幾天，董德元可有點忙。四月十九日，新晉進士在「期集所」舉行大聚會，這是他們自行組織的聚會，經費先由各進士墊付，稍後國家給予補助。為保證聚會的正常圓滿成功，這些新科進士特地組織了一個管理和服務團隊。主管如《題名小錄》記載：何騰、何欽承、劉安世、程千里、田興宗、葉謙亨、柴衛、韓彥直、張宗元；負責禮儀有萬介、徐履；掌管器具的有潘觀國；負責伙食的有張穎；負責酒水瓜果的有王允功，等等。（《紹興十八年同年小錄》）聚會中，不少新科進士一邊喝酒聽曲，一邊賦詩唱酬，呈才鬥藝，各領風騷，熱鬧非凡。幾經科場的董德元喝得滿面紅光，儘管他僅是榜眼，但由於年高且出身官場，又是恩榜狀元，因而獲得眾人的禮遇和尊敬。席間，董德元借著酒精帶來的靈感，即席賦詩多首，可惜都沒有流傳下來，但他的詩才獲得大家一致的肯定。大約月亮西斜，眾人方才乘興歸去。大約一個禮拜之後的四月二十六日癸丑，朝廷才補給進士期集費一千七百貫，作為嘉獎。（《紹興十八年同年小錄》）

四月二十九日丙辰，董德元又和新科狀元王佐率領群進士趕赴朝堂，答謝皇帝聖恩及各位主考官。（《紹興十八年同年小錄》）五月初二日己未，董德元等新進士又浩浩蕩蕩開展拜黃甲、敘同年活動。拜黃甲、敘同年，屬於宋代新科進士期集活動內容之一。即同科進士行禮相拜。此儀式一般在禮部貢院舉行，新科進士東西相向，其中年齡在四十以上者立於東廊，四十以下者立於西廊。董德元已經五十三了，當然立於東廊向。與他相同位置的大約佔了三分之一，足見這屆進士中第的確不容易。不過今年這次黃甲會改在法慧寺舉行。「五月初二日，就法慧寺拜黃甲、敘同年」。（《紹興十八年同年小錄》）這些同年日後可是豐富的人脈資源，因而誰也不想怠慢，互相顯得恭敬又謙卑，興奮又期待，對別人不停地說著恭維恭賀的話語。幾百號人，董德元都不知道鞠過多少躬，拉過多少手，說過多少好話，又聽過多少好話，總之一天下來，略有疲憊。

五月初五日壬戌，端午節，董德元他們又在狀元王佐率領下前往國子監謁謝孔子先聖、先師，以及孟子鄒國公。孔子的儒學傳人孟子在宋代被尊稱為「鄒國公」。（《紹興十八年同年小錄》）

在臨安的董德元這段時間忙得不亦樂乎，但痛快、充實，而遠在江西永豐的流坑董氏家族卻也在分享他的喜悅。殿試唱完名後，新科進士一被張榜公布，馬上傳遍京城的大街小巷，此等科舉盛事畢竟三年才有一次，同時也是國家最高級別延攬人才的方式。因此如果紹興十八年要評選十大新聞的話，本年科舉取人之事肯定要上榜。董德元為榜眼授恩科狀元的消息就像長了腿似的傳遍朝野，尤為江西士子所奔告、仰慕。四月底流坑的董氏就開始慶祝董德元喜得恩榜狀元，進村的路上滿是鞭炮燃放後的紅紙屑，董氏祠堂連續三天張燈結綵，專門請來的南戲班子也連演三天，場場爆滿，彷彿過節似的；而時任永豐縣令吳南老聞訊後也率大隊人馬前來祝賀，並表示要在縣城興建一座狀元樓，畢竟這進士狀元可不是年年有，而永豐打從至和元年（1054）建縣起就沒有取得如此驕人的科舉功勳，董德元是永豐縣第一個，因而縣人莫不感到無上光榮。一些村民甚至開始扒董德元進京趕考前的一些天降異象之類的八卦，比如董氏祖墳冒青煙啊，平白無故漲大水，水龍昇天，甚至有人眼見夜空有星燦如大火劃過流坑村夜空，諸如此類，不一而足，總之都傳這董德元中狀元早有跡象，是天上文曲星下凡。

家鄉流坑這一幕幕熱鬧，遠在臨安杭州的董德元還無法領略到，新科進士的活動尚未結束。五月二十七日甲申，群進士再次進宮，參加授官職儀式。董德元作為殿試第一、恩榜狀元，所授官職和狀元王佐同等。王佐為左承事郎、簽書平江軍節度判官廳公事，董德元為左承事郎、簽書鎮南軍節度判官廳公事。(《宋會要・選舉》二之一八《進士科》)

董德元在臨安城漂了大半年，終於大事已定，水落石出。在走馬上任新職務之前，董德元特地向吏部告了假，踏上了回家探親的道路。山還是那山，水還是那水，橋還是那橋，路還是那路。董德元對於由臨安城回江西的四周環境太熟悉了，儘管從最初參加省試到如今衣錦還鄉，前後消磨了三十餘年，中間有多少次來往，傾注了他多少心血，浸潤了多少艱辛和辛酸，董德元自己也無法衡量，事實上也是無法預估的付出。雖如此，歸去的路途沒有變化多少，倒是如今的身份和心情絕然不同於以前的任何時候。想到這裡，董德元真想大聲喊出李太白的詩句：「天生我材必有用，千金散去還復來！」確實如此，科場蹭蹬幾十年，能在知命之年熬出個恩榜狀元，此生也知足了。李白這幾句詩彷彿是專為他所作似的，而此前，又有多少個夜晚，董德元同樣吟詠著李白的「大道如青天，我獨不得出」而難以入眠呢。想到這些今昔過往事，董德元不禁心潮澎湃，一時難以安定。

舟過臨江軍，吉州廬陵郡守和永豐縣令吳南老等早就聞風設宴等候，同坐的還有臨江軍守彭子從，這個昔日曾經對董德元應舉略帶嘲諷的地方官，如今卻顯得格外地殷勤和恭維，滿臉的諂媚笑容，彷彿根本沒有發生過奚落董德元這樣的事情。董德元看在心裏，記在眼前，不由感歎道：還是這個人，還是這個地，不同的是自己不是那個進京趕考的老油條而是恩榜狀元了，但這態度差異太大了。想到這前倨後恭的一幕，董德元不禁感從心來，詩興大發，揮筆寫道：「黃牒初開墨未乾，君恩重許拜金鑾。故鄉知己來相迎，便是從前老榜官。」這個「黃牒」是指宋代官職任命狀，因而前兩句大意是說感謝聖上重新給予機會參加考試登第，且剛剛被授予官職；後兩句是描寫當前，多謝朋友來迎接，自己不過還是以前的老榜官而已。詩作風格平實之中有幾分躊躇滿志，而語言平淡中略帶幾分調侃。董德元的這番自敘情狀，讓一旁恭候的彭子從尷尬不已，不過董德元倒是頗有心胸，畢竟如今身份不同了，犯不著去計較這麼多，所謂的大人雅量，大抵如此。據說，董德元不僅沒有報復彭子從，甚至日後自己升遷之後還擢升彭子從任職廣東，看來這個老榜官還是有度量，真是應了那句話——宰相肚裏能撐船！

回到永豐後，董德元遇到此生最隆重的禮遇。先是縣令吳南老主持在縣府開了個永豐史上規模最大的歡迎會，並決定修建狀元樓，以示嘉獎和紀念董德元這一殊榮，另外也藉此勉勵後世讀書人發奮趕超。會後，董德元再次披紅掛彩，被人簇擁著在浩浩蕩蕩的人流中游行。據說那天永豐縣城幾乎萬人空巷，爭睹這個文曲星下凡的老榜官的英姿神采。年少有才，蹭蹬科場 30 多年，一朝高中狀元郎，董德元幾乎成了永豐縣讀書人活生生的勵志榜樣，流坑董氏再次成為永豐縣民談資的漩渦和企慕對象。

董德元狀元歸鄉約一星期餘，五月底便急速返回了臨安城。六月三日，和王佐等人參加禮部主持的聞喜宴，並接受高宗皇帝恩賜的《儒行篇》一部（《紹興十八年同年小錄》），此後便走馬上任鎮南軍節度判官。

五、依附秦檜

董德元就任的鎮南軍，由來已久。原為唐代設置，機構駐地洪州，即今天的江西南昌地域，轄洪、虔、江、吉、袁、信、撫七州，基本上包括現在的江西除東北、東南兩部外地區，後改為觀察使，咸通中又改為鎮南軍節度，不久又改為觀察使。宋承唐制，亦置鎮南軍節度。再次走向基層仕途的董德元已經不滿於地方小官了，五十多歲的他沒有更多的機會從基層幹起而步步升遷，作為恩榜狀元的他已經改變了原先的人生想法，他覺得自己不僅有滿腹經綸，還有基層地方官的實踐經歷，此時更應該幹一番大事業，如此才不枉為第二次舉官。所以鎮南軍節度判官這個小小芝麻官早不是他的目標，他也知道這不過是一個過渡而已，對於自己的未來，董德元有了更大的盤算。

董德元科舉中第的時候，宋廷掌權的正是秦檜及其乾兒子等一班黨羽。宋高宗因為秦檜對外主和的策略與其柔道治國的想法不謀而合，對秦檜青眼有加，所以秦檜儘管遭到不少忠臣老將的反對，他的位置卻越坐越穩。有了皇帝的默許支持，秦檜有了專權的資本。為了進一步把持朝政，控制內外主要輿論，秦檜對於那些異己分子採取嚴厲的措施，決意要把這些敵對分子清除乾淨。為此他不擇手段，千方百計地拉攏誘惑那些諫官、臺臣，惡意中傷、打擊、殘害那些忠良之士。不僅打壓迫害抗戰派武將，而且抗戰派文臣，像張浚、趙鼎、王庶等人也未能幸免。董德元的吉州老鄉胡銓因主張對金力戰，觸犯了秦檜的和議主張，被貶出京城，紹興十八年（1148），再被貶至吉陽軍（今海南省崖縣崖城鎮），直到紹興二十六年（1156）秦檜死之後，才移至衡州（今湖南衡陽）。在專權期間，秦檜還甘當奸細、媚事敵國，凡是金人有所需求，秦檜都無不唯命是從。為了媚奉金國主子，秦檜及其黨羽想方設法地榨取民脂民膏，不斷地增加名目繁多的苛捐雜稅，「自檜再相，密諭諸路暗增民稅七八」（《建炎以來繫年要錄》），老百姓苦不堪言，「民力重困，餓死者眾」（《宋史·食貨志》）。不僅如此，秦檜還通過控制科舉的方式，控制仕進之途，惟其所欲，「引用州人，以為黨助」，凡附會者「皆登要途，更相攀援，其勢炎炎，日遷月擢，無復程度」（《建炎以來繫年要錄》卷一四四）。從這些方面來看，秦檜及其同黨就是一群禍國殃民的民族敗類、仕途人渣。

很不幸，遭受萬民唾罵的秦檜卻成了董德元幻想改變人生命運的不二人選。事實上，董德元在友人的勸說下，從第二次參加科舉起，心理上就做了傾向秦檜的打算，在民族大義和個人前途的考量上，五十多歲的他選擇了後者，成了附會秦檜的一份子，影響了此後的人生和評價。

董德元因為一心希望與秦檜搭上橋，所以鎮南軍節度判官期間，基本無心理事，一心謀劃攀附秦檜，調回京城。在京中老友的暗中協助下，董德元果然與秦檜接上了頭。事實上，董德元殿試第一，就是因為他的試策對上了秦檜主和的口味，作為恩榜狀元，掌管人才晉用的秦檜對他還是頗有印象的。一個月黑的晚上，董德元在線人的指引下，前往秦檜太師府謁見秦檜。見董德元主動來拜會，秦檜心裏自然明白，老奸巨猾的他微眯著眼睛，平緩地說，董狀元的策論寫得不錯，很有識見。話還沒說完，一邊的董德元已經滿臉堆上了諂笑，他擠著眉毛而又略帶惶恐地說，慚愧慚愧，是秦太師高明，治國有方，天下平安，百姓安康，都是託你太師的福啊！說完，兩人都心照不宣地笑起來了。

從京城回來月餘，董德元在鎮南軍的判官位置還沒有坐熱，實際上也只是相當於報了到，具體工作沒有展開，一道任命狀空降而來，他被抽調回京，任職秘書省校書郎，儘管只是正八品官階，然而因為屬於京官，且隸屬秘書省，有機會接觸皇上，自然日後飛黃騰達的機會也多，故也算是清要職位。當然，董德元明白自己的位置是與秦太師分不開的，所以入職秘書省不久，又好好地打點了一下這個左右整個南宋政局的總管。董德元已經想通了，在秦檜一手遮天的政局中，如果不依附他、巴結他，不要說升遷之事，恐怕連飯碗都保不住。天下為官者都知道秦檜為了製造一種順我者昌逆我者亡的政治恐怖，專門打壓異己分子，同時又拉攏一些願意為之奔走的黨羽。當時的官場風氣基本被秦檜濁流污染，只有少部分正直之士保持清流不合作的姿態。董德元想想自己已經是五十出頭的人了，如果不順從奸詐的秦太師，這一輩子別說毫無發達的希望，恐怕連立足都成了困難。所以，在秘書省的這段日子裏，董德元一邊小心翼翼地盡職盡責，做好本分事務，以贏得皇上和同僚的好感，一邊積極等待迎合附會秦檜的時機，以獲取進一步升遷的政治資本。

紹興二十三年（1153），宋廷舉行「鎖廳試」。「鎖廳試」是專門為宗室後裔、朝廷要員及那些高官的子弟舉行的一種科考。這次「鎖廳試」的主考官是陳之茂（？～1161），字阜卿，無錫（今屬江蘇）人，紹興二年（1132）進士。（《咸淳毗陵志》卷一七）秦檜的孫子秦塤也將參加這次考試。為了讓秦塤能取得第一名，秦檜開考前多次向陳之茂暗示，但陳之茂為官正直，對奸相秦檜的胡作非為早就看不慣，不為所動，堅持以文章的優劣來區分高低和等次。考試一結束，陳之茂和眾考官連夜判卷，以減少複雜的人情干擾。這次參加「鎖廳試」的還有一代才子、南宋著名愛國詩人陸游，時年二十九歲。當陳之茂批閱到陸游的答卷時，發現其文筆流暢，頗有見解，因而讚不絕口，於是當即判定陸游第一。陳之茂雖然不滿秦檜胡作非為的做法，但考慮到秦檜正當其勢和自身一家老小的安危，最終照顧秦檜的面子，將他的孫子秦塤排名第二。

紹興二十四年（1154），董德元獻媚的機會又來了。這一年又是三年一大比的科考時機，同時也是秦檜家中的一個特殊的年份，因為他的孫子秦塤以鎖廳試第二名成績進入禮部進士試了。怎樣讓秦塤在禮部試順利中舉並取得頭名成了整個秦檜太師府上上下下密謀的大事。在秦檜的暗中操作下，紹興二十四年正月十九日，高宗皇帝下詔以御史中承魏師遜知貢舉，權禮部侍郎湯思退、右正言鄭仲熊同知貢舉，秘書省校書郎董德元和吏部郎中沈虛中、秘書省著作郎丁婁明等人充參詳官（《宋會要．選舉》二十之一一《舉士》)。董德元這些參詳官主要負責審查第一關——點檢官所批等級是否恰當，然而簽署意見再上呈主考官，屬於三級閱卷中的第二關。從主考官到試卷判分人員，明眼人一看就知道基本上都是秦檜的黨羽，如知貢舉御史中承魏師遜（1107～1180)，字良翰，小名成郎，小字必大，江寧府（今江蘇高淳縣雙塔南塘）人，紹興十八年（1148）戊辰王佐榜進士，秦檜幫兇，後官至權參知政事，紹興二十四年十一月被同黨董德元以「貪利」上奏落職；同知貢舉湯思退，紹興十五年（1145）進士，對外主張和議，與秦檜策略一致而深得後者欣賞，後官至宰相；同知貢舉右正言鄭仲熊，字行可，衢州西安（今浙江衢縣）人，紹興二年（1132）進士（清嘉慶《西安縣志》卷二六)，紹興二十三年，為國子監主簿、監察御史、右正言兼崇政殿說書，身為秦檜親信，後權參知政事（《建炎以來繫年要錄》)。臨考鎖院前的一個晚上，秦檜在太師府特意召集董德元和魏師遜、湯思退、鄭仲熊四人。面對惴惴不安的四大考官，秦檜直言不諱地說：「本年春闈大考，老夫力奏四位大人任職主考官，好為國家招攬人才，現已經得到皇上的恩准詔諭四方」，說到這裡秦檜故意中斷了一下，抬眼向董德元他們身上掃了一眼，見四人誠惶誠恐滿臉狐疑的樣子他繼續說道：「老夫為推薦爾等四位不遺餘力，希望四位大人體諒老夫的一片誠心！不過今年老夫有一孫子秦塤恰巧以第二名也要參加禮部大考，希望他能更進一步，這就拜託各位大人了。」秦檜的話音剛落，一旁的董德元馬上便明白八九分，他雖然不是本次大考的主要負責人，但因為和主考官魏師遜是進士同年，況且還是恩榜狀元公，身份還是有的，因此他搶先說：「太師放心。下官能有今天還不是託你太師的福。」見董德元已經表態，其餘三人也立即醒悟過來，一同附和說：「秦太師，微臣們的進步還不是您太師扶持的功勞。令孫舉考之事敬請放心好了。」從秦相府回來後，四人趁還沒鎖院立即抓住機會商議錄取秦塤事宜，最後一致決定為報答秦檜的提攜之恩取秦塤為第一名，而那個威脅秦塤最大的對手陸游則直接除名。可憐的陸游還沒踏入考場，落第的命運便已經安排好，而那個只會人云亦云的秦塤則在考前就已經向狀元位置靠近了一步。紹興二十四年（1154）二月底禮部試開始，等舉子們完成試題進入判卷時，董德元等人便急忙按照預定計劃取秦塤為第一名，而南宋另一個愛國詩人張孝祥取第二名，曹冠第三名。當錄取事宜結束時，四人彈冠相慶，直呼：「吾曹可以富貴矣！」紹興二十四年（1154）三月八日，在董德元等人的集體舞弊運作下，秦塤以禮部試第一名成績入奏參加殿試對策。這一年的制策為：「朕承烈（列）聖之休，偶中否之運，遺大投艱，罔知攸濟。賴天悔禍，中外寧一。及閑暇之時，延見儒生，博詢當務。子大夫裒然咸造，其精思經術，詳究史傳，具陳師友之淵源，志念所欣慕，行何修而無偽，心何治而克誠，不徒觀子大夫之立志，抑國家收取士之實效，夫豈小補。其詳著於篇，靡有所隱。」（《宋會要・選舉》八之七《親試》）

為了幫助秦塤順利過關，考前董德元等秦檜親信還秘密漏題，並給秦塤提供殿試策論範本和寫作技巧方面的培訓。當秦塤拿到試策後，便根據秦檜的一貫主張和先前董德元等人提供的參考資料的印象，開筆答試對策，其中有部分說道：「自三代而下，俗儒皆以人為勝天理，而專門為甚。言正心而心未嘗正，言誠意而意未嘗誠，言治國平天下，而於天下國家曾不經意，頑頓亡節，實繁有徒。慮亡不懷謭而嗜利自營者。此而不黜，顧欲士行之無偽，譬猶立曲木而求直影也。」（李心傳《繫年要錄》卷一六六）顯而易見，秦塤的對策重點批判那些腐儒以「修齊治平」為藉口卻流於空談各懷私心，倡導應嚴厲打擊這些偽學黨徒。客觀而言，秦塤的策論也符合策試要求，不過寫得有些中規中矩，而董德元等人卻在高宗皇帝面前大肆吹捧秦塤此文如何如何高明，如何有治於道，就在他們以為高宗會龍顏大悅欽點秦塤為狀元時，未料待他瀏覽秦塤策試之後，只是淡淡地說：「盡是前人言語，自出機樞者少矣」。董德元等人聽說後猶如五雷轟頂心裏不由一緊，正準備解釋一下，高宗卻已經看上了張孝祥的策論卷，不停頷首稱讚，龍心大悅。只見上面有句寫道：「往者數厄陽九，國步艱棘，陛下宵衣旰食，思欲底定。上天祐之，畀以一德元老，志同氣合，不動聲色，致茲升平，四方協和，百度具舉，雖堯舜三代無以過之矣。」又說：「今朝廷之上，蓋有大風動地，不移存趙之心，白刃在有，獨奮安劉之略，忠義凜凜，易危為安者，固已論道經邦，燮和天下矣。臣輩委質事君，願以是為標準，志念所欣慕者此也。」（李心傳《繫年要錄》卷一六六、《宋史全文續資治通鑒》卷二二）張孝祥不愧為才子，整個策論寫得意氣風發，對高宗的讚美也從容有度，恰到好處，表態也是顯得擔當有氣概，難怪高宗一閱頻頻點頷稱歎。見皇上如此中意張孝祥卷子，一旁的董德元他們只得心中暗暗叫苦，但又不能流露出來，只得隨口附和說：「陛下高明，又為國家攬得魁首！」在高宗皇帝的親自過目下，這次殿試的最終結果是張孝祥為狀元，而曹冠為榜眼，原本被董德元他們計劃擢為第一的秦塤得了個探花第三名，算是為秦檜留了點面子。事後當董德元們自以為陰謀被破壞不好交差時，老奸巨猾的秦檜卻裝出一副很大度的樣子，說：「各位大人辛苦了。小孫能取得探花，你等也盡力了。再說，過了進士考這一關，以後就好說了。」眾人唯唯若若，總算如釋重負。秦塤未能高中頭榜，這讓秦檜多少有些失落。想當年他的兒子秦熺就是在自己的一手操縱下中了頭名狀元，後來一路做官順風順水直到樞密使，掌管大宋軍務，那些整天价嚷著收復中原的聲音才漸變微弱和消弭。秦檜原本希望自己的孫子能複製他老子的出仕道路，未料高宗皇帝對於日漸勢大的秦氏家族已有所警覺，這次秦塤落選榜首分明就是警示，可惜風頭正勁權勢薰天的秦檜尚未意識到，這就為他日後的悲劇下場埋下伏筆。

董德元的貼心依附秦檜很快有了回報。時隔不久他被任命為吳、益王府教授，又過了不久任職太常博士。這個太常博士主要是太常寺掌管祭祀之事的官員，正七品官職，在國之大事唯祀與戎的古代也是個重要的位置，此後又出任禮部員外郎，在禮部尚書手下負責點文化教育之類的雜事。董德元在秦檜的照料下，一路升遷，往往是一個職位不及滿屆便又換另一個職位，變換之頻繁，升遷速度之快令人不由側目。紹興二十四年（1154）底，在秦檜的授意下，董德元官拜殿中侍御史，負責糾察監督百官，成了秦檜用以監察彈劾百官的一個棋子。紹興二十五年（1155）四月升為中書舍人（正四品），兩個月後又升為吏部侍郎（從二品），不久飛升吏部尚書，同年八月份升任參知政事，躋身宰執行列，達到仕途巔峰。董德元升官之快，一般人難以比及，全因他對秦檜唯馬首是瞻，成了秦黨中堅，政治上與秦檜共進退，只要秦檜對誰稍有不滿，董德元即可想辦法加以打擊排除，甚至連秦檜黨羽內部之人也不例外。如還在御史任上的董德元一次發現本是秦檜集團成員的魏師遜「少忤會意」，便以「懷奸嗜利，不恤國事」為由，借機彈劾，使得魏師遜最終落職。紹興二十五年，時官參知政事的董德元為維護秦氏集團利益不擇手段，比如找藉口彈劾參知正副使施距和鄭仲熊，致使兩人落職；左朝散大夫趙令衿也因讀秦檜《家廟記》時口誦「君子之澤，五世而斬」而被人告發，董德元便以「專事狂悖，交結罪人，司控國事」之名將趙令衿貶謫到汀州（今福建長汀），後來乾脆打入監獄。鐵心依附秦檜的董德元為了自己的錦繡前程不惜出賣靈魂，出賣良心，甚至出賣同僚，助紂為虐，狼狽為奸，他的這一熱心當然獲得了秦檜豐厚的回報。任職參知政事不久，董德元又被封為廬陵開國子爵位，食邑五百戶，聲名日隆，權勢可熱，官運亨通。

就在董德元期望依賴秦檜更有發展前途時，曾經威風八面權勢薰天的秦太師卻身染重病，形勢危危。面對秦檜這棵大樹的突如其來的變卦，董德元原本飛黃騰達的前景又變得撲朔迷離，興奮的心情由此也變得沉淪黯淡起來。紹興二十五（1155）年十月初冬，秦檜病情加重，幾度陷入昏迷狀態，這個作惡多端者知道自己時日不多，因此加緊策劃讓其兒子秦熺上位，以便保全秦氏家族的利益。而董德元也被秦檜的病重害得六神無主，生怕這棵大樹一旦倒了牽連自己，所以也拼命維護秦檜家族利益。董德元自知孤掌難鳴，於是千方百計聯合了時任戶部侍郎的曹泳以及其他秦檜親信，極力向高宗皇帝推薦秦檜的兒子秦熺繼任相位，大肆吹捧秦熺如何賢德有才幹，繼承了他老子秦太師的真髓，是國之棟樑，是相位的不二人選，可委以重任，等等譽美之辭，無以復加。此時的高宗已對秦氏家族的日益坐大充滿警惕，一個秦檜擅權已經讓他覺得有種被凌駕的感覺，現在秦檜氣勢已盡，高宗不希望再來一個秦太師，所以當紹興二十五（1155）年初冬的一個深夜前往探視秦檜時，面對秦檜提及相位人選問題，宋高宗直接回答「這不是你所考慮的問題」，斷然否決了秦檜、董德元等人妄圖以秦熺代之的這一提法。這無疑給董德元等秦檜勢力當頭一棒，原先的萬般憧憬即刻化作土灰，有種末日來臨之感。秦檜明白自己的心機已敗落，但不甘心就此撒手，他希望趁自己還有一口熱氣抓緊將兒孫的後路安排好，否則死不閉目。

天意不可違。秦檜知道自己也時日不多，在彌留之際召見董德元、湯思退二人。董德元知道秦氏家族已經大勢已去，然而多年的追附和既得實利已經將他綁上了秦檜的賊船，這一輩子恐怕是洗脫不了罪孽。當他惴惴不安地再次踏進太師府，發現往昔人來人往的相府門可羅雀，人丁稀少，整個氛圍與這初冬的季節相一致，呈現一股抑鬱蕭瑟之氣。董德元來到秦檜病榻前，湯思退已先入在側，此時的秦檜臉色鐵烏，雙眼似睜，眉頭緊鎖，嘴唇微起，呼吸窘迫，旁人通告後不能言，只是稍微點頷以表示他還是一個活物。董德元和湯思退二人俯身輕輕地低聲呼喚：「太師，太師」，秦檜彷彿陷入昏迷而沒有回應。二人稍微停頓了後，接著加大力度又叫了幾聲：「太師，太師啊，我們過來看望你，你有什麼吩咐嗎？」或許因為聲音力度大些，這次那雙沉迷的雙眼終於睜開了一條縫，無力地向董德元他們掃了一眼後接著目光遊走在旁邊的桌子上。一旁的老總管明白主人的意圖，就對董德元他們說：「太師的意思是各贈千兩黃金與二位。」董德元不知道秦檜臨到終頭葫蘆裏還賣什麼藥，難道是對他進行考驗？他有點摸不准，心裏一下子變得矛盾起來：不接受又擔心萬一秦檜挺過來了自己的好日後肯定到頭了；接受也擔心秦檜死了，日後自己就說不清楚了。來不及更久的猶豫，聽天由命吧，董德元心一橫接下了，熟料這一接為他日後的遭遇埋下了罪因。那個湯思退原本就是個老奸巨猾之徒，他見秦檜已病入膏肓便料到已無重生的可能，為了避免和秦檜家族多有牽連，找了個藉口推掉了秦檜的重金。紹興二十五年（1155）十月二十二日，作惡多端的秦檜終於一命歸西。樹倒猢猻散，那些曾經趨之若鶩的黨羽竟然沒有幾個前往弔唁，相反，朝中百官紛紛上書揭露秦氏父子的累累罪行，要求將秦檜黨羽一個個清除或繩之以法。宋高宗其實也明白秦檜的歷史使命已完成，沒有任何利用價值了，趁現在朝廷內外民意洶洶之際，一以剪除奸黨影響倒不失一石二鳥，於是下詔清查秦檜家族及其黨羽。

秦檜家族的失勢倒臺，讓身為秦黨的董德元也跟著倒楣，他最擔心的事還是發生了。不少大臣也紛紛舉報董德元為虎作倀的罪狀，尤其檢舉指出在最後時節還收受秦檜黃金千兩，一致認為董德元的官職應該就地免除。可憐的董德元已經無計可施，無人可靠，身陷四面楚歌的他惶惶不可終日，彷彿成了過街老鼠一般，到處都有指指點點的身影。秦檜死後的一段日子是董德元最為痛苦的時期。沒過幾天，在殿中侍御史湯鵬的進一步彈劾下，董德元被罷去參知政事等一切要職，高宗最後勒令他以資政殿學士身份歸家。董德元苦心奮鬥幾十年，一下子被打回了原形。他心裏的這份苦楚沒有人知道有多深了，或許他應該感到欣慰的是雖去了職，但留住了命，也沒有投入大牢，畢竟是高宗皇帝主政時期的恩榜狀元公。另一個讓董德元難過的是解去了一切職務，無事可幹，渾身變得很不自在，心裏一下子空落落的。過慣了上朝奏事、起草文件的辦公生活，現在猛地墜入無序狀態，董德元心想不如退休回老家發揮餘熱來得實在。

六、罷職歸吉

董德元決意要回廬陵吉州了。迷戀京都臨安城半世煙雲的他發現這塊熱土已經不適合自己生活了。秦檜死後，後來的新皇帝孝宗為肅清秦氏家族影響，大凡與秦檜有過往來的人員幾乎一律遭到清算，或辭或退，重新選拔人才，整頓朝綱和官員秩序。秦檜父子出賣國家利益，打擊政敵，鉗制抗金派，因此罪孽深重，作惡多端，民憤極大。董德元逆附秦檜集團無非是為了個人利益和發展前途算計，其間當然也做了一些不光彩的事情，然而好在並沒有犯下什麼罄竹難書的罪行，這也是後來孝宗皇帝最終追封他左正奉大夫身份並予以致仕的原因。不過終歸是秦檜集團一員，這一塗抹不了的人生一頁讓董德元覺得有些悔恨，尤其是想想自己家鄉廬陵吉州本以文章節義而著稱，而自己卻為了個人半生虛名浮利而奔競秦檜門下，的確有愧廬陵的這些先烈們。所以，退休了的董德元也在不斷地反省自身，內心難以平靜，可惜這樣的反省來得有點晚。輕裝簡從的董德元悄悄地趕回了流坑，彼時的流坑村已經被劃入了樂安縣，但董德元的根還在永豐縣，還在廬陵吉州。董德元因為自覺有愧流坑董氏，所以返回老家流坑後沒有祭祖，也沒有定居流坑，而是在吉州城北吉水土橋頭一帶闢地建屋而居。庭院中修建休榮亭一座，亭上自書一聯：「閒談休議榮枯，靜坐常思得失」，這或許是董德元半生宦海沉浮得出的人生感喟。

隱居於吉州的董德元，除了會會廬陵老友，便是誦讀古書，臨帖書法，另外還自作主張擔任了附近幾個鄉民小孩的啟蒙導師。每年清明時節，董德元也會攜一小書童悄悄地返回流坑祭祖，並且到永豐縣城的恩波亭放生池放生，或許是為過去的自己減輕負疚感，以求得心理的平衡。

宋孝宗隆興元年（1163），董德元結束了他這大起大落的一生，享年六十八歲。第二年（1164）一月，孝宗皇帝才以左中大夫，提舉太平興國宮復端明殿學士名義正式令董德元退休，二月又贈左正奉大夫，其時董德元已經離世一年。

董德元以「恩榜狀元」中舉及第，因依附秦檜旋晉升侍御史，官至參知政事權左僕射，享爵廬陵開國子，食邑五百戶，成為流坑歷史上科甲和仕宦最高之人。但是也因為董德元附會秦檜而不得入鄉祠受祀，《宋史》也不見載，後世士論史筆也多有諷貶。然而就董氏家族而言，董德元成了學而優則仕的一面旗幟，中過狀元且曾躋身宰執行列，這樣的人中龍鳳在流坑乃至永豐或樂安的歷史上屈指可數。淳樸的鄉民不太關注政治，他們只是把董德元當成讀書中舉的一個典範，用之教導董氏子弟。地方官也把董德元當成一種榮耀，因此董德元中舉的第二年，永豐縣即為其建狀元樓以示彰耀，進士同年朱熹為之題「狀元樓」三字匾，後來又有著名理學家曾丰為之作記，此樓遂成為恩江之畔的著名古蹟。董德元中舉後的第二年流坑劃歸撫州樂安管轄後，流坑董氏族人又在村口依樣建築了一座狀元樓，作為紀念和誇耀董氏科舉盛事的標誌物。因為董德元的政治地位和影響，南宋朝廷追贈流坑開基祖董合為大司徒，妻羅氏為豫章郡夫人；二世祖董禎為大司空，妻鄧氏為南陽郡夫人；其曾祖、祖父、父親等也各有封贈，可見董德元一門榮顯，而整個流坑董氏亦風光無比，進一步使流坑董氏家族形成了極為濃厚的科舉文化的氛圍，激勵並薰陶著一代又一代的董氏子弟皓首窮經，科舉求仕，連綿不斷。

參考文獻

1. 李心傳：《建炎以來繫年要錄》，胡坤點校，中華書局 2013 年版。
2. 脫脫等：《宋史》，中華書局 1977 年版。
3. 李天白：《江西狀元全傳》，江西人民出版社 2014 年版。
4. 流坑董氏網：http://www.jxlalk.com/888/。

永樂朝開科狀元曾棨傳

曾棨（1372～1432），字子啟，號西墅，明代吉安府永豐縣龍潭（今佐龍鄉曾家村）人。三歲識象棋，七歲入塾，便能讀書成誦。十五歲設館授徒，二十歲參加縣學考試，列為庠生，三十二歲中狀元。官至詹事府少詹事（正四品），六十一歲卒，贈禮部左侍郎。

曾棨年少有才，在傳統讀書人學而優則仕的奮鬥歷程中出道也早，尤其是剛而立之際就中了狀元，成了永豐歷史上繼南宋董德元之後的第二位狀元公，的確不簡單，堪稱奇才！那麼曾棨究竟有何來頭呢？他的從政與從文道路怎麼樣呢？我們且從曾氏祖上開始，探本溯源。

一、詩書之族

曾棨遠祖出自山東武城。大概在西漢末年，孔子門生曾參十五世孫曾據為避王莽之亂，率族人南遷，其子孫散居在以江西為主的江南各地。關於這一族的遷徙據珍藏於臺北縣鶯歌鎮的《武城曾氏族譜》記載：「曾氏去邑為氏，武城之族，盛於山東，西漢之末，不仕新莽，舉族南遷，居於豫章（郡）廬陵（縣）之吉陽鄉（今永豐縣坑田鎮等地），由吉陽析居永豐縣龍潭，由龍潭徙居吉水蘭溪。」在曾氏族譜上，曾棨屬於第五十世沅老房派，為曾據第五十五世。曾棨的遠祖沅老生子二人：晞郕、晞顏，而後者正是曾棨的高祖曾晞顏，大約在南宋時期由吉水蘭溪析居永豐縣遷鶯鄉之龍潭，這樣，曾晞顏便成了龍潭曾氏的開基祖。曾晞顏，字達聖，號東軒。宋理宗景定三年（1262）登方山京榜進士，與宋末愛國文人劉辰翁為同榜進士。初授迪功郎，曾任連州教授、監察御史、樞密院都智府兵部侍郎、嘉議大夫、朝列大夫、湖南儒學提舉等。進士出身的曾晞顏頗有文才，今《全宋詩》存詩一首《重遊臨武秀岩》，寫道：「瓊樓玉宇落荒村，雞犬無聲到洞門。彩鳳久藏丹穴羽，青蓮倒續華峰根。笑談疑有宮商應，剜刻渾無斧鑿痕。莫訝空中能卓立，亭亭一柱拄乾坤。十番春事付風埃，屐齒參經識蒼苔。野鳥避人猶巧語，山花向日盡遲開。奇峰自是平地起，活水不知何處來。天若便教羈羈脫，寧須海上覓蓬萊。」另《全宋詞》存壽詞兩首，一為《賀新郎．賀耐軒周府尹已卯》，一為《好事近．以梅為壽》。而新編《全宋文》卷八二四七收曾晞顏文一篇《君子以仁禮存心論》，屬於理學探討話題。劉辰翁的兒子劉將孫撰有《曾御史文集序》，稱許其文「雍容也，祥麟威鳳不鷙搏而群狡服；其雅正也，清廟朱弦不於喁而眾音希；其剖決也，楚鐘周鼓不章彩而製作備；其明麗也，青天白日不炫焯而萬景呈」(《養吾齋集》卷十)。可見曾棨的高祖曾晞顏至少也是一位文學俊才，因而引得劉將孫贊口不絕，可惜他留存下來的作品太少。曾棨的伯祖曾德裕（1273～？)，字益初，歷官翰林直學士，元至大四年（1311）歸居，卒年四十有餘。曾祖父曾巽申（1282～1330)，元至大年間（1308～1311）授大樂府署承，延祐元年（1314）授翰林編修，泰定（1324～1327）初歸居。天曆二年（1329）又招為集賢照磨，天曆三年年七月染病身亡，英年早逝。元代著名學者、詩人虞集與曾巽申交情深厚，親自為其撰寫了墓誌銘，載《四庫全書》集部 1207 冊《道園學古錄》卷十九（參《元人傳記資料索引》)。2008 年北京奧運會開幕式展示了五幅精彩絕倫的中國畫長卷，再現了中華民族博大精深的傳統文化，其中一幅便是曾巽申繪製的《大駕鹵簿圖》，有 700 餘年的歷史。曾棨的祖父曾如瑤（1308～1376)，字尚賢，官至集賢司直（從五品)，生子五人，其中曾洵即為曾棨的父親。曾洵（1330～？)，字淑（叔）用，後因子曾棨顯貴而贈泰儀大夫、左春坊大學士。(《武城曾氏族譜》）如果把曾棨直系氏族用圖例簡單表示，則如下：曾沅老→曾晞顏→曾巽申→曾如瑤→曾洵→曾棨→曾秬、曾積、曾種。

由上可知，曾棨一支，從宋末的高祖曾晞顏算起，根據歷史記載和今人所編的《吉安歷代進士錄》可知，五代之內真正考取進士的只有首尾二人，但不可否認的是曾棨的祖上大都曾是有官職之人，說明曾棨的祖上好學上進，基本上都曾以儒學加身做官。所以曾棨的家庭出身算是官宦之家，只是到他父親曾洵時，正值元末明初的動亂時期，讀書人仕進的道路即科舉考試被中斷了，因而沒有什麼機會博取科考功名，後來才靠曾棨狀元及第得以追封大學士。

二、天降英才

明太祖洪武五年（1372），天下初定，海內清一，朱元璋正雄心勃勃地制定各種國家管理的新政和制度，而實行這些政策和制度最終還必須依賴那些曾經跟隨他一起出生入死的弟兄或其親族——這些人現在基本上都是身居要職，但朱元璋對他們能否經得住和平日子的考驗信心不足。一次他憂心忡忡地告誡眾大臣說道：「凡居官的，任職大小雖有不同，但必須盡其職責。范文正公居位，日之所為，求與食祿相稱，若今日所為不及，明日必定彌補，才安於心。若賢人君子如此盡心，朝廷豈有廢事，天下怎得不治。我每夜不安寢，未明視朝，常恐天下之事，或有廢怠不舉，民受其害。你們當體察我的心意，夙夜盡心，盡忠守職，勿負國家。」朱元璋為了大明江山的世代永固設置了諸多規範與制度，事實上也取得一定的效果的。這一年的八月，遠離南京千里之遙的江西吉安府永豐縣龍潭（今曾家村）剛剛誕生一位嬰孩，這就是日後的永樂皇帝朱棣開科狀元曾棨，而且一生清貧自有風節，不知是否與誕生在明太祖整肅吏治的非常時期有關。

曾棨降生在農曆八月，唐代大詩人杜甫曾說「八月秋高風怒號」，可是南方永豐的八月時分最多是金風習習，中午有時還裹挾著不肯散去的熱風。永豐的龍潭因為屬於山區的緣故，早晚溫差較大。不過按照五行八卦的說法，全年當中，降生於春秋之際的孩子運程似乎發展較好，當然這種說法有沒有科學根據貌似沒有權威的考察結論，然而實際生活中卻不乏這樣的例子。同樣降生於八月份的曾棨，此後的人生發展的確不同一般，甚至在某種程度上影響了大明王朝的政治發展。這當然是後話。

曾棨的父親曾洵有四個兄弟三個姐妹，自己排行第一。曾洵的父親即曾棨的祖父曾如瑤在元末政府裏擔任了一個小官，因為身處世事多艱的非常時期，成天忙於在外面奔波，無暇照顧家庭，這樣一來身為老大的曾洵自然要抽出精力與時間幫助母親分擔照顧幾個小弟和小妹的生活與教養任務。或許因為如此，從小伴隨儒家詩書而逐漸長大成人的曾洵沒有更多的精力經營舉業；加之元末之際，群雄紛起，江山飄搖，科舉考試基本名存實亡，所以成年之後，曾洵的父親看到他恐怕沒有機會趕上讀書中舉的道路也沒有別的辦法，相信兒孫自有兒孫福，最後乾脆給他找了門張家親事，也省得一個大男人老晃蕩著，讓人看著心煩。曾家祖上殷實，一家的老小生活倒也無憂，然而隨著小日子流逝，曾洵總是有塊心病鬱積在胸難以勃發，原來是和張氏成婚多年，中間因為流產導致一晃三十好幾歲了膝下尚無丁點子嗣，這可是極大不孝和無臉面的事情。就這樣尷尬地又過了幾年，直到曾洵捱過了四十歲，這個張氏終於又懷上了，待第二年的八月破肚而出，發現是個男娃。曾洵中年得子，總算舒了口氣。孩子初生，模樣俊俏，前額寬敞，髮際線高，一看就是一副聰明伶俐必有福報的樣子。曾家上下無不欣喜，尤其是曾洵夫婦倆，感謝上蒼，中年得子，成天掩飾不住內心的欣慰與歡心。按傳統，百歲試周，定當舉行。這個新生的孩子其他對象統統不要，唯獨抓住一本已經有些發黃的《詩經》愛不釋手，惹得上下親友紛紛稱讚此兒他日不可限量。徵得祖父曾如瑤的同意，初為人父的曾洵為之取名「棨」。「棨」者，木頭做的一種通行證，略似戟形，又代指官吏出行的一種儀仗。很顯然曾洵希望這個兒子能夠成長得一帆風順，暢通無阻，將來能夠踏入仕途，青雲直上，一族至親對曾棨寄寓厚望。

曾洵因自己未有機會走仕途經濟的道路而遺憾，所以將舉業的希望寄託在這個不同凡響的兒子身上，除了自己親自督導蒙學，還特別延請了附近飽學的私塾先生進行嚴厲教導。曾棨幼時聰明，兩三歲還在呀呀學語時就能背誦「遠看山有色，近聽水無聲」等啟蒙唐詩，五歲時已經能夠把百餘顆象棋文字識讀全遍，記憶力超常。不僅如此，曾棨還文思敏捷，不求甚解，對一切陌生的事物都充滿疑問和興趣，甚至有時的發問搞得私塾先生都下不了臺，讓先生既尷尬又莫名驚喜。曾棨長大到六七歲時，求知欲望更高，私塾先生壓力劇增，感到自己無法應對，最後只好藉口年事已高力不從心一辭了之，曾洵只好委託自己勤奮好學學問博洽的弟兄來督導管教。後來，因為一家老小的生計問題，曾洵不得不外出替人幫工，而小小年紀的曾棨也常常不得不抽空幫父母做點家務，其中做的最多的事就是放豬了。附近一些貧窮無法讀書的玩伴常常拿曾棨放豬的事開玩笑，他們編了自創的兒歌，如：「曾家有個小兒郎，出了書堂去豬場。路遇一條大黃狗，嚇得哭爹又叫娘。」曾棨每次聽到這些戲謔聲，都覺得好氣又好笑，但生性較為豪爽的他時間久了，也就罷了，畢竟都是左右鄰舍的玩伴，抬頭不見低頭見，犯不著斤斤計較。

明太祖洪武十九年（1386），十五歲的曾棨已經出落得像個大人了，且學問日益精進，經過十多年的涵養成了曾氏族人年輕一代中的佼佼者。龍潭曾家歷來重視自己子弟的儒學教育與舉業發展，即使在元末明初科舉廢止的戰亂年代，一些族人也沒有放棄教育子弟。大明王朝初定，國家正是需要人才的時機，尤其是洪武十七年（1384）朱元璋重新恢復科舉考試以來，天下的讀書人

「學而優則仕」的壯志豪情又被激發出來，各地重學興儒的運動又轟轟烈烈地開展起來。龍潭曾家因一時找不到合適的教書先生來任教，於是族人一合議，乾脆讓「腹有詩書氣自華」的曾棨兼任本族子弟的業師，教授眾人讀書識字與斷文。曾棨雖為先生，年紀卻與一些跟隨習儒的眾子弟差不多大，但是因為他學問淵博且又嚴格負責有魄力，一般大小曾氏子弟倒也很尊敬他，而小小的曾棨在與眾人的教學相長中，不僅切磋學問，也磨練了脾氣與秉性，變得更堅毅從容，頗有年少老成的氣度。一晃又兩年過去了，洪武二十一年（1388），時年十七歲的曾棨以儒學見長而頗有聲譽，四鄰八鄉都知曉龍潭曾家出了個不得了的少年才子，有的大戶人家甚至想方設法來聘請曾棨擔任私塾先生，可惜一一都被曾棨婉言相拒。後來因為曾家祖上與新淦（今新幹縣）的胡氏有過交往，加之曾棨的父親曾洵沒有功名，缺少生活來源，原本還算殷實的家庭一下子跌入困頓之中。在這種狀況下，十七歲的曾棨才不得已離開父母遠走他鄉投身於新淦胡氏，做了私塾先生。教學之餘，曾棨熱忱與當地長老和儒學傳人交流溝通，而不少地方文化名流也因早就慕曾棨大名，不惜遠道而來切磋、請教，其中當地名儒士紳也是隱士的鄒仲熙、鄒幼亨與曾棨交往最多，後來三人成了忘年之交。這一段非凡經歷也是曾棨出為私塾先生以來人情往來最大的收穫。（楊榮《西墅曾公墓誌銘》）

三、師生同學

洪武二十四年（1391），二十弱冠的曾棨以優異的成績考入永豐縣學，列為庠生，也可以算是秀才了，正式踏上了「學而優則仕」的舉業道路。當時負責縣學的教諭是戴正心——一個名字包含儒家傳統恪守規則的飽學之士。戴正心曾經為元末明初新淦著名隱士鄧雅（伯言）的文集《玉笥集》寫過序（張佳佳《〈玉笥集〉與元明之際士人的隱逸心態》），另外還留存《陳中山先生墓誌銘》一篇（《同治永豐縣志》卷三十七）。戴正心通過實際觀察和考評，認為曾棨是整個縣學庠生中最優秀的一個，無論文筆還是談吐，堪稱翹楚，因此對這個來自龍潭的年輕人多有關注和關心。比如戴正心曾多次寫詩鼓勵曾棨珍惜光陰，好好把握機會，爭取早成功名，甚至還像唐代大儒韓愈一樣撰有《龍說》雜文一篇，指出君王就好比人中之龍，所以也需要以雲霧為伴才能達到飛龍在天，藉此勉勵曾棨要具備雲霧之志，早日報效大明天子，為國出力。戴正心對曾棨頗有期許，他認為未來幾年永豐縣上的舉業大考有所突破的希望就落在眼前這個年輕人頭上了。在縣學讀書的日子如流水一般悄悄溜過，在教諭戴正心的熱心關懷和認真督導之下，曾棨的學問突飛猛進，兩年後吉安府進行州試，曾棨果然不負眾望，以出色表現一舉拿下吉安府當時所轄的五縣四州（五縣：廬陵、永豐、萬安、龍泉——今江西省遂川縣、永寧——縣治今江西省井岡山市古城鎮；四州：吉水、安福、太和——今江西省泰和縣、永新）的魁首，於是聲名大作，遠播廬陵吉安府內外。就在曾棨躊躇滿志，為鄉試悉心準備時，他的父親曾洵竟然意外摔傷，一時不能動彈。這個突如其來的變故讓曾棨一下子變得彷徨，原本清貧的家庭更顯得局促逼仄。家庭生計為重。曾棨無奈之中退出了縣學，一向器重他的縣學教諭戴正興一再惋惜，奈何自己也是兩袖清風，最後還是勉勵曾棨應窮且益堅不墜青雲之志。回到龍潭的曾棨因不精田稼，一時也幫不上什麼大忙，無法解救家裏經濟的窘狀，在和家人商量後，只得希望繼續以自身所長外出應聘私塾先生方為策略。鄰近的吉水縣桑田村周家，聽說曾棨回鄉，熱情請聘為私塾先生，以教授周氏兄弟，其中大的名叫周述，小的名叫周孟簡，二人為從兄弟關係。

在曾棨的悉心指導下，周氏兄弟的學問和舉業應試技能頗有起色。與此同時，曾棨自身也在為下次的鄉試作打算。可以說二十出頭的曾棨正是精力旺盛勤奮向上的打拼年紀，而幸運的是，所教授的周氏兄弟也非一般的紈絝子弟，皆是聰穎靈敏好學深思的年輕人。平日里師生三人高談闊論不亦樂乎，互相切磋學業，砥礪品節，互為發明，倒也志趣相投其樂融融。

洪武三十一年（1398）閏五月初十日，明太祖朱元璋逝世，同月十六日，皇太孫朱允炆即皇帝位，第二年（1399）改元建文。這一年的秋八月，三年一次的鄉試開始，曾棨和自己的兩個學生周氏兄弟一同結伴進省城參加應考。這裡插敘交代一下明代的科舉考試。明代的舉業考試相較前代又有所完善和規範，規定每三年一次開科，其中逢子、午、卯、酉之年進行鄉試，辰、戌、丑、未之年進行會試；鄉試一般在秋天八月舉行，會試一般在第二年春天二月進行，殿試一般在會試後一個月內舉行。另外，每次考試三場，皆從初九日開始第一場，三天之後為第二場，又過三天為第三場；考試內容上，初試科舉時，初場設經義二道，《四書》義一道，第二場論一道，第三場策一道。後來改為定制時，第一場試《四書》義三道，經義四道，第二場試論一道、判五道，詔、告、表、內科一道，第三場試經史時務策五道。（《明史・選舉志二》）。建文元年（1399）恰為農曆己卯年，故為鄉試之年。令人頗感遺憾的是，這一次省城鄉試，原本躊躇滿志志在必得的曾棨名落孫山，而他的兩個學生周氏兄弟發揮優異，雙雙榜上有名。這個結果對曾棨來說喜憂參半。喜的是可以向東家交一份完美的答卷，憂的是，一向很自信的教書先生自己卻未能考中，這令曾棨的處境頗為尷尬，也深受打擊。思考再三，曾棨認為身為先生反而名落榜下，覺得無顏再在周家講授下去，便要請辭回鄉。周家也是禮儀之族，當然不會因這事而另眼相看，於是再三挽留，尤其是周母更是極力勸阻。她說：「我雖婦人一個，不識詩書，但深知先生知識淵博，文章精湛，早有文名。今年純屬意外失手不必在意，以先生的才氣學識，下次一定會中舉。我還指望先生中舉後帶著兩孩子一同進京會試呢。」周母的一番話既有誇讚，又帶鼓勵，說得實在漂亮得體。然而自覺不宜留任的曾棨辭意已決，最後周家也不便再強留。

離開吉水周家後，曾棨回到龍潭曾家重操舊業，儘管待遇比外鄉要差一些，但畢竟本鄉本家方便，還可以照顧家裏，於是他便一邊繼續擔任本族教授子弟的任務以緩解經濟困窘狀況，一邊發奮複習苦精舉業之術而積極備考。另一邊鄉試中舉的周家兄弟也在積極備考會試，曾棨當然與他們保持聯繫，畢竟師生一場，況且有著共同的科考夢想，因而時時信件來往切磋制藝，討論舉業話題。建文二年（1400），鄉試成績不俗的周氏兄弟春闈會試不中，或許冥冥之中上天要他們與其師曾棨一同參加大考了。春秋代序，寒來暑往，一晃又快到了三年一次的大考時節。就在此際的建文四年（1402），明代的歷史發生一件大事，建文帝的叔父、戍守北京的燕王朱棣策劃軍事政變成功，登上了皇帝的寶座，並改元永樂。永樂元年（1403）癸未秋天，江西又舉行鄉試，曾棨第二次參加，有過挫折的他穩打穩紮，發揮穩健，終於以優異成績中舉，敲開了通向會試的第一大關。

永樂二年甲申（1404）二月，三年一次的春闈會試即將進行。十八日，禮部奏請會試選士的數額，以便權衡取士寬嚴標準。根據明代以往科第舊制，各科錄取數額並不同，多者達四百七十餘人，少者僅有三十人。成祖朱棣因為即位不久，為了表示寬宥和推恩，於是准予按多數錄取，但特別交待下不為例。成祖還特別強調，天下舉子學者成材不易，當取其大略，至於文章略有語病而又無傷宏旨的，不必過於計較，不過文體不尚虛浮，當取樸實。當然成祖上臺時，建文帝的不少臣子在靖難之役中丟掉了性命，有的藏匿民間，有的等待觀望，新政府一時人才短缺，急需補充。永樂二年甲申科，負責會試的主考官為翰林學士解縉。

大名鼎鼎的學士解縉，字大紳，吉安府（吉水）人，年少即有才，後與其兄解綸一同考中洪武二十一年（1388）進士。明太祖朱元璋對解縉這位青年才俊非常賞識。據說有一次對他說：我們兩人道義上是君臣關係，感情上可算為父子，你可以對我知無不言。一席話說得解縉滿頭發熱，熱淚盈眶，當即回去就寫了一封洋洋萬言的大書——《大庖西上封事》，直言弊端，不遺餘力。朱元璋當時愛惜解縉人才，沒有為難他，但最終找了個藉口將這位雖有滿腹文采卻恃才傲物直言無忌的解縉打發回了江西老家。直到建文帝即位後，解縉才重新被召回北京，出任翰林待詔。燕王朱棣率「靖難」之師殺入南京時，解縉與戶部侍郎夏原吉，翰林編修吳溥、楊榮等人「叩馬首迎附」，一下子由建文舊臣變身為永樂新貴（樊樹志《明代文人的命運》）。明成祖朱棣即位後，解縉被擢為侍讀，直文淵閣，進侍讀學士，乃至內閣首輔。可以說在永樂初期，解縉還是春風得意，成為朱棣器重的一個人。由此亦見當曾棨還在新淦胡氏家充當私塾先生時，解縉已經高中進士，可見他無疑是長輩，而且還是曾棨的吉安府同鄉。因此曾棨如果想要去攀附主考官解學士這位老鄉的關係，機會還是有的，然而一向自信的曾棨好像沒有這個打算。

曾棨和吉水周家兄弟是前一年冬天一起來京城應考會試的。這師生三人的確很有緣分，眼下又結伴進京，同住一館舍。此番會試，三人均發揮妥當，一同考中過關。因成祖有令當取多數，因而該科中試進士四百七十二人，其中會元名叫楊相，字之宜，泰和縣城東人。曾棨取得第八名，周氏兄弟也以排名靠前的等次入奏參加殿試。

曾棨和周氏兄弟三人在會試中舉後，利用等待殿試的機會，在吉安籍老鄉的指引下前往拜會解縉大學士。出生於吉安府吉水縣的解縉大學士，自從高中進士做官後公務繁忙，回家次數越來越少，而故鄉情結卻越來越深，以致於見到吉安府來的年輕人顯得格外熱情和高興。這次曾棨他們三個中舉的後生上門求見，更是讓解縉大學士顯得幾分激動，尤其是看到意氣風發而又俊偉的曾棨時，心底裏暗暗誇道真是一表人才！待賓主雙方落座後，幽默的解大學士說道：「我吉安府真是物華天寶人傑地靈，這不我大明朝又得三位賢才。祝賀各位高中！」解大學士停下話頭，深深地呷了口茶水，精神煥發地接著道：「會試中了，你們就可以稱進士了，至於殿試嘛，不用操心，只不過分等次而已。聽說本次會試吉安府舉子取得不俗成績，第一名會元就是泰和那邊的，你們也是其中的傑出代表。我相信各位後生俊賢的實力，一定能取得優越等次的。」

解學士居中侃侃而談，曾棨三人圍坐在旁，帶著幾分仰慕的神情，像學生聽講般謙恭地聽著這位位高權重的前輩既風趣又富有啟迪意義的談話，約莫過了二個時辰，三人才戀戀辭行。快要走出府門的時候，解縉再次祝願他們取得好名次，三人再次鞠躬感謝之後才踏上返程。抵達駐地回想拜見解縉大學士的一幕幕，三人都覺得頗有聽君一席話，勝讀十年書的感受。

永樂二年（1404）三月壬寅初一，明成祖在內閣學士解縉等人的簇擁下登上奉天殿，親自取試禮部選中式舉人楊相等四百七十二人。本次御試題，成祖因為「靖難」才剛剛登上皇位，因而希望在禮樂制度上有所整頓和規範，於是命學士解縉據此出題。聰明過人的解學士領會到朱棣的意圖，於是根據天文律曆、禮樂制度擬殿試題一道。制策寫道：

> 朕聞聖人之治天下，明於天之經，察於地之義，周於萬物之務，其道貫古今而不易也。是故黄帝、堯、舜統承先聖，垂衣而治，神化宜民，朕惟欲探其精微之蘊。《曆象》《禹貢》《洪範》載於《書》，《大衍》《河圖》《洛書》著於《易》，古今異說，朕惟欲致其合一之歸。興學有法，立賢無方，而古今異制，朕惟欲通其所以教育，參其所以名揚。古者，禮樂皆有書，今《儀禮》《曲禮》《周禮》僅存，而《樂書》闕焉，朕惟欲考《三禮》之文，補《樂書》之闕，定黄鐘之律，極制作之盛，皆聖人治道所當論也。諮而多士，承朕皇考聖神文武欽明放運俊德成功統天大孝高皇帝作新餘四十年，必知務明體適用之學，敷納於編，朕親考焉。

很顯然，這道御試題核心要求是根據歷代禮樂制度探求治國之道，所謂尋求歷史經驗，為當今治國之用。因為出題風格變樣了，據說殿試當天，四百餘舉子大多數一拿到策題就懵了，怎麼破題解題感覺無從下手。明成祖事先就對這道題的難度有所掌握，估計不少人會陷入困境，現場一看果然不出所料。巡考過程中，不少舉子因對御試題准備不周，慌了手腳，眼看交卷時間已近，只得憑感覺草草收場，不少人臉露尷尬之色。成祖目睹窘態，只得搖頭感歎。而在眾人一籌莫展抓耳撓腮之時，一個體格魁梧的書生卻表現不凡，周邊的舉子若有所思或無從下手時，這個年輕人似胸有成竹，舞文潑墨，洋洋灑灑，桌面上的稿子已經堆得層層疊疊，依然揮灑如故。事後證明這個不同凡響的青年舉子正是來自吉安府永豐縣的曾棨。

我們姑且換個角度感受一下曾棨的考試過程。殿試那天，曾棨和周氏兄弟起了個大早，臨行又把可能出題的試策方向好好過錄了一遍，然後才放心地出發，進考場。成祖皇帝親自主持考試，說實話，這讓聽說過朱棣英勇事蹟的曾棨略微有些不安，不過這種不安的心理在拿到御試題後便逐漸消失了，連成祖巡考在旁也無暇一睹龍顏，曾棨的全部身心都在審察那道試策題上。他耐心地閱讀審察完那道不足三百字的試題後，大腦馬上調閱事先複習備考的有關對策，在其餘大部分人還摸不清題意時，曾棨的心中已經形成了答策提綱，於是展紙、提筆、蘸墨、書寫，幾個動作一氣呵成，稍傾，雪白的答卷紙上已經落滿了像是靈動欲飛的黑蝴蝶：

> 臣聞之《中庸》之書曰：「大哉聖人之道！洋洋乎發育萬物，峻極於天。優優大哉！禮儀三百，威儀三千，待其人而後行。」至哉言乎！斯道之全體大用，實有待於聖人乎！臣嘗稽之於古，揆之於今，自皇帝、堯、舜以來，未有不由斯道也。恭維皇上受天明命，居聖人之位，得聖人之時，進臣愚於廷，以論聖人之治，是真有志於聖人之學者也。故既統言聖人所以明於天之經，察於地之義，周於萬物之務；而又析而言之，始之欲探夫聖學精微之蘊，中之欲會夫《易》《書》同異之說，參夫明揚、教育之方，終之欲及夫禮、樂制作之盛；且以明體達用之學望於臣策……（《永豐縣志》1993 年版）

曾棨文思泉湧，對策越寫越長，從上古三皇五帝治世之道到天文曆法、禮樂制度，古今結合，縱橫捭闔，洋洋灑灑下筆萬言，作答到最後據說竟出現尷尬一幕：不僅自己的稿子用完了，禮部備用的稿子也告盡，對策仍尚未完結。這恐怕是科舉歷史上罕見的現象。忐忑之中，曾棨只好請示考官，能否以地磚代紙。考官原本觀察到不少考生六神無主，匆忙作答，現在忽然見有人紙張不夠書寫甚為詫異，徵得主考官解縉的同意後，特事特辦，准予曾棨以地面繼續作答最後部分：「必其時與學俱進，德與位俱隆，而後前黃帝堯舜而聖者，質之此心而無愧；後黃帝堯舜而聖者，揆之此道而無異。推之四海而準，傳之萬世而信。窮天地，亙古今，四三皇，六五帝，而不失天下之顯名也。惟我皇上留意焉。臣謹對。」（清李光地《榕村語錄》卷二十七《治道一》）曾棨答完最後一行字，未幾，閉卷時辰已到，待他長舒一口氣離場，隨手一摸額頭，掌上已沾幾許汗斑。

眾舉子離場完畢，禮部考試人員開始眷錄彌封，不久明成祖朱棣在解縉等高官的陪同下開始閱卷取試。一連批試對策多份，均感覺不甚如意。這些對策要麼審題有偏，要麼淺嘗輒止，要麼不得要領敷衍而成，等他後來取試到曾棨一大疊對策後，忽然眼前一亮，龍顏大悅，批策道：「貫通經史，識達天文，有講習之學，有忠愛之誠。擢魁天下，昭我文明，尚資啟沃，惟良顯哉。」朱棣的批語儘管寥寥數十字，但的確抓住了曾棨對策的核心要旨，不全然是褒獎。皇帝欣賞曾棨對策，於是擢為第一。朱棣又對多份對策瀏覽而過，感覺與曾棨之策相距甚遠，不免感歎這些舉子識見之迂，等他取試到周述、周孟簡對策，又彷彿發現了新大陸似的，如批周述策道：「瑰偉之才，充實之學，朕用爾嘉，擢居第二。勿自滿假，惟時懋哉」；批周孟簡策道：「辭足以達意，學足以明理，兄弟齊名，古今罕比。擢爾第三，勉其未至，罔俾二蘇專美於世。欽哉。」（明焦竑《玉堂叢語》卷六《科試》）關於周氏兄弟的科名還有一段插曲。據說周孟簡對策比周述要好，可擢為榜眼，而周述為探花，成祖認為周孟簡為弟，周述為兄，「弟不可以先兄」，故有此排位（明張朝瑞《皇明貢舉考》卷二）。

前三甲科名已定，其餘諸人等次主要由禮部試官勘定，報皇帝恩准後再唱名授官。永樂二年（1404）甲申科，一甲第一人曾棨，授修撰，第二人周述，第三人周孟簡，皆授編修；其餘舉子分列三甲，共計取進士四百七十二人。這科進士是明成祖朱棣上臺後招攬的第一批進士，日後為永樂皇帝服務，各奔前程。當然，這科進士又讓一個文風昌盛、人才輩出的地區揚名，這就是江西吉安府——科甲之盛，甲於江右。據《萬曆吉安府志》卷六記載永樂二年曾棨榜，吉安府中試進士二十八人（有的資料記載三十六人），在當時全國十三道之州府中排列首位，尤其具有爆炸性新聞效果的是該科一甲、二甲前三均是吉安府人氏，且此前一科即建文二年（1400）庚辰科狀元胡廣也是吉安府吉水縣人，這種科第繁盛狀況全國州府恐無二例。據說金鑾殿唱名完畢，曾棨一時高興，詩興大發，歌訣一首，以之紀念：「曉開三殿降絲綸，袞冕臨軒策小臣。紅燭影催金闕曙，紫霞香泛玉壺春。雲霞九萬扶搖近，禮樂三千制作新。淺薄未能宣聖德，原哥棫樸播皇仁。」（清李調元《制藝科瑣記》卷一）

曾棨因家道中落生活轉為清貧，通過自身努力奮鬥終於獲取舉業上的最高位狀元公，為曾氏家族、永豐縣、吉安府、乃至江西人民爭得了榮譽，這也應了古語「苦心人天不負，三千越甲可吞吳」。曾棨窮且益堅不墜青雲之志的先進事蹟放到今天，完全可以充當一個勵志範本，供人傳揚。不過曾棨中舉狀元之事，歷來的一些野史或私家筆記記載了一些傳說。比如明代蔣一葵《堯山堂外紀》卷八十一記載，曾棨前往參加會試期間，剛好有一個吉安府吉水縣的老鄉名叫劉子欽，此人也是一個學霸角色的讀書人，後來連中解元、會元（有關資料記載本科會元應是泰和人楊相），風頭正勁。參加殿試前夕，吉水老鄉解縉大學士正是試策命題人，見到同鄉後輩劉子欽曾風趣地說：「子欽啊，你舉業考試實力雄厚啊，連中兩元，希望再接再厲，本科狀元歸你了，為我們吉安府爭光啊。」按照常理，一般的回應是說些還需解大人悉心栽培、關照或感謝之類的話。但這個劉子欽讀書雖然厲害卻不諳世故，又頗為自負，在大才子解縉面前牛氣衝天，表示無需依憑任何關係，憑自己的實力即可拿下這科狀元頭冠，完全不懂得大膽做事低調做人的江湖規律。劉子欽的這種恃才傲物的姿態讓解縉頗不舒服，也就懶得理他。解縉心裏想，好在吉安府人才多多，你劉子欽就自個玩吧。後來解縉趁另一個才子曾棨拜見自己之際，在交談中洩露了殿試題意，使得曾棨在殿試當天發揮極佳，洋洋灑灑足有萬餘言，博洽詳盡，最終贏得了成祖朱棣的贊許，一舉奪魁。而那個自信滿滿的劉子欽則排名前十名之後，並且一生奮鬥到最後也只混了個教諭，與曾棨的發展相比差異甚大。類似的明代李賢《天順日錄》也有大同小異的記載。故事歸故事，這種私人記載不一定可靠。解縉曾受明太祖重用，後來又輔佐建文帝，明成祖登基後又歸附為朱棣所用。所以解縉再聰明，也不敢在初登帝位且精明勇狠的朱棣面前泄題，因為這可是欺君之罪，一旦發現可能滿門抄斬，連累諸人。而之所以會有這樣的傳聞，恐是江西吉安府科第最盛，中試者多，且解縉等高官又是吉安府人，故不免被人猜忌，從而滋生一些所謂的洩密傳言。

四、走向仕途

永樂二年（1404）甲申三月，進士名錄張榜公布後，成祖朱棣又詔命物色新科進士，作為庶吉士，充翰林院人才庫。第二年（1405）正月又命大學士解縉在新進人員中選「材質英敏者」，「俾就文淵閣進其學」，結果選用修撰曾棨，編修周述、周孟簡，庶吉士楊相等二十八人，後又增周枕共二十九人。成祖親自指示道：「文淵閣古今載籍所萃，爾各食其祿，日就閣下，恣爾玩索，務實得於已，庶國家皆得爾用命。司禮監給筆札，光祿寺給飲食，分鈔以市膏燭，賜第以為居止。」（丘濬《論簡侍從之臣》三）可見明成祖對於這批新進人員期望甚高，給予的待遇也非常優厚。原本之所以選二十八人，據說是為了對應天經二十八宿，而第二十九人周枕是主動提出加入的，「自請於上，詔從之」，當時被稱作「挨宿」（祝允明《野記》），即額外增選的意思。這二十九人，據現代人考證統計，其中來自江西的有十七人，而吉安一府即有十三人，其中增列的這一名周枕也是吉水人。（王紅春《明初永樂二十八宿庶吉士初探》）明成祖為了激勵鼓舞曾棨等二十九人，還特別下詔一道說：「人須立志，立志則功就，未有無志而建功成事者。汝等皆今自英俊，當立志遠大，不可安於小成。為學必造道德之微，必具體用之全，慰問必驅班、馬、韓、歐之間，古之文學之士，豈皆天成，亦積功所致也。」（丘濬《論簡侍從之臣》三）從此以後這些被皇家選用的文人牢記聖訓，奮發有為，勤勉學習。為了督導，成祖還會對他們進行考核，用今天的話來說，國家給予這麼優厚的條件和待遇，不是請你來混飯吃和養老，而是要出成果，且具有經得起檢驗的成果。在此期間，曾棨表現優越。據明人黃佐《翰林記》卷四《文淵閣進學》記載：成祖「數召至便殿，問以經史諸子故實，或至抵暮放退。五日一休沐，使內臣道之，校尉備驅從，人莫歆其榮豔。上時搜奇書僻事以驗所學，棨等多對誦如流，上甚喜之，多所獎賚。恒顧群臣曰：『秀才輩，性子直，可親近。』」而對於其他表現不佳或者考核不滿意的也會施予嚴加懲罰。明陸釴《病逸漫記》記載道：「一日，令背《撲蛇者說》，莫有全誦者。詔戍邊而貸之，令搜大木。棨等以書愬執政，執政袖其書見上，極陳辛苦狀，因得釋歸。」由此可見，明成祖朱棣對這般開科文士期望甚大，因而責之甚切；而曾棨也是心地善良，宅心仁厚。

永樂元年（1403）成祖登基，解決了帝位和主要人事問題後，國家政治秩序步入了穩定發展的階段。這時的朱棣開始考慮從思想文化上實現大一統，將意識形態的發展方向集中到指定的基點上，於是謀劃編撰一部集大成式的綜合性圖書的想法應運而生。永樂元年（1403）九月，成祖命大學士解縉擔任總裁，負責編纂一部包羅萬象、涵蓋古今世間一切知識的百科全書，要求「括宇宙之廣大，統會古今之異同」，「凡書契以來經史子集百家之言，至於天文地志陰陽醫卜僧道技藝之言，備輯成一書，毋厭浩繁」。初次接手，解縉似乎沒有領會到成祖建設這項文化工程的真正意圖，剛剛花了一年的時間就編定，取名《文獻大成》，準備交差，孰料成祖並不滿意，下令重修，並增派人員充當總裁管理和編修人員。永樂三年（1405）元月，《永樂大典》重修工作開始，解縉仍然為總指揮，而在這個時候曾棨被舉薦擔當副總裁一角色。曾棨的加入無疑給解縉的工作帶來了諸多的便利，為他減輕不少負擔。其實關於曾棨入編大典隊伍，還有一個故事。據說在永樂二年（1404）春推薦大典編修人員時，有一個民間布衣才子名叫陳濟（江蘇常州人），屬於地方推選上來的，因才華超眾，欲被薦舉為副總載官。但陳濟在入列之前需要經過考試方能正式聘任錄用。據說明成祖聞訊後，對著翰林院各才子說：「養兵千日用兵一時。我堂堂翰林院各位才人，難道找不出一個才識可以和陳濟相比的人嗎？」眾人回答說：「曾修撰可以和陳濟一試高下。」於是明成祖朱棣親自出題《天馬海清歌》並面試。兩大才子同場較量，這可不是經常出現的現象，而且是在皇帝的眼皮底下展示真工夫和才藝，可不是開玩笑的事。曾棨聽題後，稍微醞釀便揮筆寫就，可謂文不加點一氣呵成，且辭氣暢達，音韻鏗鏘，辭意俱佳，第一個交卷。陳濟也是文思泉湧，可惜稍落後一步，且文辭艱澀，文意不逮。兩人才思文運，高下立判。這首應制詩保存在曾棨《西墅集》中，題作《天廄神馬歌》。明成祖非常欣賞曾棨的表現，並贈曾棨瑪瑙帶一條作為賞賜。這讓曾棨的名聲進一步得到傳揚，於是薦為副總裁官。（明劉昌《懸笥瑣談》）

在解縉等人的主要領導和曾棨等人的輔佐下，修撰隊伍兩千餘人，兢兢業業，不辭辛勞，從永樂三年（1405）元月至永樂五年（1407）十二月，歷時三年，這個規模浩大的文化工程項目終於完成。重修後的文獻集成更名《永樂大典》，明成祖朱棣親自作序。全書收錄先秦至明初各種書籍七八千種，內容涵蓋經史子集，以及天文、地理、陰陽、醫術、占卜、釋藏、道經、北劇、南戲、平話、工技、農藝、志乘等，共計一萬一千零九十五冊，二萬二千八百七十七卷，三億七千萬字，目錄達六十卷。遺憾的是，《永樂大典》編成竣工之際，總裁管解縉卻因政治鬥爭原因貶為廣西布政司參議，並且一而再地被貶到交趾的化州（今越南順化），已是千里之外。不過，曾棨以其認真負責的態度和非凡超群的工作能力獲得了明成祖的嘉賞，於是同年擢升為侍講，並授承直郎。

永樂六年（1408）正月十二日，朱棣在南京南郊舉行大祭，命侍臣分題賦詩。曾棨作為隨身扈從應制賦詩一首《戊子正月十二日大祀南郊扈從分獻》：「天子南郊祀昊穹，瘞壇齋祓謹升中。蕭韶合奏聲容備，袞冕遙臨禮意崇。銀燭光寒明瑞雪，金爐煙細度香風。微臣裸獻慚無補，但祝蕃禧集聖躬。」（《西墅集》卷四）歌詠宏大場面，讚賞皇家聖德的氣味濃鬱，侍臣臺閣體文風明顯無遺。同月十四日，成祖趁這個正月心態大好視察南京近郊的鍾山，曾棨隨從，同行的還有朝鮮國的陪臣數人。參觀欣賞完山上的靈谷寺風光後，成祖來了興趣當眾獻歌一首，惹得那些朝鮮客人一個勁地誇讚，其中有幾個還和歌一曲，神色頗為得意。朱棣見此狀況要求曾棨快速讀來聽聽。聞命後的曾棨自然反應迅速，字正腔圓地讀完還來不及多呼吸幾口氣，成祖又說，曾愛卿一向才情橫溢，不如現場和韻一首，叫客人們也知道我大明才子是何等地飽學多聞詩藝俱佳。現場作文，臨場應制是曾棨的強項。果然片刻工夫，曾棨便吟出七律一首：「寶塔呈祥變現奇，鑾輿臨幸早春時。雲霞絢彩常交映，闌檻回光盡倒垂。方外靜觀諸佛相，御前遍讀遠夷詩。庚歌已得經宸覽，才薄慚無絕妙詞。」（《正月十四日扈從幸鍾山觀靈谷寺塔影，因命讀朝鮮國陪臣所和聖製塔影詩，並賜觀臣棨和韻之作》，《西墅集》卷四）除了應景恰切，屬對工整，其他真看不出有什麼特別之處。不過短時間內能夠作出來也非常人可以達到。曾棨的這首和韻詩自然博得了朝鮮客人的喝彩，也為朱棣贏得了面子，於是君臣皆喜，自是利好雙贏。光陰荏苒，一晃到了八月。這月初一，明成祖朱棣即決定北巡，要求禮部、翰林院議定巡狩之儀。十一日，朝廷詔告天下：將於第二年二月巡幸北京，命皇太子監國留守南京。永樂七年（1409）二月初八日，「以北巡告天地宗廟社稷」，初九日正式成行，命吏部尚書蹇義、兵部尚書金忠、左春坊大學士黃淮、左諭德楊士奇留守輔佐太子監國；又命戶部尚書夏書吉、右諭德金幼孜、翰林學士胡廣、右庶子楊榮扈從（《明史・成祖本紀二》）。時任侍講的曾棨作為朱棣愛賞的文學侍臣也奉命隨扈巡幸北京。臨行前，同事苗衷贈送詩歌《送翰林侍講曾子啟扈從北京》一曲，聊為送行。他的送行詩寫道：「五彩雲端寶扇開，近臣扈駕出蓬萊。身依日月瞻明主，世□絲綸屬俊才。淮水晴光分署柳，山嶧春色帶寒梅。懸知行賦行宮晚，賜得金樽馬上回。」（《同治永豐縣志》卷三十七）顯然，苗衷預祝曾棨隨扈立功，凱旋而歸。這是曾棨第一次扈從燕地北京，既是皇帝侍臣的一份榮譽，更是一個翰林文士的責任。三月十九，北巡隊伍抵達北京。三月中旬的北京周邊空曠遼闊，柳樹初綠，而風吹過面，仍有寒意，而此時的南方已是蔥綠一片，綠樹婆娑，隨風搖曳，和煦風暢。曾棨跟隨成祖，不僅有幸一睹北地春光，見識諸多北地自然和人文風俗，而且巡遊之餘，常侍成祖宴席左右，應制賦詩，對景作文，繁忙而充實。據說有一次隨扈外出，成祖見一路上臘梅點點，不禁心花怒放詩興大發，對曾棨說：「曾愛卿文才富餘，但朕覽卿詩歌機會不多。現兩旁山嶺梅花似火，不妨以之為題，賦七律詩幾首怎樣？」成祖詩令一出，曾棨自然不敢怠慢，思索片刻便一氣呵成百首梅花詩，令朱棣大開眼界，連呼：「曾愛卿，妙！妙！妙！」曾棨因才思敏捷，下筆成文立就，又合乎成祖口味，因此多次受到嘉獎，以至於成了明成祖評判文人的一個標杆和文學侍臣的典範。每當有人引薦文士，朱棣都會習慣性地詢問：「得如曾棨否？」意即才識和曾棨相比怎麼樣呢。結果一考試，幾乎無人能和曾棨相當。成祖有幾分失望，但對曾棨更加器重。這一年的重陽節，登高回來的成祖玩興未已，再次召集隨扈文士開宴集會，分題賦詩，曾棨分得「落」字韻。詩歌寫道：「朝廷重巡守，車駕省方岳。舊封屬堯典，新邑擬周洛。壯夫備干城，鷹士待帷幄。幸因退朝暇，聊逐盍簪樂。惟時肅霜露，涼氣滿郊郭。晝蠅息紛擾，宵蠍欽毒螫。高梧振脫葉，叢菊破新萼。蓐妝卸金候，姑射司律籥。九日屬六至，群公方會醵。朝紳秩初筵，官署上華灼……」（《己丑重九日北京官舍宴會分韻得落字》，《西墅集》卷五）光陰似箭，日月如梭。當北京的白天時間越來越短時，曾棨知道一年又快到頭了。這一年曾棨遠離家人在北京過年，更不幸的是，由於不耐北方的寒冷，他感覺身體因傷風感冒了。歲末年初，除舊布新，但身染寒疾，遠離家人的曾棨心裏沮喪極了。除夕時分，聽著外邊此起彼伏的鞭炮聲聲，一種莫可名狀的孤獨感和思鄉情油然而生：「年年客裏逢除夕，此夕金臺歲又除。爆竹屢喧消坐久，榴花初現半酣來。春回薊北看新曆，家在江南忙遠書。奏賦未能叨扈陛，獨憐多病似相如。」（《己丑除夕作》，《西墅集》卷八）

永樂八年（1410）二月，因為此前淇國公丘福奉命征剿本雅失里（元末明初，北元之韃靼的領導人）慘敗於臚朐河（即克魯倫河），全軍覆沒，這讓成祖深為震驚，於是決定親自北征，掃清外敵安定邊疆。二月初十，朱棣率翰林學士胡廣、侍講楊榮、金幼孜等扈從，發大軍五十萬浩浩蕩蕩出北京德勝門北行遠征。這一天「車馬旌旗之盛，耀於川陸。風清日和，塵埃不興，鐃鼓之聲，訇震山谷。」（明金幼孜《北征錄》）曾棨受命與皇長孫等留守北京。大軍出發北行之時，他慷慨激昂地寫詩一首《二月初十日車駕北征送至德勝門外還守北京》，為之壯行：「遠巡沙漠聖躬勞，十萬熊羆膽略豪。已上金臺兵氣遠，天回玉壘御營高。漢家有道方全盛，胡命無生竟莫逃。早晚龍庭歸奏凱，還迎仙仗候神皋。」（《西墅集》卷四）五月初一，北征大軍攻至臚朐河，朱棣輿之所至，賜名飲馬河，取名河上平地為平漠鎮。為了追剿本雅失里，朱棣率輕騎追至斡難河，終於致對方失敗逃去。五月二十二日，金幼孜受命撰寫《平胡詔》（金幼孜《北征後錄》），明軍士氣大振，多次擊潰韃靼本雅失里部。從五月至六月，明軍與本雅失里部多次展開拉鋸戰，明軍時有小勝。最終因天氣炎熱，士兵饑渴，加上預定目標基本達到，成祖決定班師回北京。遠在北京城的曾棨看到《平胡詔》後已經是六月十四日，於是也深受鼓舞賦詩一首，熱情歌頌道：「鑾輿初駐幹南河，虜騎驚奔自倒戈。胡運卻從今日盡，封疆遠過古時多。

千年虎穴消氛祲，六月龍沙奏凱歌。不獨朝廷功業盛，三邊從此沐恩波。」（《六月十四日讀平胡詔》，《西墅集》卷四）

曾棨隨扈北巡迴南京後已是初冬的十月，天氣微寒，萬木蕭瑟，原本身體虛弱的老母親不堪季節變化不幸病逝。按照古代的禮儀制度，官員必須居家守喪，稱「丁內艱」。在成祖的准予下，曾棨回到故鄉永豐，開始居家守喪。暫時脫離了官場的冗務，曾棨原本的內心變得非常輕鬆，然而因為老母的離世讓他倍覺傷感，於是一心居家守制，同時也和鄉人敘敘舊，談談時務，練鍊字，日子倒也過得安逸平靜。永樂十一年（1413）二月，由於瓦剌馬哈木部不斷騷擾邊境，明成祖決定再次北巡，恰逢曾棨守制期滿，於是被徵召隨扈，再次巡遊北方事務。二月十六日，北巡隊伍由南京出發。十八日，大軍到達鳳陽，曾棨隨成祖拜謁了皇陵。四月初一，成祖車駕到北京，在新修的北京城奉天殿接受朝賀。就在曾棨還在隨皇帝北行的過程中，有人檢舉吉安府一同鄉參與奸黨活動，而曾棨與這個同鄉非常熟悉，事情若處理得不好，恐怕要連坐吃官司。一些與曾棨交好的官員不禁替他焦慮，然而曾棨自以為一身清白，無需多慮。他覺得雖然與這個老鄉往來較多，但自己從來沒有參與奸黨活動，也不知道對方參與了非法的政治活動，因而竭力申辯冤情。然而監察卻不為所動，仍然咬定曾棨涉嫌參與非法的政治活動。就在曾棨百口莫辯，可能身陷牢獄之際，案情上告到明成祖手上。朱棣瞭解有關情況後，特下旨一道，認為曾棨不知者不為罪，可原諒特赦。就這樣原本難逃一劫的曾棨在皇上的直接干預下毫髮未動，心裏的石頭總算落了地。後來明成祖直接對曾棨說：「曾愛卿，你跟隨朕多年，朕對你的為人還是瞭解的，這次朕原諒你是因為你是朕身邊不多見的真正有才之士，但朕也必須提醒你，以後與人交往也要注意分寸，以免滋生禍端。」成祖的一席話，軟中帶硬，說得曾棨既感謝皇上不予追究的聖恩，又覺得惶恐不安。不過萬幸，這事在成祖的過問下總算被抹平了，這讓曾棨對朱棣更加忠心耿耿，以報寬宥之恩。一波未平一波又起。曾棨還沒來得及從涉嫌奸黨案件中完全緩過勁來，家裏後院起火了。這次是真的後院起火！原來曾棨所居在南京城西長安門外附近，一次家人引火不小心失火了，大火不僅燒及曾棨家，更重要的是火苗串到禁宮城垣。這可是火燒皇家宮殿啊，按大明律縱火罪論處，罪行不小，即是過失失火，曾棨也難逃干係，吃官司、陷牢獄都有可能，一家人可嚇壞了。等到調查和監察人員準備上報明成祖如何處理時，朱棣再次因愛才之故，諭旨以批評教育結案處理。這樣，曾棨又一次與官司牢獄擦肩而過。這一年，明成祖感念曾棨兩次隨巡北京，宴前席後，任勞任怨，表現卓越，功勞巨大，加升曾棨為承德郎，參與編修《太祖高皇帝實錄》。

永樂十二年（1414）秋，北京地區進行鄉試，朝廷任命曾棨為主考官，全權負責考試事務。然而沒有想到的是，第二年即永樂十三年（1415 年））正月，發生的一件事讓曾棨痛心不已。原來大名鼎鼎的一代才子、吉安府人的驕傲解縉因在立儲等問題上得罪朱棣，此年正月被錦衣衛埋雪凍死。解縉之死，據史籍記載，正月十三日，錦衣衛都指揮僉事紀綱報告犯人名單，當朱棣見到解縉姓名時隨口就問：「這個解縉還在呀？」（「縉猶在耶？」）紀綱因為與解縉有點小矛盾，生怕朱棣憐才而放解縉一條生路，於是用酒將解縉灌醉，拖到牢外，恰逢外面大雪，不一會兒解縉被積雪裹埋起來，再也沒有醒過來。當然，解縉之死更有可能是得罪了朱棣。無論如何，人間不復有解學士了。可憐解縉一時聰明，下場如此悲慘，離世年僅四十七歲，家中財產也被抄沒，妻子、兒女、宗族都流放到遼東。（《明史・解縉傳》）解縉曾因才高學厚善做文章而被朱棣當作心腹和股肱之臣。朱棣曾經說：「天下不可一日無我，我則不可一日少解縉。」但解縉狂放不羈的個性和政治才能的欠缺，導致與朱棣間有摩擦，並最終釀成死禍，以區區四十七歲的壯齡謝世，給人生和歷史留下不可彌復的遺憾。而解縉之死，也給曾棨帶來不盡的哀傷和衝擊，畢竟這個前輩老鄉，曾經待他是如此熱情熱心，不僅在政治上加以引薦，而且在業務上也悉心指導，讓曾棨感佩不已。現在斯人離世，唯其風範猶存，曾棨也只有寄託哀思了。另外，解縉之死，也讓曾棨加深伴君如伴虎的感觸，某種程度，甚至有種兔死狐悲的情狀。今天我們如果從人才使用的角度審視解縉之死，或許對他的死亡之因可持另一種解釋。解縉因文學才能起家，也因擅長文學受寵，一路晉封至文淵閣大學士，並和楊榮、金幼孜等人參與機務，成為成祖朱棣的左右臂膀。他的才識和機敏一度無人替代，因此他的偶一顯露的恃才狂放的個性，朱棣可以容忍。然而當胡廣、金幼孜、曾棨等才子脫穎而出，並且才能學識也非同凡響之時，成祖或許覺得他們數人的才能與解縉何其相像，因此一邊對曾棨等人褒贊有加，一邊慢慢培養曾棨的政治能力，一邊也慢慢觀察解縉。最後當發覺解縉在政治路線上與自己有所偏離，再加上旁人的挑撥中傷，成祖於是動了殺心。因為事到最後，文學侍臣的解縉已顯得並非重要，一些新人已經成長，甚或可以替代，曾棨和胡廣便是其中的佼佼者，於是殺機便已形成。永樂十三年（1415）乙未科春闈，朱棣欽命曾棨擔任廷試讀卷官，說明曾棨日益受到他的器重。這一年取進士三百伍十一人，而吉安府再添殊榮，一甲第一名即狀元陳循來自泰和。也是在這一年，《太祖高皇帝實錄》一書編撰完結，經永樂皇帝親自審定後裝訂成冊。為了犒勞有關編撰人員，慶賀之日，明成祖論功行賞，曾棨為此獲得「鈔襲衣文綺」一套。永樂十四年（1416）夏，或許因為勞累過度，曾棨的身體告警，出現不適，問醫熬服湯劑後，效果並不明顯，最後還是不得不臥病在床慢慢等待恢復。百無聊賴之際，有一天，同僚羅修撰特地投詩來慰問。曾棨閱讀完老同事的慰問詩當然高興，於是一天趁身體有所好轉便開始作詩回覆。曾棨的答詩共有四首，如第一首寫道：「長夏積陰雨，端居思頗寧。蕭然守環堵，白日恒閉門。荒臺沒平砌，芳草翳頹垣。天道本玄嘿，歎息復何言。」（《丙申臥病答羅修撰四韻》，《西墅集》卷六）這個羅修撰即是羅汝敬（372～1439），名簡，多以字行世，江西省吉水縣盤谷鎮人。羅汝敬不僅是曾棨的進士同年，後來還一起被選入二十八人庶吉士陣營行列，同入館閣。同鄉又同僚，二人關係密切，來往較多。曾棨的這首詩歌主要描寫了因病在身而感到四處蕭索的景況，流落出一種無可奈何的哀傷和苦痛。永樂十五年（1417）六月，曾棨被擢升為侍讀學士。

永樂十六年（1418），注定是一個多事之秋的一年。正月初三，交趾（今越南北部地區）總兵官、豐城候李彬上奏檢舉清化府俄樂縣土官巡檢黎利反叛。這個交趾多時歸順大明王朝，永樂登基後也納貢多次，以示臣服，但沒想到一些原先歸化的本地出生的長官骨子裏懷有反叛意識，以至於二月份爆發幾處武裝起義事件。而正月二十三日，長期覬覦大明的倭寇又攻陷松門衛（今浙江溫嶺東沿海）。三月曾經追隨成祖二十餘年、與修《太祖實錄》《永樂大典》的太子少師姚廣孝離世。這個姚廣孝也是個奇人。姚廣孝（1335～1418），幼名天僖，法名道衍，字斯道，又字獨暗，號獨庵老人，江蘇長洲（今江蘇蘇州）人。年輕時曾經出家，後來成為朱棣的主要謀士，是靖難之役的主要策劃者，因而是朱棣奪位登基的重要功臣。成祖繼位後，姚廣孝擔任僧錄司左善世，又加太子少師，被稱為「黑衣宰相」。作為朱棣的近臣，曾棨與姚廣孝有所交遊，比如《西墅集》卷五有《和姚少師廣孝近體雪詩》《姚少師所藏八駿圖歌》兩首。三個月不到，這麼多煩心事接踵而至，讓明成祖倍感疲憊。好在有曾棨等一班文臣，公事之餘陪朱棣到近郊兜兜風，散散心，或者應制唱酬娛樂娛樂。這一年又是大考之年，也是國家重新蓄攬人才之年。這一年，時曾棨已四十七歲，近知命之年。歷經半世的人生浮華，人到中年的曾棨已經學會看淡很多，不過文采依然煥發，仕途也順利，加之，長期身在翰林苑中，養尊處優，身材有點發福。追隨成祖多年，曾棨也對這位主子的脾氣、秉性和為政風格及處事意圖非常熟稔，而皇帝朱棣也日益認識到這位不同尋常侍臣的能力與價值，因而有意給他壓擔子，鍛鍊政治管理和行政決策能力，以便日後擢升重用。永樂十六年（1418）二月戊戌科會試在京師舉行，已經升任侍讀學士的曾棨受命擔任考試官，全權負責有關進士考試事宜。這一科得董璘（今江蘇高郵人）等中試舉子二百五十人（《明太宗實錄》卷一九七）。三月廷試，一甲一名即狀元李騏（今福建長樂人），榜眼劉江（南京人），探花鄧珍（江西吉水人）。本科吉安府共有二十四人中進士（劉宗彬《吉安歷代進士錄》），幾近十分之一，比例甚高。作為考試官，曾棨看到有諸多吉安府舉子中試自然非常愜意，無論是認識還是不認識，他希望廬陵吉安府的文脈不要中斷，多出人才，出好人才——這是他的微小心願和桑梓情懷。然而過了不久，另一件事又使他心情難以舒暢。

永樂十六年五月初八，曾與曾棨、楊榮、金幼孜同隨成祖北巡，並為皇太孫講解經史的大學士胡廣英年早逝，年僅四十九歲。胡廣（1370～1418），字光大，號晃庵。吉安府吉水（今吉安市青原區天玉鎮胡家邊）人，為南宋著名愛國者、進士胡銓的八世孫。胡廣比曾棨略長兩歲，是建文二年（1400）庚辰科的狀元進士，後隨成祖北巡，進封文淵閣大學士。曾棨是胡廣後一科的進士狀元，他的仕宦道路與胡廣非常相似，就像絕大多數吉安人一樣，無論身在何處，總算難忘故土之根，因此鄉土情結較為濃鬱。身為朝廷命官的吉安府人，科舉上能夠互相切磋，互相激勵，政治上互通聲息共進共退，何況曾棨深知，當初若不是解縉同鄉的獎掖提攜，自己能否發展到目前這個樣子還是個問題，所以他對於吉安府同鄉的活動狀態還是時常關注。對於胡廣這位前科狀元，曾棨同樣保持一種敬仰的姿態。另一面，胡廣儘管「居官縝密，自處淡然。少交遊，屏絕私情」，與吉安府的同鄉同僚還是多有接觸，不過多在公事之餘的私人場合。胡廣和解縉一樣，是曾棨求學為官引以為傲的標杆，更是學習模仿的榜樣，特別是胡廣，曾棨和他交遊最多，至今留存的文集中多有往來唱和的詩作。比如《西墅集》卷一有《扈從校獵武崗和胡學士韻》《和胡學士廣駐蹕鳳陽》，卷五《送胡學士扈從北京》《劍圖歌為胡學士作》，等等。未料，三四年之間，解縉和胡廣均年不及五十就灰飛煙滅，這讓曾棨未免有種兔死狐悲之感。這種抑鬱惋惜之情，我們可以從其挽胡廣詩一睹其況：「海內儒魁仰俊髦，平生文采映東曹。長依楓陛天顏近，暗想花甎日影高。鳳閣每驚鈴索動，龍沙曾從屬車勞。青蘄夢斷天風冷，塵滿盤雕舊賜袍。」或許一首不足以寄其情，曾棨痛定思痛再賦一曲：「內相曾推陸贄賢，瀛洲□步領群仙。上書玉闕多焚草，退直金鑾獨賜蓮。一代文章歸彩筆，九重綸綍賁黃泉。朝來旅櫬都門道，忍聽西風薤露行。」（《挽胡學士》，《西墅集》卷九）兩首挽詩高度讚揚了胡廣的文才，同時也對他的英年早逝表達深深的惋惜痛苦之情。這段日子，曾棨情緒十分低落，憂從中來，難以斷絕，「何以解憂，唯有杜康」，這段日子也是曾棨喝酒次數最多的時期。

永樂十六年，曾棨還參與另一項文化工程——《天下郡縣志》的編撰。這一年（1418），明成祖有感於疆域基本成型，為便於各級政府機構識察本國疆域地理形態，詔修《天下郡縣志》，命戶部尚書夏吉、翰林學士楊榮、金幼孜總領其事，並「遣使編採天下郡邑圖籍，特命儒臣大加修纂，必欲成書，貽謀子孫，以嘉惠天下後世。」（《太宗實錄》卷一一〇）曾棨充當副總載官。這部書可惜未能纂就。永樂十八年（1420）八月，朱棣定都北京，曾棨從此以後定居北京官舍。

永樂二十年（1422）九月，吉安府又一位同鄉同僚鄒緝（？～1422）離世。這位鄒緝，字仲熙，吉水人。鄒緝也是一位非等閒之輩。年輕的時候力學博洽，欲有所作為，後來受人舉薦，才得以躋身官宦行列，擢國子助教。成祖永樂初年，因表現優秀，遷至翰林侍講。後又轉任東宮，兼左春坊中允，多次參署國子監事。永樂十九年（1421）四月，北京的奉天、華蓋、謹身三殿忽罹火災，朱棣以為自己過錯招致，便下詔要求臣僚直言。鄒緝秉筆直書，上疏數千言，痛快淋漓地指出時政缺失，獲得朱棣的首肯。同年冬天，鄒緝擢升為右庶子兼侍講。鄒氏博覽群書，居官勤慎，好持正義，淡泊名利。永樂二十年（1422）九月初六日死於官所。據說家無餘資，唯有藏書數千卷。曾棨與鄒緝交遊較好，曾有唱和詩多首。比如《中秋試院和鄒侍講》說道：「棘圍深伴碧池開，應詔唯需賈董才。多士踏槐天上集，幾人攀桂月中來。照車喜得隋珠出，入手頻將蜀錦裁。卻愛高堂銀燭夜，西風涼氣滿樓臺。」（《西墅集》卷四）

永樂二十二年（1424）甲辰春二月，曾棨再次充當會試主考官。這次大考考中舉人一百五十名，其中浙江臨海人葉恩原為會元，結果殿試之後狀元變為邢寬（今安徽無為縣人），葉恩名列前三之外。本次考試吉安府又有二十四人中舉（劉宗彬《吉安歷代進士錄》），可謂人才之盛。而七月十八日，一貫親力親為的朱棣在第五次北征蒙古回師途中卒於榆木川（今內蒙古烏珠穆沁東南），時年六十五歲。八月初十日，靈柩至京，皇太子朱高熾迎入仁智殿，加殮納梓宮。九月十日，被奠諡為體天弘道高明廣運聖武神功純仁至孝文皇帝，廟號太宗，葬長陵。朱棣死後百餘年，嘉靖十七年（1538）改諡為啟天弘道高明肇運聖武神功純仁至孝文皇帝，廟號成祖。太子朱高熾即位，改元洪熙，是為仁宗。朱棣駕崩，舉國哀嚎。曾棨作為朱棣在位時的受寵臣子自然也影響深重，畢竟他目前所取得的功名利祿，都是朱棣在位時取得。「學成文武藝，貨與帝王家」是封建舉子們的理想目標，何況這個帝王待他還不薄，雖然新皇帝馬上登基接位了，然而「一朝天子一朝臣」，所以朱棣的離去讓曾棨這些昔日侍臣一時失去了主心骨，悲傷的同時也有種去路惶惶不可預知的恐懼。不過，曾棨他們比較幸運，因為接位的仁宗皇帝朱高熾之所以廟號「仁宗」，就是以寬厚仁孝出名。朱高熾作為長子能夠登基接續大統其實也不易。據說他身體肥胖，並患有足疾，行走不便，不善騎射，為人寬厚仁慈，所以深得周邊人員的愛戴。但成祖朱棣卻不太喜歡他，而是看重第二個兒子朱高煦——一位作風與朱棣相像的皇位覬覦者。朱高熾在立儲問題上，也是千辛萬苦，儘管最後得以成功，也是如履薄冰，小心翼翼。基於這種個性和背景，初登帝位的仁宗需要一個文官集團為其所用，因而對於前朝大臣加以厚待之。如提高楊士奇、楊榮、楊溥、黃淮、蹇義、金幼孜、夏原吉等人的官秩；又擢升大學士楊榮為工部尚書；許可解縉被流放的家屬還鄉，並迅速提升他的兒子為官；分散京師周邊老百姓所養的官馬供給各衛所，從而減輕人民負擔，等等。曾棨也在進封之列，升任左春坊大學士，仍兼任侍讀學士，可以領兩份薪俸，以示厚待。不僅如此，曾棨的妻子鍾氏也受到嘉勉，晉封宜人。現在曾氏族譜還保存這份洪熙元年（1425）正月初五日頒布的《翰林院侍讀學士曾棨並妻鍾氏勅命》，主要內容是：

> 國家用文學侍從之臣，朝夕左右，備顧問，典詞命而兼有輔導儲宮之寄，非學博履正之士則不足以副簡畢爾。翰林院侍讀學士曾棨早以經術擢魁，廷選仰承先帝期待之重，俾進學於中秘而歷撰述講讀之任，年歲茲久勞效良多，而考其行藝之振，操存之厚，宜有升擢。今特命為奉議大夫、左春坊大學士兼翰林院侍讀學士。論思之職，必懋於讜言；匡輔之臣，必資夫直道爾。其祇慎服此茂恩。制曰：

> 君與臣之有勞效者，既推恩與其親，又必褒榮及其室家者，所以厚人倫也。左春坊大學士曾棨妻鍾氏端靜有德，克勤內助，特封宜人，服此恩榮，永光閨壼！（《武城曾氏重修族譜》）

曾棨升職了，但肩上的擔子更重了，「日以經史進講文華殿」（楊士奇《西墅曾公神道碑》），不過與新皇帝接觸的機會也增多。

洪熙元年（1425）五月初四日，仁宗下詔修《太宗皇帝實錄》。任命太師英國公張輔、少師蹇義、少保夏原吉為監修官，少傅大學士楊士奇、少保黃淮、太子太保楊榮、太子少保金幼孜、太常寺卿楊溥為總裁官。時任左春坊大學士的曾棨與王直、陳循、李時勉等五人為纂修官。天有不測風雲。正當這位新的皇位繼承者準備大幹一場時，一個星期後，宅心仁厚的洪熙皇帝朱高熾竟於五月十一日駕崩，在位僅九個月左右，而時年四十七歲。曾棨等人通力合作撰寫的《太宗實錄》才剛剛開始，如此一來馬上又得進入撰修《仁宗實錄》的歷程。國不可一日無主。舉國還在悼念仁宗之際，六月十二日，皇太子朱瞻基登位，大赦天下，宣布以明年（1426）為宣德元年。閏七月初八日，新登皇位的朱瞻基下令修他父親的《仁宗實錄》，任命張輔、蹇義、夏原吉及成山候王通為監修官，大學士黃淮、金幼孜、楊榮，學士楊溥與楊士奇同為總裁官。而時任左春坊大學士的曾棨一同參預修太宗、仁宗兩朝實錄。宣德二年（1427）二月丁未科春闈，這也是新皇帝宣宗即位後第一次開考進士會試。左春坊大學士兼翰林院侍讀學士曾棨與行在太常寺卿翰林院士楊溥為考試官，全權負責本科進士試。這個時候的開科取士在制度上稍微做了修正。據有關史料記載，仁宗洪熙元年（1425），更定科舉名額。原先洪武初年時，科舉取士是有定額的，但不久即取消了限制。仁宗時，朝廷決定重新規定取士名額，閣臣楊士奇奏請分南北取士。洪熙元年（1425），仁宗皇帝正式議定各省鄉試取士名額，其中如南京國子監及南直隸共八十人，北京國子監及北直隸五十人，會試取士不過百人，南方人占五分之三，北方人占五分之二。對於候考人，凡通古博今，端重沉靜，年齡在二十五歲以上者均可以應試。遺憾的是此規定當時尚未實行，仁宗即駕崩。宣宗登基後，詔告天下，要求各省仍按此規定執行（《中華博物．中國歷史記事》），算是繼續發揚和推行其父的舉業制度。宣德二年（1427）丁未科，一甲第一名為山東臨朐人馬愉，打破長期以來魁首被南方人霸佔的局面，正如楊士奇說：「宣德以前十五科，皆南北士合試，未有北士居首選者，有之，自丁未始。」（轉引《皇明三元考》卷三《宣德二年丁未科大魁》）

宣德五年（1430）正月，兩朝實錄修成，其中《太宗皇帝實錄》計一百三十卷，《仁宗皇帝實錄》計十卷。功成之際，眾位編修官各獲等次不同的賞賜，其中曾棨獲贈金織襲衣白金文綺一件，並晉封詹事府少詹事，仍兼翰林院侍讀學士，賜寶帶一對，併入直文淵閣。此後「歲時屢拜御酒珍饈白金鈔幣之賜」（楊榮《西墅曾公墓誌銘》）。看得出來，宣宗皇帝也非常器重曾棨，以至恩遇日隆。三月，曾棨再次充當廷試讀卷官。本次庚戌科得狀元林震等一百人，其中林震是福建長樂人，授官翰林編修後「以疾歸，卒於家」（淩迪知《萬姓統譜》卷六十四），一位短命狀元，可悲可歎。

五、樂觀謝世

宣德五年（1430），時年五十九歲的曾棨因長期以來嘔心瀝血操勞過度，身體健康狀況大不如前，尤其是呼吸管道器官感覺不暢，咳嗽較為嚴重。據說，一次上朝，宣宗剛剛登上龍椅，曾棨就咳嗽得特別厲害，起初還想用手捂住，最後實在無法阻止，讓人側目，不得已趕快告假退出班列。宣宗聞訊後，非常同情，遠遠地投來關切的目光，並下詔要求曾棨可以免於上朝，居家先把身體養好再議。回家後，曾棨一邊靜靜地養病，服食中藥，一邊因職業習慣處理書表奏章之類事務。皇帝宣宗也時時派人詢問康復情況，如此體貼善待，讓逐漸康復的曾棨越發變得勤奮，唯恐有負聖恩。然而如此一來，一年以後，暫時康復實質虛弱的身體病患重新爆發，並且變本加厲，基本無力站起，咳嗽起來簡直撕心裂肺，地動山搖，甚至咳出血絲，令人觸目慟心。宣宗聞訊後，多次派遣自己的御醫前往診斷治療，無奈積弊深重，藥效甚微，曾棨病情絲毫不見好轉，反而愈益加劇，最後御醫局醫生也無可奈何復告宣宗交差。宣德七年（1432）正月二十一日，曾棨知道自己大限已近，生性樂觀而堅毅的他即使被病魔折騰得奄奄一息，也不希望以這樣一副頹敗的樣子向病魔低頭，向人生告別，於是他示意家人遞過毫管，顫巍巍地，拼盡人生最後的力氣書寫一則自贊文，作為告別親朋、告別塵世的最後遺言。這個《贊》言寫道：「官詹不小，運周不夭。我固已多，人以為少。易簀蓋棺，此外焉求。白雲山青，樂哉歸休。」遺言寫完後，才放心地咽下最後一口氣。其實關於前四句，主要是曾棨自嘲自永樂二年（1404）登第以來，服務三位皇帝近三十年，然而終官詹事府少詹事（正四品）。有人覺得堂堂狀元官至四品升遷太慢，為曾棨叫屈。據說早在升遷為侍讀學士後，有人覺得曾棨仕途進步速度太慢，而朱棣卻對身邊人說：「曾棨已與學士矣。」言下之意，曾棨獲得了學士職位已經不算慢了（明葉盛《水東日記》卷六）。曾棨生性樂觀自信，也不是追名逐利之徒，對於官職大小看來知足常樂罷了。

永豐一代狀元曾棨就這樣離開人世，享年六十一歲。宣宗朱瞻基聞訊後幾欲輟朝。正月二十九日，特派遣禮部侍郎章敞至詹事府祭奠。祭文寫道：「功績良多，方將重用而處以疾告」。根據曾棨的履歷發展不難推測，假如曾棨不死，政治上晉升大有希望的，可惜天不假年，空留遺憾。祭文還提到追贈曾棨為嘉議大夫、禮部左侍郎。二月二十二日，朝廷正式頒布誥命，贈曾棨為禮部左侍郎，諡號襄敏，以示褒獎。其《贈禮部左侍郎曾棨誥命》寫道：「家於文學之臣顯之以名位，於其歿也，又有褒贈之典，所以重儒雅而勸天下之為仕者。詹事府詹事兼翰林院侍讀學士曾棨，自永樂初科爾居魁選。我皇祖太宗皇帝擢置詞林，賅博之學，敏贍之才，簡聖心，屢加陞擢而宏量雅度雍容有儀。暨我仁考選輔，朕躬儒苑之望，士林之華。今贈爾禮部左侍郎之誥命，以為始終之榮。服此榮恩，永光幽壤。初任翰林院修撰，承務郎，升授侍讀，承直郎、承德郎，再任翰林院侍讀，左春坊大學士，升詹事府少詹事兼前職。」（《武城曾氏重修族譜》）

曾棨過世後，生前好友楊榮、楊士奇等高官紛紛前往弔唁，朝廷也特派工部安排舟車為曾棨歸葬江西吉安府提供方便。其中時任少傅、工部尚書兼講身殿大學士楊榮根據曾棨生前遺願，負責撰寫《墓誌銘》，而少傅、兵部尚書兼華蓋殿大學士楊士奇負責撰寫《神道碑》。二位楊公都深情並茂地對曾棨的非凡經歷作了大致敘述總結，其中楊榮所作《墓誌銘》有云：「偉哉曾公，卓犖瑰奇。少處鄉邑，才已不羈。永樂初科，首賜及第。玉質金聲，為國令器。居官翰苑，克慎克勤。文行之懿，遠近著聞。歷仕三朝，竭心贊翊。寵眷殊深，屢進清職。弗究厥施，遽止於斯。恩命之隆，生榮死哀。惟茲鄉邑，山盤水繞。銘諸其藏，千古有耀。」（楊榮《文敏集》卷二十一）

作為吉安府同鄉，大學士楊士奇則以詩歌的形式表達對這位老鄉的緬懷與紀念：「鄫出有夏少康裔，曲列啟封國為氏。去邑為曾適魯仕，郕國聖學述傳義，親承素王道統系。後十餘葉新莽際，爰以闔宗徙南避。宅盱與吉心洙泗，章逢蟬聯如櫛比。歐陽之鄉吉之委，宋元連綿起祿位。天啟文運赫昭晰，公奮而興屬隆世。天經煌煌表人瑞，彤纓垂組侍廷陛。操觚含豪應帝制，岷江茫洋萬里勢。春空澄明雲錦麗，重瞳回矚天榮霽。記功述德封金匱，操持權衡品文藝。宏章大什耀海內，朝陽和鳴鳳翽翽。儒林翹翹拔其萃，矜惻焚溺懷惠濟。惟仁攸存未弘施，沒奚憾兮此齎志。」（楊士奇《東里文集》卷十四）全詩先對曾氏的源流和遷徙作了簡短的回顧，重點回溯了曾棨中舉以來的發展歷程，對於他的文德與勳節進行歌頌，對於他的離世表達了遺憾和傷懷。

斯人已去，詩書猶存，其人才藝、心態、際遇可以參見。

六、詩書沛然

一代才子曾棨政治上兢兢業業，忠心耿耿，前後輔佐大明三代帝王，官位不斷攀升，但不容否認他以文章起家，也以文章為擅長，終其一生主要充當秘閣文學侍臣的角色，所以寫文章是曾棨一生的主要業務，也是他一生的價值所在。儘管從文學創作的視角觀察，這些文章絕大部分屬於應制文章，思想情感和審美價值較小，但作為知人論世的需要還是有一定的參考價值。另外，曾棨作為一個文學侍臣，應制之餘，也有一些帶文學情感的東西，比如一些詩歌和散文。除外，曾棨的書法藝術也可獨自成家，俱有觀賞價值。

現存曾棨的文學作品數量不多，但據明人評價，其文學成就還是較高的。楊士奇曾經評道：「如源泉混厚，沛然奔放，一瀉千里；又如園林得春，群芳奮發，組秀燦爛，而部分整飭賦詠之體，必律唐人。興之所至，筆不停揮，狀寫之功，極其天趣，他人不足，己常有餘。四方求者，無間貴賤，日集庭下，靡不應酬。一時文人所作碑、碣、記、序、表、贊、傳、銘、詩、賦，流佈遠邇」（《西墅曾公神道碑》）。曾棨現存文集主要有《刻曾西墅先生集》十卷，這是明萬曆十九年（1591），由浙江德清人、永豐縣知事吳期炤所刻本，也是目前曾棨文集流傳的相對容易見到的版本，還是作品數量最為集中的版本。目前該本流傳又有兩大系統，一是哈佛大學燕京圖書館藏版，每頁八行字十六，筆者所見本無原序，首頁為章敞受欽命所作《祭文》，左下角鈐有「哈佛大學漢和圖書館珍藏印」的紅色簽章。二是齊魯書社 1997 年影印出版的《四庫存目叢書》集部三十冊版，每頁上下兩版，每版十七行字十六，應是原版的壓縮版。該版首頁標明吳期炤《刻曾西墅先生集》十卷，前有吳期炤序文一則，除此內容與哈弗藏本同，包含祭文一篇，楊士奇《神道碑》和楊榮《墓誌銘》兩篇，卷一收廷試策一篇，卷二收應制梅花詩百首，卷三收瑞應圖八篇（《黃河清賦，有序》《神龜詩》《白象賦，有序》《嘉禾賦》《白鹿賦》《騶虞歌》《麒麟歌》等），卷四為扈從律詩八十三首，卷五收七言古詩三十五首，卷六收五言古詩三十九首，卷七收五言律詩一百零五首，卷八收景物遺跡律詩一百三十首，卷九收贈別律詩一百三十五首，卷十為記、序、志、銘共二十一篇。從版式看，哈佛大學燕京圖書館藏版當為明刻本原版（脫序），保存質量較為完好，雖有缺頁（卷四第 11 頁、卷七第 9、18 頁），但字跡清晰，少有脫落漫蕪現象，而《四庫存目叢書》版是複印與壓縮版，雖最容易獲取，但質量遜於前者，諸多頁面字跡無法辨識或脫落。

曾棨的《西墅集》另還有乾隆十五年（1750）龍潭寬宜堂藏本，是曾氏後裔曾光祖刻本。該本每頁八行字十八，卷次右下角題「德清吳期炤原選，後學張禮仝校，裔孫光祖重梓」字樣。從內容上判斷，該本是吳期炤刻本的重刻版。保留了原刻板的序，但以草書刻之，並且一部分內容缺失。序後具有目錄。與吳期炤刻本不同的是篇首增加《敕命》一道，其餘目錄及順序一依吳本。

曾棨現存文集篇目，除了上述較為系統版本外，另有零星篇章散見地方志、曾氏族譜與詩歌選本。如同治十三年（1874）《永豐縣志》卷三十三收《重修大成殿記》，卷三十四收《送檢事劉公長吾之任廣西序》和《送兩淛（浙）都轉監運司同知張君煥章詩序》，卷三十七～三十八《藝文志》收曾棨《兵部郎中習韶公墓誌銘》一篇、《隨駕北征應制詩》一首、《花萼集與弟憲副鼎詩》十四首。《永豐縣睦陂曾氏族譜》收《梅花詩》百首以及相傳廷試詩《捷聯》。除外，另有《巢睫集》五卷單行本，從其目錄看，是曾棨詩歌的一個選本，約略二百餘首。《皇明西江詩選》收曾棨詩六十四首，在八十九人中僅次於楊士奇（九十一首）、李楨（七十六首）、王英（七十首）、劉崧（六十八首），名列第五。

2019 年，筆者將以上諸本合而為一，整理成《曾棨集》一冊，由江西教育出版社出版發行。

下面擇例介紹，以期見證這位狀元才子的文學風貌。

（一）體態萬千、內容豐富的詩賦

1. 應制詩賦，才氣橫溢。曾棨中舉後的主要身份是皇帝隨從、文學侍臣、內閣學士，因此隨寫應景之文，定是家常便飯。現代學者一談到應制詩文便覺得了無意義，因而對之無甚興趣，其實不然。一則詩歌作為社會生活的反映，應制文也是歷史生活的映照。二則應制文也並非一無是處，至少在詞藻、詞藝上別出心裁。三則應制文儘管總體水平偏低，但因為一般現場完成，非才情超凡之人才無法達成。基於這三條，曾棨的應制詩文作為其生命歷程和文學創作的一部分，也具有介紹的必要。

前文提到的曾棨的百首梅花詩，關於它的產生背景，另一說法是廷試策後永樂帝朱棣見其對策洋洋灑灑遠超萬言，才思如此豐富，有意要再試試曾棨的文才真工夫。恰逢廷外有一株梅，於是便指樹為題，要求百首且不能雷同。曾棨應旨，思索不久便落筆成詩。殊知這曾棨興致甚高，文思更是猶如汩汩泉水，絡繹不絕，一陣子揮寫不重樣的詠梅詩一百首，永樂帝見狀直呼奇才奇才！

無論誕生在什麼背景下，這一百首梅花詩，引領了中國歷史上文人獨創梅花詩的新階段，也借鑒了前賢俊才的手法，可以說這一百首梅花詩，窮形盡相，基本上將傳統梅花詩歌題材和藝術包舉在內。這些梅花詩，依標題而別，大致分為四大類：一從梅花生長環境和地域來看，有《庭梅》《江梅》《溪梅》《嶺梅》《盆梅》《西湖梅》《孤山梅》《東閣梅》《廨舍梅》《書窗梅》《釣磯梅》《樵徑梅》《僧舍梅》《道院梅》《茅舍梅》等四十二種；二從梅花開花時間和狀態看，有《早梅》《十月梅》《二月梅》《未開梅》《乍開梅》《半開梅》《全開梅》等十五種；三從人與梅花互動關係來看，有《夢梅》《尋梅》《問梅》《探梅》《觀梅》《惜梅》《折梅》《剪梅》《接梅》《補梅》《移梅》《疏梅》《咀梅》《賞梅》十八種；四從梅花外在形態（含色澤、外形與畫梅）來看，有《簪梅》《妝梅》《蟠梅》《苔梅》《杏梅》《臘梅》《竹梅》《雪梅》《月梅》《風梅》《煙梅》《紅梅》《粉梅》《青梅》《黃梅》《千葉梅》《鴛鴦梅》《綠萼梅》《胭脂梅》《水墨梅》《畫紅梅》《玉笛梅》《紙帳梅》等二十五種。除了第四首和第四十八首均名《官梅》外，其餘九十八首無一重名。

形式格律上，百首梅花詩都是整飭謹嚴的七言格律。如第一首《古梅》寫道：

> 孤根傳種是何年，得地於今孰敢先。三兩個花春尚在，百千歲樹老彌堅。
>
> 千排雷雨蛟龍折，枝歷風霜節序遷。題品直逢林杜輩，聲名高出漢唐前。

百首梅花詩從不同角度展現了梅花的不同姿態和意趣。如第八首《野梅》前四句寫道：「遺核生來得自由，托根泉壤更清幽。梨雲落寞堪同夢，松月昏蒙似隱憂。」將野生梅花的來由及姿態寫得極其形象。而第三十六首《月梅》又是另一番樣子：「黃昏院落色濛濛，疏影橫窗半淡濃。」有的從味覺寫出不同梅花的特徵。如第五十六首《青梅》:「百果林中有苦甘，兔園此品獨多酸。和煙暗結如珠小，帶雨低垂似彈圓。」而後一首《黃梅》則是:「葉籠碧玉子初圓，枝綴金丸顆顆懸。鹽和酸鹹酥外別，舌回滋味此中全。」

有的梅花詩不僅刻畫梅花的姿態儀容，甚至還聯繫與梅花有關的人物掌故。如第三十首《補梅》寫道:「騷首訪賢蔽楚詞，石湖存譜范公知。請移根本當超眾，讓作花魁更有誰。松竹歲寒添益友，芝蘭庭砌托交期。一從識得林和靖，才子詩人自不移。」詩中至少涉及范仲淹、謝安和林和靖三位古代賢人，其中北宋隱士林和靖有「梅妻鶴子」之稱。

必須說明的是，曾棨的百首梅花詩，不少是借梅花之名或品行來比附、宣傳某種道德精神。如第八十四首《城頭梅》:「將軍志操獨堅剛，百萬師臨灌雪場。秀髮陽和回殺氣，高擎天柱自榮光。樓臺影落空林月，鼓角聲殘滿樹霜。蔓棘剪除威令肅，由來邊境有關防。」顯然這株生長在城頭傲霜鬥雪的梅花所具有的堅韌不屈和威嚴殺氣被比喻成守衛邊關的將士。

曾棨的梅花詩，數量之多、主題之廣、辭藻之豐，歷代單個詩人罕有其匹，其才情之富令人額手稱奇。然而從其思想和情感價值而言的確不太高，畢竟屬於應制詩，缺乏詩人自己的真實情感。據說，曾棨從小就熟讀過不少前人的梅花詩詞，此次能夠在永樂帝面前一展才情，多虧多年的積累和儲備。因此總體而言，百首梅花詩形式謹嚴，風格清麗為主，用詞指事，內容豐富，反映一代狀元的才情側面。然而不足之處亦顯見，正如《四庫全書總目提要》卷一百七十五所評:「往往才氣用事，而按切肌理，不耐推敲，是亦速成之過也」。

曾棨的應制詩文還有如卷三的《瑞應圖》賦八篇。所謂的「瑞應」，指祥瑞之兆，又稱「符瑞」，被儒學認為是表達天意的、對人有益的自然現象。如出現彩雲，風調雨順，禾生雙穗，地出甘泉，奇禽異獸出現等等。與之相關的圖畫便是「瑞應圖」，如傳說中的「河圖」「洛書」便是歷史文化傳播中的經典祥瑞圖例子，而南宋著名畫家蕭照也有《瑞應圖》畫卷，以示宋高宗中興之舉。「瑞應圖」的出現一般是人為製造的祥瑞景象，是為歌頌皇家勳業而出現的時景圖，稱揚國家進入中興繁榮階段，因而受到統治者的歡迎。為「瑞應圖」而作的詩文，其內容也大抵如此。據李若晴考證，曾棨原有《瑞應圖》八幅，每幅對應賦文八篇，因為原圖流傳散逸問題，《石渠寶笈》只提及五幅圖及賦文（《明人畫〈瑞應圖〉考析》）。明成祖朱棣繼位的特殊性，使他時時擔憂繼承大統的正當性和合理性受到質疑，因而更需要有祥瑞之象來證明即位的合法和合理性。對此，一些館閣文人自然心領神會，於是象徵君權神授的「瑞應圖」便成了學士們極力鼓吹的對象，原本自然之物於是成了政治事件。如曾棨《黃河清賦》序中寫道：

> 皇帝陛下即位以來，凡有所建，動合天心，郊祀帝禘，神靈歡悅，民安物阜，四海晏然。四方蠻夷之國，罔不賓服，重譯而來者，肩背相望。由是休祥駢臻，諸福畢至者，乃永樂二年十二月乙酉黃河清。始蒲州至韓城，沿數百里，瑩然洞澈，可鑒毫髮。河津之民、戴白之叟、垂髫之童，莫不奔走聚觀，以為盛世之徵符。三年正月癸卯，吏民具以上聞，百官奉表稱賀。皇上雖深自謙抑，而群臣作為歌詩，行之贊詠者，自不能已。臣聞京房傳曰：「黃河清，天下平。」王子年《拾遺記》記曰：「黃河千年一清」，聖之大瑞也。今茲之應，實由皇上聖德感乎天休滋至，此開闢以來，未有盛於今日者也。臣輒不量愚陋，撰《河清賦》一通，謹拜，手稽首，以獻其詞。

「黃河清」的祥瑞典故，據歷史記載，古代黃河經常泛濫，「當堯之時，洪水橫流，泛濫於天下」(《孟子・滕文公》)。「河災之羨溢，害中國也尤甚」(《漢書・溝洫志》)。早在先人眼裏，黃河就以渾濁聞名難得有清淨之時，因而就有「俟河之清，人壽幾何」的說法，意即一個人想在有生之年見到黃河變清，幾乎不可能。(《春秋左傳・襄公》) 後來將「黃河清」視為會給人們帶來幸福的祥瑞現象，故羅貫中的《平山冷燕》第八回說：「普天有道聖人生，大地山川盡效靈。塵濁想應淘汰盡，黃河萬里一時清。」現代學者已經考證「黃河清」原屬自然現象，後演變成「聖人出，天下平」的祥瑞之兆，並被統治者和大臣加以利用而大肆宣傳（王星光、彭勇《歷史時期的『黃河清』現象初探》)。明成祖永樂二年冬的「黃河清」，也是其中被大肆渲染的一次，曾棨便是其中宣傳隊伍裏的重要成員。

上述賦文正文內容洋洋灑灑上千字，核心無不是為了突出成祖朱棣繼位以來四海晏然，國家興盛這一祥瑞之象，以示朱棣繼承皇位是奉天承運，合理合法。

自然天象如此，一般神奇異獸也是被如此大肆吹捧，以表祥瑞。如《白象賦》序文說道：

> 臣聞天生瑞物，以協休徵，遠人向化，實由有德。乃永樂二年夏六月，安南來獻白象，萬姓同觀，百僚交慶。臣叨居館職，得睹

奇祥，敢不鋪張揚厲，以昭盛世之宏休，以流鴻績於無窮哉！

據載，永樂年間，安南（今越南北部）進貢白象多次，如《明太宗寶訓》記：「永樂七年三月甲子，交趾進白象，泰寧侯陳圭率文武百官上表賀。上曰：卿等但盡心為國為民，以副朕望，白象世常有者，勿賀。」

根據曾棨文推知賦文所反映的事實是永樂二年六月，安南進貢白象之事。這裡的白象，原本不過是藩屬國向宗主國獻上的一份禮物而已，但因為白象屬於稀見之物，無論是所在國還是朝貢國一般都把它當成聖物，作為供奉祭拜的對象。因此當白象出現在原本就少見的明朝時，更是當成聖潔祥瑞之物看待，許多民眾紛擁觀瞻，造成萬民空巷為睹象容的盛況。而一些文學侍臣更是將其看作皇上聖恩普澤天下的象徵，所以也被列為祥瑞一證。安南國表面上臣服大明，進貢禮物，實際上陽奉陰違，伺機作亂。永樂四年，大明發兵南征，於冬十二月平定叛亂。其間成祖朱棣舊事重提，命臣僚同賦《白象詩》，以宣揚大明的軍威和對安南的蔑視。曾棨的《白象賦》即是在如此背景下誕生。賦從明太祖朱元璋到永樂帝朱棣逐一歌頌了一番，以示聖物出現有其必然，昭示天朝上國的恩威。如其正文賦詞寫道：「聖朝威德遠披，不征而廷，不召而至。茲交阯之炎荒，實越裳之苗裔。歸仁効順在太祖之初年，納款稱藩屬。」當然，賦文不忘對朱棣當權的合法性進行闡釋：「聖皇嗣興，聰明天縱。守太祖之宏規，紹百王之大統。奠宗社以廓清，拔俊良而登用。聲教翕乎風行，號令煥乎雷動。際窮髮之遐荒，咸奔走而來貢。」朱棣直接繼承開基太祖朱元璋的大統，至於中間的建文帝直接省略了，譽美誇張更加赤裸裸。

曾棨的這幾篇瑞應圖詩並非單個現象，當時的胡廣也有《白象歌》（《胡文穆公文集》卷四）《河清賦並序》文（《胡文穆公文集》卷九）等同期同體之應制詩文。

當然，曾棨的應制文還包括其他一些應制詩。這些詩歌一方面是曾棨文學侍臣生活的真實寫照，另一方面確實除了鋪排場面，歌舞升平，並無其他新意。如卷四中的《白雉進應制》寫道：

喜從行在遠朝天，白雉飛來進御筵。素色迴浮朱檻外，雪衣微映玉街前。

越裳不用勞重譯，牧犢何須歎暮年。聖主臨軒抑祥瑞，百官傾聽玉英傳。

除了在字面上描寫精細入微，就是讚頌聖主祥瑞，捨此別無意義。再如同卷的《賜五色菊於文淵閣應制》，標題明確告訴朱棣臨幸文淵閣視察工作，賜給有關人員五色菊一朵，大臣當然要欣喜賦詩一首以應景謝恩。詩歌寫道：

造化栽培冠百花，一株如錦淨無瑕。獨從丹禁呈秋色，特與青春競物華。

開向九重深雨露，生成五彩燦雲霞。拜官仰荷皇恩重，歌詠須令四海誇。

全詩的核心借皇家菊花比附為官朝廷，稱頌皇恩浩蕩。字句工整，遣詞造句，鋪張設色。另外曾棨的一些宴集詩基本也是僅其才情的展示，不脫應制詩的弊端，如《己丑重九日北京官舍宴會分韻得落字》《送楊稷分韻得夜涼二字》以及後面將談的《北京八景圖》等等。

曾棨作為一個文學侍臣，大部分時間與精力在於充當翰林供奉，以備文學，應制詩文可以說是他的工作之需，也是他對於皇家存在的價值，所作文章當然屬於臺閣體：歌詠太平，稱頌皇帝德威與帝業是基本內容。這些限於現場和時間應制的詩歌不能代表曾棨的文學成就，因為缺乏真性情和個性色彩。

2. 詠史懷古，情感深沉。曾棨另有一些詩歌，其詩歌思想和藝術均較好，非一般應制詩可比。而這些作品恰恰是曾棨走出翰林貢院，走出宮殿朝堂而深入社會生活和民間曠野的結果。前面已經介紹，曾棨有兩次隨扈朱棣巡視北京的歷程。在這個歷跨數月的社會實踐活動中，曾棨有機會走出宮廷書齋而轉向江山塞漠，看到和發現與禁苑深宮完全不一樣的自然和人文景象，使得這些詩歌添加了鮮活的社會內容。比如所見的歷史古蹟和文化建築促使詩人發思古之幽情，以至於表現出不同於那些應制詩的風貌。這一類作品是曾棨詩歌中最有價值的部分之一。如卷四《謁文丞相》一詩：

國事艱危屬秉鈞，平生慷慨竟捐身。百年社稷歸元主，萬古祠堂表宋臣。

已見高名垂宇宙，還瞻遺像肅冠紳。當時碧血生芳草，留得清芬歲歲春。

曾棨隨扈北京期間，有機會去逛逛北京的歷史遺跡和前代建築，這首《謁文丞相》正是他參觀文丞相祠所寫。據史料記載，元至元十九年（1282）十二月，文天祥在柴市（今北京東城區府學胡同西口）英勇就義。明太祖朱元璋洪武九年（1376），北平按察副使劉崧主持在柴市順天府學右側建造了文丞相祠，並把柴市一帶改為教忠坊。明永樂六年（1408），朝廷把祭祀文天祥列入祀典，每年春秋兩次，由順天府官員主持祭祀儀式，同時重修了祠廟（劉文源《文天祥研究資料彙編》）。文天祥作為曾棨的吉安府同鄉，他的捐軀赴國難的慷慨精神自宋元以來影響了數代人，明代以來更是被樹立為臣子效法忠勇報答國家社稷的典範。當然作為老鄉，曾棨對文天祥的敬仰不僅僅是崇拜，還多了一份同為鄉人的榮譽。詩歌的頭四句主要稱揚文天祥在國家危難之際壯烈殉國的英勇精神，以及敘述百餘年後為之建立祠堂永久紀念。後四句主要表達自己的感受，指出文天祥為國獻身的忠節精神必將永載史冊，流傳萬代。

自幼飽讀歷史文化書籍的曾棨對歷史上那些失敗的英雄似乎多有感觸。文天祥以區區血肉之軀捍衛大宋臣子的最後尊嚴，可歌可泣，深得曾棨緬懷與敬仰，其他悲劇式的政治人物同樣得到他的詠歎，諸如項羽、關羽、劉備等。先看他為項羽而寫的《項羽廟》：

百載休論蓋世功，鴻門宴罷霸圖空。虞歌慷慨孤燈下，楚業銷沉一炬中。

露濕古牆秋蘚碧，霜含老樹夕陽紅。英魂若到彭城踞，忍聽高臺唱大風。

楚霸王項羽是秦末的風雲人物，因為在和劉邦爭霸過程中兵敗自殺而引人無限感慨。項羽是一個悲劇式的英雄，雖然霸業未成身先死，但他流傳下來的蓋世氣概和勇猛精神，千百年來讓後人為之歎息遺憾。唐代的杜牧曾經為之感歎道：「勝敗兵家事不期，包羞忍恥是男兒。江東子弟多才俊，捲土重來未可知。」（《題烏江亭》）而宋代女作家李清照也曾為之抱憾：「生當作人傑，死亦為鬼雄。至今思項羽，不肯過江東。」（《夏日絕句》）曾棨的這一首七律《項羽廟》也沒有脫離這種主題範式。首聯為項羽鴻門宴失策導致霸業空成而遺憾；頷聯為項羽的侍妾虞姬抱一腔同情之心。這兩聯著眼歷史時空的追溯與敘述，而後兩聯回到當下，其中頸聯描寫項羽廟的自然環境，尾聯用假設的手法抒寫楚霸王的遺憾與悲哀，寄寓詩人對項羽悲劇命運的無限同情與感愴。不過，曾棨的這首項羽懷古詩作，相比杜牧與李清照的同類作品之樂觀與勁爽，語體風格顯得蕭瑟雄渾，情感抑鬱低沉。

曾棨對待另一個壯志未酬身先死的三國蜀悍將關羽也深以為憾，如他的《關羽廟》寫道：

三國山河鼎峙中，橫行千里獨英雄。當時自失吞吳計，終古難成復漢功。

敗壁荒苔封積雨，空階老樹起悲風。至今廟食遺靈在，楚水湘雲恨不窮。

寫法上與上一首類似：前四句重在回顧歷史，敘寫關羽昔日的輝煌與失敗；後四句描寫現實的關羽廟之破敗與荒涼，引發一種斯人已逝、英靈尚在的感恨。關羽因在湖北荊州兵敗被殺，所以末句以「楚水湘雲」代指。

曾棨還對後梁一代名將王彥章的悲劇人生歌以詠歎。在其《謁王彥章廟》一詩中寫道：

一軍如虎獨當關，梁晉山河百戰間。豹死有皮遺語在，馬亡無革裹屍還。

鐵槍冷臥苔痕澀，粉壁寒侵樹色間。應有忠魂遊地下，假疑相見復何顏。

王彥章（863～923 年），字賢明（一作子明），鄆州壽張（今山東梁山西北）人，五代時期後梁名將。朱溫建後梁時，王彥章以功為親軍將領，歷遷刺史、防禦使至節度使。他驍勇有力，每戰常為先鋒，持鐵槍馳突，奮疾如飛，軍中號為王鐵槍。後為晉（後唐）李存勖所擒，寧死不降，於是被下令斬首，享年六十一歲。王彥章一身是膽，臂力驚人，英勇驍戰，後人對其評價甚高。北宋的歐陽修曾經說：「太師王公諱彥章，字子明，鄆州壽張人也，事梁為宣義軍節度使，以身殉國，葬於鄭州之管城。晉天福二年，始贈太師公，在梁以智勇聞，晉梁之爭數百戰，其為勇將多矣！而晉人獨畏彥章。」「公尤善用槍，當時號『王鐵槍』。公死已百年，至今俗猶以名其寺，童兒牧豎皆知王鐵槍之為良將也。一槍之勇，同時豈無？而公獨不朽者，豈其忠義之節使然歟？」（《王彥章畫像記》）《新五代史．王彥章傳》說：「彥章武人，不知書，常為俚語謂人曰：『豹死留皮，人死留名。』」這就給後世留下一個典故。

曾棨的這首詩前四句概述了王彥章英勇驍戰、豹死留皮的悲壯一生，後四句主要讚揚王彥章一生忠肝烈膽，足以讓那些小人九泉之下也相形見絀不得安寧。

曾棨的懷古詠史詩重在對古代歷史遺跡、人物和城池的滄桑變遷之詠歎。比如《維揚懷古和胡祭酒韻》：

廣陵城裏昔繁華，煬帝行宮接天霞。垂樹歌殘猶有調，錦帆歸去已無家。

樓臺處處惟荒草，風雨年年自落花。古往今來多少恨，只將哀怨付啼鴉。

城市的繁華與衰落，實際上也是一個時代沒落的印記。名為弔念揚州古城，批評隋煬帝花天酒地大興土木宮室，實際諷刺那些只顧自身行樂而罔顧百姓生活的昏君，認為這些人曾經聲勢顯赫，若干年後還不是如同那些奢華的宮殿一般埋沒在荒草當中，無人理睬。這首詩的歷史興亡之感頗有劉禹錫《西塞山懷古》詩的味道：「王濬樓船下益州，金陵王氣黯然收。千尋鐵鎖沉江底，一片降幡出石頭。人世幾回傷往事，山形依舊枕寒流。今逢四海為家日，故壘蕭蕭蘆荻秋。」不過劉詩更有歷史的穿透力，在歷史興亡交替過程中，能夠樂觀地指出地方割據在國家統一大勢的前面不堪一擊不值一提。

類似的諸如這些觀歷史遺跡，起興廢之感的詩作還有《經扁鵲墓》《過故妻婁氏墓》《開平懷古》等等。比如前一首是這樣寫的：「當時客舍過長桑，千載從容得禁方。無藥可攻秦刺客，有碑空載漢文章。黃雲邊塞塵沙暗，落日郊原草樹荒。欲向墳頭酹樽酒，上池無水到泉鄉。」哀婉之情溢於言表。

曾棨的懷古詠史詩在寫法上前後兩段多取今夕對比，以歷史人物生前的顯赫來對比身後的荒涼。另外在選詞造句上，喜歡用一些氛圍暗淡的字詞，如「荒草」「啼鴉」「空」等，以烘托事主身後的悲涼命運，製造一種荒敗、淒冷的藝術空間。

3. 贈別之作，風格明麗。曾棨在官場上混了數十年，難免有迎來送往的時候，這樣導致他的詩歌也存在不少送別詩。這些詩歌總體上情感真摯，風格明麗。如卷七《送教授之任重慶》：

都亭樽酒別，迢迴向西川。臘雪離京路，春風上峽船。

儒官萬里去，經術幾人傳。莫歎官猶冷，才名數鄭虔。

由詩作內容判斷曾棨所送之人為名叫鄭虔的儒學教授，他在離開京師前往重慶任職餞別時，曾棨以詩相贈。詩作前四句敘述了都亭話別時的情景，後四句讚揚鄭虔此行為傳經術而走，定必推動重慶的儒學教育，並安慰朋友莫以儒官職小位冷而介意。五律之作，格句精練，風格明麗暢快。

再如《送俞憲使之任山東》：

楊柳東門路，持觴此送君。鋏冠峩豸角，錦誥動龍文。

騎從燕城別，絃歌魯地聞。相思定何處，泰嶽鎖晴雲。

這個「憲使」是一個負責檢查糾察之類的地方官，在宋代即為「提點刑路公事」，主管一路獄訟的執法，但對所屬州縣官亦有監察彈劾之權。經元代發展，明代的「憲使」按察使，延續強化了省一級風憲監察官員的作用。詩歌頭二句交代送別地點，三四句主要想像俞憲使接受任命時的誥文及官服。五六句描寫朋友離別京城上任山東的情景，末二句表達對朋友的關心掛念。

從寫作模式來看，曾棨的送別詩也沒有脫離唐人的制式，一般採取敘述、寫景、抒情三部曲，從寫作角度看，寫實與聯想兼而有之。再如卷七《送進士游和歸豐城》：

金殿傳臚後，瓊林賜宴余。拜辭天日表，歸望斗牛墟。

地產雙龍劍，今看駟馬車。慈顏應更喜，彩服照階除。

根據詩意，游和為江西豐城人，中進士舉之後回老家，曾棨以詩相送。前二句即交待游和登第，參加完瓊林宴後告辭歸家。這裡的「斗牛墟」及下句中的「雙龍劍」用的是一個與豐城有關的典故。據《晉書．張華傳》記載：「吳之未滅也，斗牛之間常有紫氣。及吳平後，紫氣愈明。華聞豫章人雷煥妙達偉象，乃要煥宿，因登樓仰觀。華曰：「是何祥也？」煥曰：「寶劍之精，上徹於大耳。」華曰：「在何耶？」煥曰：「在豫章豐城。」華即補煥為豐城令。煥到縣掘獄屋基得一石函，中有雙劍，並刻題，一曰龍泉，一曰太阿。煥遣使送一件與華，留一自配。」寶劍在水中時，因其光芒直射牛宿和斗宿二星，後來就把寶劍所藏之地稱為「斗牛之墟」。其實寶劍掘出之後，又化身雙龍跳入水中，而天上的紫氣從此消失了。顯然，詩中的「斗牛墟」「地產雙龍劍」均代指豐城，即游和進士的故鄉。因此五六句是對豐城這個出人才的風水寶地的讚美，而末二句則是想像遊進士母親喜迎兒子衣錦歸鄉的景象。全詩發抒的是對游和中進士的祝賀與讚美之情。

曾棨的送別詩不多，除了這幾首五言外，卷五尚有七言古風如《送胡學士扈從北京》：「朔風吹塵起騷屑，天子親征仗黃鉞。甲冑光搖玉壘雲，旌旗影度榆關月。知君此日承寵恩，扈駕乘春出塞垣。銀鞍錦韉耀白日，馬上坐擁貂裘溫。時時召對諮詢久，折衝籌策君能有。載筆多裁羽檄文，傳宣屢賜宮壺酒⋯⋯」最後盛讚這次北征定會凱旋而歸，指出胡廣「歸來定草平胡詔，須是玉堂第一人」，再次稱揚胡廣文筆高妙。全詩主要對天子朱棣親帥出征的壯偉場面、胡廣隨扈北征的榮耀以及胡氏的文才作了盡情描繪和熱烈歌頌，流露了對胡廣才能的推崇與傾慕之情。全詩節奏明快，語言鏗鏘，風格勁爽，體現了曾棨駕馭七言古詩的高超技能。

有的送別詩是以律詩寫成。如卷九《送醫者劉宗祐歸永豐》：「遠從天仗出時巡，行在朝朝拜紫宸。漂泊正憐遊宦客，別離況值故園人。杏花開遍江南雨，榆莢花殘冀北春。遙想燒丹尋舊處，壺中樓閣寄閒身。」依題目這位醫者是曾棨永豐老鄉，說不定還是他推薦隨扈的。前二句指出自己扈從朱棣巡視北京，三四句言指漂泊在外本夠可憐，況且恰逢故園老鄉要分別，更是倍增傷感。五六句用江南家鄉和北方物候作對比，更加突出飄零北方的孤寂落寞之感。七八句緊扣醫者身份，勸慰老鄉懸壺濟世暫可寄身於中，同時也是寬慰自己安心寄身館閣，以度餘年。這首七言律詩字句工整，對仗妥帖，想像豐富，抒發了一個遊宦在外者孤寂思鄉又自我寬慰的複雜感情。

曾棨的送別詩送別對象較多，有送人赴任的（《送陳泰恭赴任》），有送人賀喜中舉的（《喜蕭時中狀元及第》），有送人安慰落第的（《送裏嫻鍾弘章下第》），有送人歸鄉的（《送張元懋歸江南》），有送人出使的（《送劉給事中偉使雲南》），有送人致仕的（《送鄭御史致仕》），有送人赴邊打仗的（《送人從征交阯》）等等，形式多樣（古體、律詩），內容豐富，一方面反映了曾棨為官為人交往的事實，同時也反映了曾棨詩歌的藝術成就之一端。

4. 題畫詩，意在畫外。曾棨的古體詩相較而言學唐人痕跡明顯，但因其才華的高超，倒也有可觀之處。比如他的數首題畫詩即寫得別有情趣。所謂「題畫詩」指在中國畫的空白處，往往由畫家本人或他人題上一首詩。詩的內容或抒發作者的感情，或談論藝術的見地，或詠歎畫面的意境。誠如清方薰所云：「高情逸思，畫之不足，題以發之」（《山靜居畫論》）。除此以外，還有一種圍繞畫作進行評論或描繪的詩歌，但不是與畫面共處一體，也是題畫詩。明代以來，由於畫風興盛，作品良多，由此帶來的題畫詩數量也多，相對繁榮。如卷五《劍圖歌，為胡學士作》：

> 楚俗蒼蠅競饞毀，伍奢欲恨忠臣死。慷慨誰家報此仇？東走西關幾千里。長江怒濤雪山立。追騎如飛忽相及，倉皇豈料逢老翁。獨棹扁舟濟危急。腰間寶劍光陸離，持以贈翁翁莫疑。丈夫困厄古來有，我得汝劍將奚為？楚人有粟五萬石，一劍寧論百金直。嗟哉老翁今已亡，此意畫者應不識！

胡學士，即前文涉及的胡廣。作為題畫詩，最基本的寫法離不開畫作內容的描述。《劍圖歌》是一幅流傳久遠的畫作，畫面內容講述的是一個「漁父辭劍」的典故。據司馬遷《史記．伍子胥傳》記載：

> 原本楚人的太子太傅伍奢（伍子胥），因楚平王懷疑太子叛亂而

受牽連，導致伍氏一族除了逃出伍子胥其餘諸人被殺。伍子胥逃至昭關時發現通緝的文書早已貼在城門之上，無法再向前一步。此時的伍子胥幾乎餡入了絕境，後幾經輾轉，竟然一夜白頭，借著這個滿頭風霜，得以逃出昭關。但是伍子胥剛過一劫驚魂未定，又遇一關，前面竟然突兀出現一條波浪翻滾的大江。就在伍子胥以為天命該絕時，江上飄來一葉扁舟，一個老漁翁撐船幫助他安然過江。

伍子胥過江之後，漁翁見他面有饑色，就對他說，你在這樹下等我，我去給你找點食物。漁翁走後，伍子胥起了疑心，於是藏到了蘆葦深處。沒多久，漁翁帶著食物返回發現樹下人不見了，於是低聲呼喚：「蘆中人，蘆中人，難道不是飢餓嗎？」重複了好幾遍，伍子胥才從蘆葦中走了出來。那漁翁就說：「我看見你面露饑色，去為你拿飯，你為什麼還猜疑啊？」

伍子胥說：「性命本屬於天，現在屬於丈人（尊稱），怎麼敢有猜疑呢？」吃完飯，伍子胥解下百金之劍送給漁翁，說道，我這把劍已經祖傳三代了，上面刻有七星北斗，還有龍躍於淵，價值百金，把它送給你作為答謝。」

漁翁說：「我聽說楚王下了命令，擒獲伍子胥的人，可得到糧食五萬石，得到楚國最高的爵位。我既然救了你，難道還貪圖這百金之劍麼？」漁翁推辭不收，說：「你趕快離開，不要留下，否則就要被楚國人抓住了。」

伍子胥於是請教漁翁高姓大名，那漁翁笑道：「現在情況危急，兩個壞人相逢，我就是那個幫助渡河的楚國壞人。兩賊相得，得形於沉默之中，為什麼還要知道姓名呢？你是蘆中人，我是漁丈人。以後富貴了別忘記我就行了。」伍子胥答應了。

伍子胥臨去時，告誡漁父說：「掩蓋你的盎漿，不要讓它暴露了。」漁父說好。於是行走數步，回頭看漁父，已經翻船自己沉到江水之中了。

後來伍子胥逃到吳國，取得吳王闔閭的信任，終於一天率軍攻破了楚國，掘墳鞭屍，報了父兄大仇，雪了平生之恥。（百度百科「漁父辭劍」）

這個典故其實也包含一個血腥的復仇故事，然而隱逸江湖的漁夫淡泊名利、重諾守義的高尚品德變成了千百年後文人追慕、敬仰歌詠的對象。曾棨的這首七古詩除了末尾兩句，其餘都是講述伍子胥奔亡遇漁翁搭救的典故。然而令曾棨感到遺憾的是老漁夫早已消亡，而後世畫者恐怕無法明白《劍圖》的真正意圖，也即高度讚賞漁夫的那種重視名節鄙視金錢、甚至為了信奉承諾而不惜以身赴死的慷慨精神。

曾棨為什麼要寫這首詩給胡廣呢？或者說胡廣與這幅劍圖有什麼關係呢？據清刻胡廣《胡文穆公文集》卷十《辭劍圖記》記載：

> 伍子胥奔吳，追者在後。至江，江上有一漁父乘船，知伍子胥之急，乃渡伍子胥。伍子胥既渡，解其劍曰：「此劍直百金」，與父，父曰：「楚國之法，得伍子胥者賜粟五萬石，爵執珪，豈徒百金？」不受。予先人舊有《辭劍圖》，筆甚簡古，蓋名畫也。有前輩題詩於上，予幼時常誦一絕，記憶弗忘。詩曰：「送君南渡不辭勞，天譴危途贈一篙。邂逅相逢生德色，今人那似古人高。」蓋故元太常博士劉聞之作也。一日忽忘此畫逾數十年出，里人家人咸知為予家故物，或欲購以歸予者。予謝之曰：「凡物無常，在彼猶此，烏用購？」嘗睹宋丞相文山公脫京口趨儀真，舟不可得，以白金千兩求諸人，其人曰：「吾為大宋脫一丞相，事成豈止白金千兩哉！」強委不受，竟得舟而渡。予竊謂辭劍漁父與卻金舟子，必皆賢而隱跡於江湖之上者，其重義輕利異世同符，惜當時不著其名而史不知載為可恨也。然則，是二人者，既遠於利又遠乎名，誠無所為而為之，真賢者哉！予高其人不能忘懷，遂令中書舍人陳宗淵彷彿是圖，因記其事而並及之，以寄□遐思焉。詩曰：「我思古人實獲我心」，畫云乎哉！

由上可知，胡廣十分傾慕那些仿若救伍子胥之類的漁父，因為他們遠利高蹈，隱跡於江湖之上，不圖虛名崇尚高義。

曾棨以這首詩作為禮物贈送給胡廣，無疑也是對胡廣這種行為操守價值取向的一種讚美和鼓勵。明代焦竑《玉堂叢語》卷五指出胡廣「忠厚為本，未嘗及人過失」，胡廣為官謹慎，淡泊名利，曾棨以漁父辭劍的典故圖畫詩相贈，倒也恰切。

曾棨的七言古詩恣意汪洋、縱橫揮灑，明人評論道：「曾少溥該博逸蕩，其才長於七言古，遂切直健捷為工，頗以繁靡為累」(《明詩紀事》乙籤卷八《曾棨》)。這首《劍圖歌》的語言、節奏、寫作方法亦可一窺。

為了更好領略曾棨的題畫詩和七古詩，不妨再舉一例。如卷五《題楊太僕所藏趙松雪〈春牧圖〉》：

> 吳興趙公善畫馬，昔有韓幹空得名。偶然寫此數十匹，縞衣漠漠長風生。奔騰蹄齒各有態，權奇不比駑駘輩。在野真令凡馬空，浴川或與神龍會。背為胡文照白紗，黑雲滿身散作花。玉驄連錢映白雪，汗溝走血蒸紅霞。由知駿骨皆殊絕，逐電追風自超越。蘭筋颯爽千里姿，伏櫪焉能度受羈。唐家封禪事虛文，四十萬匹空如雲。至今內廄馬無數，馬跡所至成奇勳。叮嚀太僕毋看畫，問國之富當數馬。

題中「趙松雪」即元代著名畫家趙孟頫（1254～1322），字子昂，號松雪、松雪道人等，吳興（今浙江湖州）人，詩首「吳興趙公」即指他。趙孟頫博學多才，能詩善文，特別是書法和繪畫成就最高，開創元代新畫風，被稱為「元人冠冕」。趙孟頫善畫馬，《春牧圖》是其重要作品之一。而「韓幹」即唐代著名畫家韓幹（約706～783年），以畫馬著稱，藍田（今陝西藍田）人。今傳作品《牧馬圖》，北京故宮博物院有藏。開頭兩句，意在讚揚元人趙孟頫畫馬成就高於唐人韓幹，此後至「伏櫪焉能度受羈」十四句是對畫作群馬圖的描繪，指出這些不羈之馬一旦脫離馬廄的束縛便成了縱橫馳騁的雄馬、烈馬。「唐家」四句，以唐代為典實，指出唐代的馬匹數量眾多，為唐代政治軍事的宏盛建立了功勳，彰顯國家的繁榮富強。其中「唐家封禪事虛文，四十萬匹空如雲」兩句當指唐玄宗開元十三年（725年）十二月東巡泰山封禪之事。史載，玄宗皇帝東封泰山，僅所率儀仗隊馬隊，以每種顏色的馬一千匹作為一個方隊，交錯排列，遠遠望去就像彩雲繡錦，規模之大，盛況空前。封禪事成後，唐玄宗撰寫《紀泰山銘》一篇，刻在泰山大觀峰峭壁上，成了泰山著名可觀的摩崖石刻。曾棨這裡兩句的意思是指唐玄宗封禪、以求蒼天保佑之事當然是務虛之舉，實質是借封禪之事宣揚開元後國家富強和天子德威的一種手段而已。因此曾棨指出封禪事虛，但幾十萬匹馬卻是真實，國家富強由此可見一斑。最後兩句契題需要，同時也是委婉地勸導太僕富國強兵不妨從多多養馬、訓練人才開始。顯然，曾棨筆下的「馬」不僅僅指應畫需要的畫面內容描繪的馬，還暗喻人才，建議國家多多培養人才，重視人才，以便為國家建立奇功。

這首七言古詩前後文氣貫通，結構緊湊，夾敘夾議，群馬形神兼備而旨意突出。

曾棨的題畫詩還有同卷之中的《姚少師所藏〈八駿圖〉歌》《題所翁十四龍圖》《題九松圖》《題松雪十駿圖為貝宗魯作》《李晉王射馬圖》等十首，用七言古體的形式，恣意汪洋，氣勢連貫，文脈暢通，內容豐富而意象鮮明。

5. 景跡律詩，氣象萬千。曾棨集中還有不少寫景詠物詩，有關注某地域或特定對象。這些作品內容無一例外均採自勝蹟勝景之地，有以組詩形式歌詠某地多處風光的，也有單首描繪某一景象的。作品多採用律詩格式，體制謹嚴而氣象萬千，試擇取介紹。

第一，《北京八景》詩。明成祖永樂十二年（1414）第二次北征，曾棨和其他近臣也隨扈來到北京，與翰林鄒緝、胡廣、楊榮等十三人倡和《北京八景》。所唱和的八景是瓊島春雲、太液晴波、居庸疊翠、玉泉垂虹、薊門煙樹、西山霽雪、盧溝曉月和金臺夕照，做詩共一百一十二首。參與唱和的畫家王紱繪《北京八景圖》，事後同諸詩裝裱成卷取名《北京八景圖詩》，翰林學士胡廣為之作序，對北京八景作了說明：「地志載明昌遺事有燕山八景，前代士大夫間嘗賦詠，往往見於簡冊。」「明昌」是金章宗的年號（1190～1195），也即關於歌詠八景圖早在二百餘年前就存在。此番唱和顯然是為明成祖積極籌備遷都所做輿論準備。

詩作如何，我們不妨先看第一首《居庸疊翠》：

> 重關深鎖白雲牧，天際諸峰黛色流。北枕龍沙通絕漠，南臨鳳闕壯神州。
>
> 煙生睥睨千岩晚，露濕芙蓉萬壑秋。王氣自應成五彩，龍紋常伴日邊浮。

「居庸」即「居庸關」附近一帶關山之處。詩作的前六句都是圍繞居庸關的方位、景色鋪開歌詠的。首二句從一個比較遼遠的視角著眼，描繪了重重關隘的氣勢與周邊諸峰相映成趣的場面。三四句展示了居庸山峰的南北邊界，凸顯出它的重要交通要道之意義。五六句選取兩個特定景致片段呈現居庸景色的不同凡響：一個是煙霞晚生千岩競秀，一個是露濕芙蓉萬壑披秋。末二句高度讚頌居庸不僅景致絕佳而且王氣聚集，是龍興之地。

詩作借助七律的格式，不僅氣象宏偉，景致絕佳，而且頷聯、頸聯對仗工整，音韻鏗鏘，讀罷彷彿有餘音繚繞之感。

再看一首《盧溝曉月》：

> 渺渺平沙接遠堤，一川殘月石樑西。光連古戍迷鴻影，寒逐清

霜入馬蹄。

雲淡漸隨銀漢沒，煙空微映玉繩低。經過曾此諳仙蹕，兩度停驂聽曉雞。

「盧溝曉月」，據明鄒緝題王紱《北京八景圖》稱：「盧溝本桑乾河，曰渾河，亦曰小黃河……去都三十里，有石橋跨於河，廣二百餘步，其上兩旁皆石欄，雕刻石獅，形狀奇巧。成於金明昌三年，橋之路，西通關峽，南達江淮，兩旁多旅舍。以其密爾京都，行人使客，往來絡繹，疏星曉月，曙景蒼然，亦一奇也，故曰盧溝曉月」。鄒緝還有《盧溝曉月》詩：「河橋殘月曉蒼蒼，照見盧溝野水黃。樹入平郊分淡靄，天空斷岸露微光。北趨禁闕神京近，南去征車客路長。多少行人此來往，馬蹄踏盡五更霜。」可見盧溝橋早在金代年間就成了南北進出北京的交通要道，而與之相伴隨的「盧溝曉月」也同時成為一道南來北往商旅行人必觀的一道風景。歷經一千多年風雨後，「盧溝曉月」如今又是新北京一道著名的景點。

曾棨的這首詩，寫法上與前一首類似。前六句緊扣題目，描寫「盧溝曉月」的迷離景致，後兩句結合隨扈北京駐蹕此地的親身經歷，選擇「聽曉雞」這個旅途特有的細節，發抒對往事的回憶之情。中間二聯對仗穩妥新穎，「光連」四句，刻畫了一幅霜打秋月的奇妙圖景：盧溝橋在深秋月光的掩映之下，身姿忽隱忽現，顯得迷離倘恍；而夜深寒起白露為霜，旅行的馬隊卻還在前行，清脆的馬蹄聲彷彿要踏破層層霜霧的包裹，不知疲倦地穿行在月光和清霜中。不知何時，雲漸漸消散，而天上的清輝與璀璨的星河已渾然一體。隨著時間的推移，煙霧迷蒙，夜空更闊，月亮偏西，而群星也已經偏移下墜。

除此以外，北京八景詩，尚有《金臺夕照》《西山雪霽》《薊門煙樹》《瓊島春雲》《太液清波》《玉泉垂虹》六首。曾棨的這八首詩，因為有著親身經歷，所以描寫的八種風光既有細緻精工的一面，又有文人畫意象朦朧的特徵，形象地描繪了北京著名風景，同時又為後世北京八景的傳播增添了文人的詩意情懷和歷史文化色彩。

如果從創作根源看，北京八景詩也屬於文人間雅集應制的範疇，只是因為它的書寫對象限定在詠歎地方江山自然風景，所以歸入景致詩。

第二，江西風景古蹟詩。曾棨作為江西一介士子，對於家鄉的風光也有獨到的書寫與感觸，主要以南昌風光景點為代表，包括歌詠江西八景的詩歌以及「南昌古蹟十詠」，共十八首。「江西八景」是曾棨遊歷江西南昌時寫下的八首七言律詩，即《西山積翠》《南浦飛雲》《徐亭煙樹》《滕閣秋風》《鐵柱仙蹤》《洪崖丹井》《章江曉渡》《龍沙夕照》。下面選擇一二作欣賞。

第一首《西山積翠》。西山，又名逍遙山，曾名厭原山、散原山，位於贛江西側，距今南昌市區約三十公里左右。因為這座山在南昌市古城之西，故名。西山，山勢險峻，風嶺怪石崢嶸，山間流水潺潺，四時蔥蘢，修竹茂林，鳥鳴山幽，風景非常秀麗，是夏日避暑的好地方，所以人們常稱之為「小廬山」。初唐詩人王勃有「珠簾暮卷西山雨」的詠歎；每逢雨後，滕王閣上憑欄，遠眺西山，蒼翠欲滴，景色如洗，冠以「西山積翠」之名。詩歌這樣寫道：

城外青山爽氣浮，重巒疊嶂擁南州。四時秀色含雲霧，萬壑寒光逼斗牛。

野樹迴連空翠合，澗泉長繞畫屏流。由來此處多仙境，那得飆車汗漫遊。

全詩寫景抒情，前六句從各角度勾畫出西山的蒼翠之色：首二句交待西山的方位及總體樣貌，三至六句用對仗、對偶及誇張、比喻等手法，總括西山一年四季都是雲霧纏繞，樹木鬱鬱，泉水長流，青翠欲滴。末二句讚賞西山為人間仙境，景致極多，值得去品味享受，無需漫無邊際地搜尋遊覽之地。

第二首《南浦飛雲》。南浦飛雲，表面上看是指江畔沙浦風起雲飛的美景，實際上古人詩文中指的是今南昌撫河橋畔南浦園一帶的風光。此處古時為南浦驛，有南浦亭，唐時為驛館，成為官辦的送往迎來之所。白居易詩道：「南浦淒淒別，西風嫋嫋秋，一看腸一斷，好去莫回頭。」南浦飛雲，在唐代已蔚為一景，如王勃《滕王閣》詩句「畫棟朝飛南浦雲」就是證明。南浦飛雲也由此名氣大增，成為豫章古城遊覽勝地之一。詩歌寫道：

悠悠片影楚江涯，漠漠輕陰伴釣家。乍逐渚煙籠草色，還隨灘月隱蘆花。

風吹瞑靄收殘雨，日絢清暉帶落霞。幾度雁歸迷宿處，數聲嘹唳隔寒沙。

相對前一首，這一首通篇採用對仗的格式，將南浦飛雲一帶的自然和人文景況描繪得形象生動：江上帆影點點，江畔釣者閃閃，而傍晚煙籠草色、月隱蘆花，一陣微風吹過，殘雨頓收，落霞滿天，幾隻歸來雁因天黑迷了宿處，發出的淒厲叫聲劃破天際顯得格外的響亮，此時月光正寂寂，江水正滔滔，寒煙籠罩的沙灘稍傾一切復歸於平靜。詩作從人文景觀到自然風景，從視覺到聽覺，從白天到傍晚，多角度展現了南浦一帶不一般的風光，儼然一幅多姿多彩的山水畫，令人神往不已。

八景詩中有的作品重點不在自然風景而在人文遺跡，帶有懷古詩的味道。比如《徐亭煙樹》：

東湖老樹拂晴雲，樹裏空亭識聘君。鶯轉綠陰初過雨，鴉啼涼影半斜曛。

誰懸木榻迎高士，空致生芻弔古墳。千載高風遺像在，令人懷仰抑清芬。

徐亭，即徐孺子亭，位於今南昌市內西湖中，是為紀念東漢末年的名士徐孺子而建的。徐孺子（79～168 年），名稚，孺子為其號，豫章北瀝村人。自幼家境貧寒，但刻苦讀書，年輕時就聞名於海內。可他清貧自樂，淡泊自守，既不肯和當時的腐敗朝廷同流合污，也不願苟且於世、隨波逐流。他常親自耕稼，官府多次徵辟，皆不出仕。陳蕃、胡廣等上流薦舉，漢桓帝備厚禮徵召，他因不滿宦官專權，終不願為官。時有「南州高士」之美稱。《後漢書》中有他的傳記。徐孺子謝世後，人們為了紀念這位節操高尚的布衣之士，在他讀書垂釣之處立亭紀念。王勃《滕王閣序》中有「人傑地靈，徐孺下陳蕃之榻」也指這段美談。

詩作的前半部分重在描寫徐亭周邊景物，而後半部分由建築物的徐亭聯想到人物的徐孺子及其相關典故，表達對這位賢人的崇敬與懷念之情。

其餘五首詩作，寫法上大體與上述三首類似，均以絢麗多姿的文字描繪了南昌城及其周邊的旖旎風光，也體現了曾棨七言律詩明麗暢快字如珠璣的高超藝術特色。

曾棨另有《南昌古蹟十詠》，即《淡臺墓》《灌嬰城》《梅真觀》《葛仙壇》《投書渚》《寫韻軒》《繩金塔》《浴仙池》《陳陶宅》《蘇公圃》。這十首作品重在歌詠豫章南昌的人文古蹟，分別為墓、城、觀、壇、渚、軒、塔、池、宅、圃，每一座古蹟都關係到一位歷史人物的事蹟，因而凝結著厚重的歷史與文化感，可以作為南昌這個古老城市的歷史證據。比如今日仍然赫赫有名的繩金塔，曾棨的詩作是這樣寫的：

地藏舍利隱金繩，百尺浮屠試一憑。雲裏高標驚過客，月中孤影伴殘僧。

風傳鈴鐸和朝梵，星繞欄杆雜夜燈。向夕始知臨眺久，蒼蒼煙樹入鍾陵。

曾棨還詠歎了其他地方的人文古蹟與自然風光，如山東濰坊《泰和山八景》以及《磻湘八景》等等，無疑為當地自然山水和人文勝蹟的印象傳播積累了文化素材。

（二）散體文，內含豐富

曾棨的《西墅集》卷十中有記、序、志、銘共二十一篇。這些文章除了銘之外，均屬於散體文，其中尤以記體文為多。曾棨的儒學思想和文學觀，以及對故鄉永豐的桑梓情懷等等思想情感和寫作特色，均可以在這些篇幅較長的散體文中得以窺見。

記體文，學識與桑梓情懷的體現。這裡所謂的記體文，是以敘事、記事兼及議論為主的文體，範圍幾乎包括了傳狀、碑誌、敘記以外的一切記敘文。曾棨的記體文具體內容大體分為三類：亭臺樓閣建築記、人物事件記以及闡發義理的學記文，共十三篇。至於遊覽山水記、圖畫器物記在《西墅集》散文中看不到，或者曾棨以之轉換到詩歌中。另外，必須留意的是，這些記體文基本上都是關涉曾棨老家永豐的人與事。曾棨不厭其煩地接受老家永豐人請託記文，在一定程度上也反映了他的桑梓情懷。具體篇目如下表：

類　型	作品名稱
學記	重修永豐儒學大成殿記
廳堂樓閣建築	重修浮雲道院記、守靜軒記、積善堂記、陳氏孝友堂記、劉氏葛溪書屋記、繼志堂記、古市坊記、樂琴軒記、慈侍堂記、遯齋記、學書軒記
人物事件	竹所先生記

曾棨的儒學思想態度，可以從其《重修永豐儒學大成殿記》參考。

該文首先指出重修儒學大成殿的背景：「國家混一，海內首建大學，詔四方郡縣，皆設學校。於是自京師以至海隅徼塞之地，莫不薰涵於詩書、禮樂之教，藹然唐虞三代之風，何其至哉！」每個新王朝建立之初，都有補充人才、重建禮教的迫切任務，補充人才是因為經歷新舊更替人才損失嚴重，重建禮教是為整頓政治和社會秩序的需要。明代洪武、永樂年間莫不如是。

因此曾棨第二段接著說：「今上皇帝嗣承大統，銳意文治，即位之初親幸大學。令諸儒講說經義，賜宴賜衣，恩禮隆洽。繼命儒臣纂修《性理大全》之書頒行天下，以嘉惠學者，德至厚也。由是居師儒者，益思有以盡其職；為弟子者，益思有以成其學。嗚呼，盛矣哉。」曾棨深情地回顧了成祖朱棣上臺後對儒教的重視，對儒官的恩重，由此也促使儒者盡責盡職，弟子者盡心盡力。其中必須留意的是，朱明王朝前期重新將南宋晚期以來確立的官方統治哲學程朱理學當成儒教治國之本，朱熹的《性理大全》被當成了教科書，儒官的部分責任便是解讀闡釋性理大全，以便為皇家意識形態服務，為社會所接受認可。

強調興學校、設禮教的重要性之後，曾棨筆鋒一轉開始敘述永豐大成殿重修之由來及過程：「永豐之學，在縣治之西南，臨乎恩江。其地亢爽而清曠……今教諭清源張忠賓、訓導汾陽葉余忠，既職教事，顧瞻殿庭，則慨然曰『廟圮且陋，何以稱朝廷興學意哉！此吾黨責也。』即相與白之縣令太原吳公，將協謀而新之。僉言既同，龜筮畢協，而諸生陳碩、夏英輩與邑賢達士，亦莫不輸資效力，以贊其成。經營圖為，弗克就緒，未幾，監察御史金華朱公（孟規）來蒞茲土。首謁廟學，視其敝壞，退而歎曰：『吾受任出宰百里，蓋為治斯民也，而治民之本，實自吾夫子出。今夫子廟貌若此，何以勝治民之寄乎！』乃訪之師儒，議與前合，於是市材鳩工，悉撤其舊，易之以美材，甃之以堅甓，卑者竦之，隘者擴之。像設有嚴筵，幾有秩，丹漆照耀，煥乎一新，誠鄉邑之盛美，儒林之偉觀也。經始永樂辛丑秋九月九日，落成於十月初二日。」

第三，曾棨接下來交待此文的寫作緣起：「既畢工，乃礱石，請書其事，將刻之。惟學校王政之所先，故古之言『治者，必曰謹庠序之教，洪惟聖朝右文崇道，益修學校之政』。而永豐故詩書鄒魯之邦，民多文秀而好學。矧今復得良有司、賢師範，以敬承上之所，以敦教勵學之意，相與振起而作新之。永豐之士又何其幸歟！雖然，士之遊於此者，必將求乎聖賢，大道之要，衡明於日用彝倫之理，乃所以為學。若徒矜其記誦，炫其文辭，以汲汲焉於仕進之途，抑末耳。予世家於此，且嘗遊學其間，則與其請也，烏得不具書其實，而樂道其成焉。」

由上可知，曾棨對於家鄉永豐縣重修大成殿是非常感到欣慰的，也因此覺得自己為之撰寫記事之文義不容辭。

張德建指出「明代前期的學記文是在廣興學校、嚴守理學和國家教化主張下進行的，故推尊朱子，但理學思想卻沒有得到充分闡釋，這是因為官學化後的理學基本上讓位於國家政治，讓位於國家政策的宣講，而這是不需要證明的。因而前期學記文以記述為主，而不像宋人學記以論述為主。」（《明代學記文的集體形態及其超穩定性特徵》）曾棨的這篇學記文也是以記述為主，其間提及朱熹的《性理大全》，但沒有作介紹和闡發，或許正如張德建所謂，程朱理學已經被當然地當作官方統治哲學了，不再需要大肆宣揚，在國家政策的推行面前已經退居其次，畢竟朱子之學時時刻刻可以感受到，已經深入社會各階層，而國家政策的宣揚和踐行是帶有運動性質的，具有時效性特徵。

張德建還指出「以記述為主的學校記有穩定的文體結構，是一種典型的超穩定型文體，文中絕少有個人性情的表現，而更多地表現為理學官方化後的集體意識形態。由於意識形態的固化，導致這類文章結構的固定，主要是記敘，包括以下幾個方面的內容：學校修建原因、過程、參與主持人員、土地及資金來源、寫作緣起、學校建築描述等。」(《明代學記文的集體形態及其超穩定性特徵》) 曾棨的這篇學記基本上按照這幾塊展開，只是對於修建原因及過程，以及寫作緣由交代較詳細，篇幅較多，至於其他資金、參與人員等一筆帶過。

曾棨對於重修儒學大殿的記敘，可以看出他對儒學教育的基本態度。曾棨能夠充分認識到國家設學校的重要意義，並且把它上升到國家政治層面，借用監察御史朱公的話來說就是「治民之本，實自吾夫子出」，即利用儒學來教化民眾，倡導以儒學教育來治理管理百姓，這是古代各地興建文廟的重要原因。

曾棨的廳堂樓閣建築記數量不多，但有的寫來也別有意趣，可堪一讀。如《劉氏葛溪書屋記》：

> 永豐距邑治西北十餘里，曰陽山，磅礴秀拔，世傳仙翁葛玄，嘗煉藥於山中。有泉焉，泓渟涵蓄，潨然下流，引而為溪，經縣城之西南，入於恩江。溪之名蓋以仙翁而得也。其西則劉氏之族居之。劉氏為吾邑衣冠之望，宋之世有雅臣者，以明經舉進士，聲譽赫然。自時厥後，詩書相承，彌遠彌盛。今其裔孫韞韶，聰明醇厚，自少有志於學，好聚書購之，不計其資，積久充牣，乃築室於所居之旁，而名之曰「葛溪書屋」。其東北雖密適闤闠，而高甍畫棟，出粉埃而凌風雨，輪蹄喧囂之雜，邈乎其不相聞也。西南深池，瀰鴻滉漾，天光雲影，浮動几席，夫子之牆，相去咫尺，絃歌之聲，旦暮相接。韞韶日藏儲遊息其間，賓朋過從，輒相與弦琴、賦詩以為樂，優游怡愉，泊然無所繫累，蓋不惟有以自適，與之遊者，亦未有不喜其勝而樂之者也。
>
> 今年予以扈從還，韞韶謁予徵文以為記。惟昔在鄉校時，與其伯仲交遊相好。間曾一造其居，必為之徘徊留憩，愛其地幽而景盛，可相資以成學。矧韞韶久處於茲，窮煙景之奇觀，探簡冊之奧義，

以涵泳乎仁風化日之時者，宜其樂之不厭而惓惓焉，思有以志之也。雖然，古之人藏書有樓，讀書有臺，他如精舍、山房之類，不可勝數，然皆因其人而後顯。由是觀之，葛溪書屋，其將待韞韶而顯乎？姑以記之。

文章的第一層意思交待葛溪書屋取名原因，並由此引出詩書相承的劉氏家族。第二層重點介紹了劉韞韶及其書屋的周邊環境，以及劉韞韶以坐擁書屋為樂的人生志趣。最末交待本篇來由，指出自己與書屋有一面之緣，並對葛溪書屋及其主人寄予厚望，希望他日能夠成名顯大。

這篇記體文，寥寥差近五百字中主要講述葛溪書屋的來歷以及本記體文創作緣由。文風自然從容，語句樸誠，與宋末通篇敘事說理的記體文大相異趣。從表現手段看，全文以記述為主，但末段對於韞韶藏書因屋有志於學作了議論和讚賞，指出「古之人藏書有樓，讀書有臺，他如精舍、山房之類，不可勝數，然皆因其人而後顯」的歷史規律，真切期望「葛溪書屋」能夠「待韞韶而顯」。

作為建築記體文，一般要在開頭交待名稱的來歷，但在交代方式上，有的採用敘述的方式，比如上篇《劉氏葛溪書屋記》，而有的是採用說理的方式。如《積善堂記》一文，為了解釋堂名「積善」的緣由，曾棨開頭說道：「天下之物，未有不由於積而後成者。是故四海之大，而至於滔天沃日之雄者，細流之所積也；泰山之高，而至於凌雲摩空之壯者，土壤之所積也。世有祖宗之盛，而至於子孫之善繼，其家道日殷，人徒見其祥慶之畢臻、福澤之薦致，而不知其由於先世之積乎？」作者為了論證「善」與「積」的關係，從涓涓細流匯成大海、小小土塊壘成高山的現實出發，指出這些高大廣深之物均是漸漸累積而成而非一日之功，由此得出子孫之善也是累世祖宗積攢而下的結果這一普遍規律。行文至此，曾棨由一般到個體，指出永豐袁氏之家正是這樣的一個例子：「吾邑之雙源袁氏，世為詩禮名家，積善行義，以承厥家。」在另一篇《繼志堂記》中，作者也先對「繼志」背景作了介紹：「宣德己酉，歲當大比。吾永豐滑溪艾氏之彥名敬，字曰肅者，以《禮經》登南京鄉闈魁選。明年春試於禮部，謁予官舍，再拜請曰：『敬竊念先世自宋元以來，簪纓科第代有聞人，故自幼立志於學，期克紹先志，以不墜其家聲。嘗揭繼志，名所居之堂以自警，煩先生一言以記之。』」

曾棨的廳堂樓閣記文大都顯得平實自然，彷彿作者在和讀者面對面進行交流，但行雲流水般的節奏和字句博雅的表達除了讓你感歎作者的才情之高外，其文風彷彿還有北宋歐陽修散文平暢自然的特色。永樂三年（1405）正月十五日，成祖選拔胡廣、曾棨等二十九人專學班、馬、韓、柳、歐、蘇的文章，由此看來，這種記體文風看來正是曾棨學歐蘇的結果。

曾棨的記體文寫作對象基本上都是與永豐有關，反映故鄉的人和事始終是他難以忘懷的情懷。除了上述兩篇外，比如《古市坊記》開篇寫道：「永豐縣治之西，有下市焉。其地在西坪坊之南、什善坊之北」，而《慈侍堂記》第一句話即是「永豐治西蕭氏為邑著姓」，等等。

曾棨的文學成就和思想還表現在一些序文。如：

《一樂堂詩序》，體現了曾棨的哲學倫理觀。

> 天下之事，其可樂者多矣，然皆可以力致之。故世之有力者，皆足以得其樂。獨孟氏謂君子有「三樂」，而以父母俱存、兄弟無故為一樂者，蓋以是樂也，實出於天有，非人力所能致。人力不能以致之，而遂以有其樂，非得於天者厚，能若是乎？
>
> 吉水之東方徐居正，其二親偕老康強眉壽。居正與弟希麟，竭力奉養孝敬，克勤而友愛彌篤。佳時吉日，升堂拜慶，親顏怡悅，鶴髮相照；金昆玉季，捧觴稱壽，塤篪迭奏，彩衣屢舞。然則古今天下之樂，有豈復有過於此哉！雖然，世之為人子者，或幸而有得於此，能知其不能以力致而樂之者，蓋鮮矣。不知其出於天，於是供養德色，取箒誶語，與夫鬩牆紾臂之流相繼而作，則將戚戚焉。終其身憂憒憒而弗暇，夫豈有一餉之樂哉！居正兄弟篤於孝友，其事親也能得其歡心，而伯仲之間亦克和協。父父子子，兄兄弟弟，居常欣欣然，無不得其樂，其名堂之意豈不稱乎！
>
> 余於居正雖不及識之，而進士陳篤學，以其所得一樂之詩請余序，故序之。

這篇詩序與一般人的詩序不同在於通篇沒有言及對方的詩歌水品或技巧，而是圍繞「樂」字闡發自己的人生處世觀。曾棨指出，天下的樂事均可以盡力達到，在此前提之下，凡有心力做事的人「皆足以得其樂」。接著在抓住孟子提出君子三樂之一的「父母俱存、兄弟無故」話題時，曾棨又指出「蓋以是樂也，實出於天有，非人力所能致」，也即強調有的樂事不是人力可以達到的而是出於天意，然而即使如此曾棨還是強調人力所致的重要性。他認為有的幸福樂事看起來不是人力做到的而是遂從老天安排得到的，但實質上也不是老天眷顧得多，而是人力做得好的結果，再次強調論證篇首提出的觀點。第二段，曾棨以徐居正兄弟友愛事親孝友為例，指出「能知其不能以力致而樂之者，蓋鮮」的現象，強調人世樂事有時要順從自然，否則終身憂憤心有戚戚，哪裏有幸福可言呢？這種所謂的知足常樂，按照曾棨的觀點歸根結底還是出於人力而非天意。曾棨認為父子兄弟「居常欣欣然，無不得其樂」，因此「一樂堂」實際就是一家同樂、一門同樂，徐氏兄弟以之命名，名至實歸。曾棨的這種知足常樂、自適其命的看法雖然有一定的侷限性，然而用之觀照社會現實人生的確具有實際意義，這也是普遍流行的生存規則之一。

曾棨的文集中還有不少族譜序，也可以窺見他的人生態度和譜牒思想。比如《郭氏族譜序》中，他指出族譜的功用在於「推原其先世之系緒，庶幾尊祖敬宗者尚有賴」，而對於編纂譜牒的態度，曾棨認為「貴於明校而不可妄引華腴，擯斥貧賤，以棄祖宗而誣後世」。而在《鷺溪劉氏族譜序》中，曾棨感歎「歷世既遠，兵焚薦臻，求能保其先世譜牒久存而弗廢者鮮矣」。《陳氏族譜序》中強調認識祖先的重要性並大發議論：「萬物本乎天，人本乎祖乎？夫萬物本乎天，則凡物之以生以育以長以成，皆歸於大造之賜。矧伊人之生而且靈於物者，而可不知其所自耶。欲知其所自，則當於其祖焉。思之何以當思乎，祖也。蓋祖者，吾先代之所自出，而後人之所由傳者也。」《古縣張氏支譜敘》中提出族譜的現實意義：「自古故家大族，莫不有譜，以明夫宗派之系，以辨夫昭穆之序，以別夫親疏之等，以定夫長幼之分，以興夫忠孝之心」。

曾棨的銘志文不多，《西墅集》卷十收有3篇：《張君渙章墓誌銘》《故蕭母張氏墓誌銘》《陳母黃孺人墓誌銘》。這些墓誌作品行文簡潔，風格消散，對墓主的經歷軌跡敘述清晰而周到。如《張君渙章墓誌銘》首段云：「永樂乙未五月二十四日，兩淛都轉運鹽使司、同知張君渙章卒於官。卒之日享年五十九歲，以某年月葬於里之松峽，附先塋之次。其孤嘉謨，乃奉漢州知州事劉君公潛，所述君之行實，謁予泣拜請銘。公潛與余皆君之友也，故不可以辭。」（《西墅集》卷十）

「墓誌銘」文體，內容書寫上重在「誌」，次在「銘」。本文先簡明扼要地交待了張煥章逝世時間、官職、壽考、葬地，接著交待墓誌請託之人，最後點名與墓主關係，表達不可辭的理由。第二、三段，曾棨概述了墓主的生平事蹟——這是墓誌銘的重要內容。第四段，曾棨以沉痛之筆回顧了與張君的交遊：「嗚呼！余居南京時，君間歲以事入覲相見，必握手，盡歡豁如也。其後扈從留寓北京，君自徽州，考滿以來，而官舍相鄰，朝夕相與道舊，靄然甚歡。既有兩淛鹽司之命，始與君別。又踰年，而君卒矣。嗚呼！方其時，意君才器，宏達揚歷。既久必將優游暮年，以享榮名厚祿於太平之世，孰謂去余而遂死耶。嗚呼！其命矣，夫乃銘之。」寥寥百餘字中，曾棨簡單地敘述了與張君南來北往的幾次交往，對於亡友的才識曾寄予厚望，對於亡友的驟然離去倍感痛惜。

七、藝術影響

曾棨的詩文影響與評介，絕似唐人而不確。

曾棨以文學才能獲舉中第，也以文學特長獲得皇家首肯，尤其是永樂帝朱棣，對曾棨的才情讚歎不已。而同時代的其他文人也普遍認可曾棨博學多識，才情煥發，文章沛然。如王直《抑庵文集》後集卷八評論道：「其學於書，無所不讀，至其為文，則思發如湧泉，大篇短章，各極其趣，詩詞尤雄放清麗，出入盛唐諸大家」。王世貞《明詩評》中「曾少詹棨」條，認為「詞鋒豔發，如青萍倚天；韻語清華，若紅蕖秀水」。大學士楊榮對於曾棨的文學才情給予了高度評價，認為他「文章才思滂沛，頃刻千百言，不待思索」(《西墅曾公墓誌銘》)。里人大學士楊士奇也認為曾棨文「源泉渾厚，沛然奔放」(《西墅曾公神道碑》)。以上諸人的評論可以代表明代文人對曾棨文學成就的一般看法，體現曾棨文學作品在當時的價值影響。不過這些人因為離曾棨較近，不少人還是他的同事，因此所論之言難免有譽美的成分。比曾棨約晚七十年的袁帙（1502～1547）則能夠客觀地指出其文的優缺點：「子啟天才雄麗，倚馬萬言，其文如蘇長公，浩如懸河，注之不竭，所乏者謹嚴精潔耳。人之才固各有所長也。詩古體有魏晉風，律宗初唐，亦一代之鴻匠也。」(《曾襄敏公棨傳》）成化年間的進士鄭瑗《井觀瑣言》指出「曾子棨詩佳處不減崑體」，但清代的四庫館臣則在《四庫全書總目提要・西墅集提要》不認同鄭瑗這一說法，認為曾棨詩「絕似唐人殆未確焉」。客觀而言，曾棨的詩歌，古體詩頗有唐宋人風致，比如卷六的五言古詩《北斗篇》《涼風篇》《歌風臺》，卷五的五七雜言詩《贈筆者陸繼翁》《樂琴軒詩》《送胡學士扈從北京》《望嶽歌》等等諸闋，內容多樣，想像豐富，句式不拘，手法奇特，氣勢縱橫飛馳，音節轉換頻繁。如《望嶽歌，有序》：

> 茌平早行，煙雲四斂，曙色熹微，忽見泰山屹立青天中，故作歌紀之。

> 我欲登泰山，憑高望八極，浪跡二十年，蹉跎竟難得。今晨馬上忽見之，屹立東南半空碧。想當鴻蒙時，二氣相蟠鬱。大塊戲黃土，莫能識其端。圓靈降崔茧，方坤孕峰巒。一朝天地劃開闢，但見千丈萬丈高巑岏，乃知造化神，設此奠坤軸。巨靈枕其顛，六鼇戴其足，愚公不能移，長房不能縮，天宮經營鬼斧鑿，消出千峰百峰青立玉。自從上古來，南風吹不平。日月吐華采，星宿揚光晶。寒崖積冰雪，陰壑馳風霆。雲霞絢明晦，草木發精英。上浮金銀氣，下潛鬼魅形。岩岩層所瞻，作鎮朝百靈。秦皇漢武巡……

從現實到往古，從外形到神話，從天上到山上，從自然到人物，變化多端，聯想豐富，多視角地展現了泰山之雄奇瑰麗的身姿和自然人文的風貌，風格上頗有李白之《夢遊天姥吟留別》的影子。

曾棨的某些古風，與歐陽修的古體詩也有類似。如卷五《望廬山》有云：「平生不識匡廬山，九疊芙蓉堆翠發。峰頭五老知幾壽，自從上古為蒼顏。曙光上摩碧天外，黛色倒浸蒼波間。香爐雲氣豈明滅，浮嵐暖翠相迴環。雲松結巢在何處，須有去路無由攀。春江雨歇湖水長，洪濤巨浪驚揚瀾。謫仙一去歐陽死，千年萬古詩債慳。豈無匡廬好山在，惟有遇客稱才難。我欲乘雲扣人關，舟行到此空長歎。欲窮絕頂看飛瀑，須待當年晝錦還。」李白當年一首氣概雄壯的《望廬山瀑布》讓廬山聲名更加遠揚，而歐陽修也曾經高歌一曲《廬山高》以贈朋友。歐詩想像奇特，風格雄奇奔放，意象鮮明，堪稱歐陽古體詩的代表。曾棨詩中說「謫仙一去歐陽死」正是根源於此。相較而言，曾棨這一首詩語句上不如歐詩變化大，而氣勢和情感上，歐詩高昂上揚，曾詩顯得抑鬱而遺憾，結尾表達懷才不遇的感歎。這種詩歌情感與思想在曾棨詩中是極為罕見的，因為作為狀元翰林，曾棨深得皇帝的歡心，在物質和仕途上，他的人生是較為通達的，幾乎不存在不遇的情況。那麼曾棨為什麼要流露「豈無匡廬好山在，惟有遇客稱才難。我欲乘雲扣人關，舟行到此空長歎」的心態呢？值得深思。

現代研究者郭浩政認為曾棨「在文體的創造方面也沒有多少成就。臺閣文人的身份，限定了曾棨的文學成就。如同八股文在科舉考試中的作用一樣，詩對曾棨而言，只是一種手段，而非目的。」（《明代狀元與文學》）詩歌文體的發展到唐代基本完善，後人只是在語言、主題、手法技巧等方面續補而已。曾棨要在文體上有所突破創新那就等同於苛責他。曾棨一生以文學備顧問，作為臺閣文人的身份，確實影響和制約了他詩文成就的發展，相當一部分詩歌的產生不是出於自我思想情感的表達需要，而是「發於和平之音，以鳴當時之盛」(《王舍人詩集原序》)。時代如此，身份如此，曾棨無法衝破超越由此帶來的侷限性。

曾棨還是一個書法家。同時期的王直《曾子啟挽詩序》說曾棨「精於草書，筆勢縱逸，若秋隼奮揚，天驥決驟，不可追躡。四方之人，愛之若拱璧」，由此可見曾棨的書法還是有一定的影響。

不僅如此，曾棨還具有明顯的書法理論。如卷十《學書軒記》中說道：

> 惟晉唐以書名家者，不可勝計。雖體制不同，而規矩繩墨初不異也。近時學者，徒見其已然之跡，臨鍾、王者曰：「我師晉」，臨歐、虞者曰：「我師唐」。非惟學者偃然當之，見之者亦從而曰：「彼誠晉也，誠唐也」。噫！是徒彷彿其體制之似，而不求其規矩繩墨，良可歎哉！大抵作書，須結體平正，下筆有源，然後伸之以變化，鼓之以奇崛，則任心隨意，皆合規矩矣。且夫書法之妙，非可言傳。昔人有見擔夫爭道，聞鼓吹，觀舞劍，而造神妙，以至聽江聲，見蛇鬥而筆法進者，此豈拘拘於臨寫之勤哉。

曾棨於此指出學習書法，不論師法對象，儘管各自字體風格特色不一，都必須尊重必要的規矩和標準，由此批評那些學書者不管具體基本功而一味標榜模仿晉唐名家的姿態。另外也批評那些非書法學習者似懂非懂，評論書法大言非晉即唐，而不懂從書法規矩標準角度來品論優劣的做法。曾棨認為學習書法首先必須保持字體框架平正，從基本筆劃做起，每一筆都必須有出處和模仿榜樣，在臨帖他人筆劃結構後再附加以變化，稍後再以奇崛之筆滲入，成熟後即可遂心書寫。曾棨指出書法學習的基本態度和循序漸進的過程後，還強調認為，臨帖只是練基本功，而要達書法之妙的境地，還必須多向社會生活學習，將識見與書法融匯貫通，唯如此才可能達到造化神秀妙不可言的境界。

曾棨在此短文中不僅指出了時人學習書法的弊端，而且還闡明了自己認可的正確做法和態度，為學書者指出了一條學書規律和途徑，體現了曾棨書藝與理論並進的高超成就。明人焦竑說曾棨「工書法，草書堆放，獨步當世」(《玉堂叢語》卷一)。陳田論其書法「有晉人風度」(《明詩紀事》乙籤卷三)。綜合看來，曾棨作為一代才子，文思飛揚，才情滿懷，這種個性色彩使得他的書藝自覺向草書靠攏，師法晉宋，用筆馳騁，揮灑自如，與他的文學創作相得益彰，在明代館閣書藝、甚或明代書法家中留下獨特的一面。

參考文獻

1. 郭浩政：《明代狀元史料彙編》（上下冊），武漢大學出版社 2009 年版。
2. 李天白：《江西狀元全傳》，江西人民出版社 2014 年版。
3. 陳阜東：《吉安宰相》，復旦大學出版社 2009 年版。
4. 王離京：《大明狀元》，齊魯書社 2013 年版。
5. 周臘生：《明代狀元奇談．明代狀元譜》，紫禁城出版社 2004 年版。
6. 郭浩政：《明代狀元與文學》，齊魯書社 2010 年版。
7. 劉宗彬：《吉安歷代進士錄》，江西人民出版社 2010 年版。
8. 曾棨：《曾棨集》，顧寶林點校，江西教育出版社 2019 年版。
9. 王建中，劉繹等：《同治永豐縣志》，江蘇古籍出版社 1996 年影印版。
10. 溫劍等：《永豐縣志》，新華出版社 1993 年版。
11. 盧崧修等：《光緒吉安府志》，汪泰榮點校，中華書局 2016 年版。
12.《明史》，中華書局 1974 年版。
13. 曾氏宗親網：http://www.zengshi.net/。

清心卓異的狀元羅倫傳

明代吉安府永豐縣這塊鍾靈毓秀之地，「其民多秀而能文」，科舉簪纓之事，不時迸發。曾棨在永樂二年（1404）中狀元的宏偉事蹟還在縣邑的各個角落傳播蕩漾時，六十一甲子後，瑤田水心村又爆出一大科舉盛事：時年三十五歲的羅倫高居成化二年（1466）丙辰科榜魁。

羅倫（1431～1478），明代理學家、狀元。字應魁，一字彝正，號一峰，吉安府永豐（永豐縣瑤田水心村）人。羅倫家貧好學，成化二年進士第一，授翰林院修撰。不久，因上《扶植綱常疏》直諫朝廷奪情起復內閣大學士李賢，得罪明憲宗，而謫為泉州市舶司副提舉，次年復官翰林院修撰，改南京任職。兩年後，羅倫有感官場險惡與腐敗，決意離開官場。成化五年（1469 年）九月，稱疾辭職，回歸故里，隱居家鄉，閉門著述講學。成化十一年（1475），開始隱於離家百餘里處的永豐龍岡毛蘭，主持金牛洞書院，鑽研經學，開館授徒，從學者甚眾。羅倫學術上篤守宋儒為學之途徑，重修身持己，尤以經學為務。為文有剛毅之氣，詩作磊落不凡，著有《一峰集》等。《明史》有傳，清同治《永豐縣志》卷二十二《理學》有傳。

狀元羅倫與曾棨的人生軌跡差別甚大。除了都是狀元出身這一點外，曾棨終其一生充當御用文人的角色，一生的貢獻在於為王朝草擬奏章和應制詩文。而同樣是狀元的羅倫走的是另外一條道，他的主要歷史貢獻不在於服務官僚機構，而是走自由學術的道路，所以相對於曾棨，羅倫的社會影響更大，尤其是對於明中期的哲學思想。羅倫十四卷的《一峰集》包括：策、疏、狀、序、記、傳、墓誌、謠、文、哀辭、說、銘、祭文、書等十卷，另有詩集、夢稿及歌四卷均被收入，也有可觀。

一、家世與童年

羅氏是江西省的一大族姓，從漢至今已有二千二百餘年的歷史。據《羅氏通譜網》介紹，全省有三十二個市縣的羅氏被《江西通志》列為著姓。吉安是江西羅氏的大本營，主要分布在今天的吉安、吉水、永豐、泰和四縣。羅倫屬於永豐縣湖西羅氏。他的先祖是豫章南昌人，名叫羅寅，號印山，排行第七。大概在唐末五代之際為避世亂遷往吉州永豐湖西，成為湖西羅姓開基祖。如果要問羅寅與南昌羅氏的關係，據推測他是入贛羅氏可考最早的豫章羅氏始祖羅珠的第三十四代傳人。據《江西通志》卷一百三十四記載，羅珠，漢高帝時（前 200～前 195 年）任官章江（贛江的一分支）南面的灌嬰城，後來定居豫章，有功德於民，死於任所，此後後世子孫就以此為家定居下來。羅倫屬於永豐水心狀元公房，是湖西始祖羅寅之後裔。羅寅至羅倫的羅氏直系為：羅寅→羅全→大隱君→廿三府君→七府君→羅璣→羅子及→羅元吉→聖卿→羅德誠→羅正甫→羅士華→羅學翁→羅庭桂→羅以能→羅叔彥→羅永仁→羅修大→羅倫。湖西羅氏代有聞人，尤其在宋代。其中羅寅第十代傳人正甫，即宋末有名的抗元英雄羅開禮（1198～1277），字正甫，號水心。咸淳七年（1271）進士，曾任袁州（今江西宜春）儒學教授和武岡軍（今湖南武岡）教授、永豐縣知縣兼招撫使，宋末文天祥起兵勤王後慨然從軍。南宋景炎二年（1277）八月，元軍李恒部攻打永豐，羅開禮兵敗被俘。在獄中堅貞不屈，題詩一首：「此身斷不望生還，留得芳名在世間，大地盡為胡血染，好藏吾骨首陽山。」最後絕食八天而卒於獄中，享年八十歲。據說文天祥聞此噩耗，親自來到羅開禮家鄉水心村披麻戴孝，並作《祭招撫使羅水心先生文》，文中有道：「江西義士勤王者眾，未有如公之勁氣詆胡，奮起死節，捐軀就義，若風霆日星，忠烈偉哉」（湖南隆回《芭蕉塘羅氏族譜》，《同治永豐縣志》卷二十四）。羅開禮第六代孫永仁即為羅倫的祖父，號善耕，風流儒雅，樂善好施，成為地方熱心民眾。羅倫的父親羅修大，號大山，一生沒有仕進，只是窮秀才一個，但為人處世耿介忠信。羅母李氏，端莊賢淑，吃苦耐勞，將一個清貧之家收拾得緊緊有條。

明宣宗辛亥（1431）正月十一日，李氏終於等到瓜熟蒂落的這一天——羅倫出生了。先夜據說有附近村民看到天上有流星閃耀劃過瑤田湖西的上空，第二天羅倫一出生，村民們便開始傳揚這一不尋常的跡象，紛紛議論說羅倫是天下的文曲星下凡，前程不可限量，向羅大山道賀道喜。當然，古人喜歡編造故事，大凡稟賦異常或者後來登大位的人物降生，立傳者總喜歡附會一些祥瑞的兆頭去迎合。傳說歸傳說，基本上都是杜撰的，所傳非實。不過人都說吉人自有天相，然而新生的羅倫除了一雙眼睛黑白分明，內裏彷彿閃動著智慧的光芒，其他表現並無超群的地方，甚至有些「笨」。出生三個月，羅家依照孩子滿百天風俗要搞個百歲抓周儀式，結果小羅倫其他物什一抓便丟，最後唯獨緊攥一本破書不放，於是各位親友相信這孩子八成是天上的文曲星轉世的，羅家從此文運要大開了。然而接下來的日子，羅大山並沒有感覺到有什麼特別欣慰的地方，長到一兩歲，別人的孩子此時段可以開口叫爹娘了，可這小羅倫還不會說話，一點不像文曲星下凡的樣子。至少羅倫在五歲之前，一副傻呼呼的樣子，與同齡的孩子相比絲毫看不出有特異的地方。

據說羅倫發蒙求學後，有一次他的父親要和他玩答對的遊戲，順便測試這孩子的啟蒙答對知識和臨場反應能力，然而令人沮喪的是，羅倫的初始表現稀裏糊塗，彷彿連父親的提問都沒清楚明白就胡亂作答。比如羅父上豎手指指著天問，「天」對什麼呢？依偎在母親身邊的羅倫反應遲緩，乾眨眼，半天不做聲。一旁的羅母李氏趕快用手指地，原本暗示羅倫答對「地」。哪裏知道羅母所指的地方恰巧有一堆雞糞，於是羅倫以「雞屎」回答。羅父見此搖了搖頭，本想發火，但看看一旁的李氏，暫將火氣壓下心頭。接著再試，指著自己說，「父」對什麼呢？羅母以為這下不難了吧，豈料羅倫只是抬頭看著母親還是答不出來，羅母好生懊惱非常不悅，只好再次指導。她不斷移動著手指指著自己，希望能夠啟發羅倫說「父」對「母」，哪裏知道她這個動作讓羅倫誤會了。羅倫看著母親指著胸部，便脫口而出「母乳」。羅父見兒子這幫光景，真是氣壞了，隨手甩了羅倫個耳光，罵了聲「真是孺子不可教也」，便在兒子哇哇大哭的聲音中走了。羅母雖然也很不高興，但還是慈和，畢竟孩子是自己的心頭肉，她不斷地安慰羅倫，同時也不斷地鼓勵羅倫課讀要多用心，要上進等等。一邊的小羅倫只能噙著淚水似懂非懂地不斷點頭稱是。

當然，這個父子答對的故事不一定真實，只是流傳在民間的一個關於羅倫的故事而已。不過羅倫的少不更事讓他的父親一度失望而不管卻是事實。時光荏苒，光陰似箭，一晃羅倫已經五歲了，漸漸長大的他開始變得明事理懂禮儀。有一次跟著一群人去李園收取果實，一群人不分大小和順序，一看到李子便紛紛爭搶起來，不少李子滾落在地任由踐踏，當其他人自顧自地紛搶著吃時，唯獨羅倫呆在一邊，怔怔地看著這個蜂擁而至的亂象默不作聲。良久，一個年紀稍大的隔壁大伯才發現晾在一邊的羅倫，趕忙抓了一把塞給他，才不至於空手而歸。羅倫漸漸地懂事了，或許昔日父親留下的耳光讓他印象深刻而幡然有所醒悟，讀書課業尤為勤奮，常常受到鄰居的讚揚和附近讀書郎的羨慕。羅倫的祖父善耕先生見孫子逐漸有成器的兆頭，決定趁自己身體還硬朗便代替羅父負責督導孫子的學業。他一變原先羅父疏離放任的態度，開始心平氣和地、有耐心地進行管教和引導。

明英宗正統三年（1438），羅倫已經七歲。他的這種好學深思的稟賦到這個時候才開始漸漸溢發，四周的鄰居時常聽到或見到祖父善耕先生在庭前訓導羅倫的情形。在祖父的嚴厲督導之下，羅倫課業突飛猛進，不到一個月，舊時通用的童蒙訓《三字經》《百家姓》《千字文》之類蒙書都能背得滾瓜爛熟，牢記於心。隨著歲月的流逝和羅倫的成長，他的求知欲望也日益強烈。而祖父善耕先生也漸漸地覺得自己年老體衰而學問有限，為了不耽誤這個孫子，最後決定送羅倫到同里的私塾先生那裡去，接受更加系統的教育和舉業培訓。羅倫被送到私塾後才發現，由於缺乏教科書，私塾先生只是啟用口頭講讀的方式教導大家，不少童子非常不習慣，甚至因聽不懂而造成接收障礙。不過可喜的是，羅倫由於近年家庭教育的夯實，加上本人聽記能力和悟性的提高，往往是其他孩子連句讀都沒弄清楚，而羅倫已經背得順溜，也由此常常獲得私塾先生的誇獎和全班同學的讚揚。羅倫不僅課堂專心用功，即使放學回家，同樣刻苦好學。羅倫非常好讀書，他對書本的眷念已經到了癡迷的程度，書就是他的玩伴，也是他精神的依託和人生理想的源地。據說每當和小夥伴們上山砍柴或者放牛，羅倫都要攜帶詩書一本，以便在閑暇間隙隨手翻閱。有一次因為沉迷書中，結果自己家的牛將鄰家地裏的菜吃了一大塊，被人發現告上門來，惹得羅母又急又氣。

正統十年（1445），十四歲的羅倫不僅學問長了不少，且已經出落得落落大方，頗有大小夥子的模樣了。為了給家庭補充經濟來源，年少的他不得不設帳授徒教學鄉里。儘管年紀尚小，但聲名在外，一進入學堂便神情莊重嚴毅，頗有年少老成的師道風範。那個時候，舉業正盛，無論家庭貧富，都希望自己的子弟能送來從學讀書，以便他日中舉出人頭地。對於送來的子弟，羅倫一概收下，再依對方家庭生活水平的高低收納錢穀若干。不過羅倫與那些弟子家長送子求學的動機和想法並不完全一致，他較為反感一心讀書只為科舉的純功利目的。他經常教育弟子，甚至和不少家長說：「學豈科第而已哉」（明賀士諮《醫閭集》卷四），意思是求學問、研人生並非舉業一條路不可，人生天地間，有意義的事情很多，科舉仕途經濟只不過是其中一道而已。青少年的羅倫似乎對傳統無數讀書人夢寐以求的學而優則仕的科舉道路抱有排斥蔑視心理，他甚至一度放棄這條炙手可熱的人生進取道路而專注自己真正感興趣的學問，然而他的這一異常舉動自然會遭到父親羅秀才等家人的強烈反對。無奈之中羅倫只好屈服於家庭的壓力，一面繼續用功舉業道路，一面也注重思考其他社會思想問題。羅倫以鄉先生身份教學鄉里大概過了兩三年光景，後在家庭的說服之下一心用於舉業道路，因而退出了私塾的生涯，此時適逢郡庠招生，於是增補為州學弟子，正式踏上求儒家聖賢和舉業功名之道。求學期間的羅倫保持了一貫嚴謹不拘的作風，一心只在聖賢之學。或許認識的變遷，或許深受周邊學子孜孜以求舉業的影響，已入州學的羅倫思想觀念產生了變化，對於科舉不再抱否定態度，而是能從中認識到其中的益處。比如他曾經多次對他人說：「舉業豈能壞人，人自壞之耳。」(《醫閭集》卷四）羅倫的這種觀點是有感而發的。原來隨著明代科舉考試的發展，到了正統年間，科舉考試形成了固定的模式，所考內容限定於程朱理學經義範圍內，舉子們以習時文和鍛鍊應試技巧為上，真正潛心儒學學術經典著作的人極少極少。這個時候舉業不再是真正選拔有用人才的康莊大道，而是成為中舉做官走向仕途富貴的津梁；而科舉之文大都空疏不切實際，思想貧乏，毫無創新。在這種背景下，有的人大肆批評科舉，認為舉業毫無作用，只不過成為毒害人心敗壞道德的工具。如比羅倫稍微小二十餘歲的祝枝山（1460～1526）指出「一壞於對策，又壞於科舉，終大壞於近時之科舉」。(《懷星堂集》卷十二）顯然，羅倫不認為社會風氣、人心道德之墮落是科舉本身帶來的，而應該是人自身變壞的結果。從這些言論，可以看出逐漸長大成人的羅倫拋棄了年少時對於科舉的偏見態度，轉而變得理性甚至辯證看待科舉對社會的影響。不過羅倫的這番表態也給他帶來麻煩，一些昔日的同好以此認為羅倫屬於道學家，就好像南宋的道學家一樣，只管心性道德，不管社會實踐，因而要遭受批判。但是，羅倫不同流俗的識見讓他在當時的士子中聲譽鵲起。景泰四年（1453）新上任的吉安知府張公瑄聽說後，非常推崇羅倫的才學與品行，而對於羅倫清貧的家庭狀況又感到惋惜，多次希望以州府的名義出資接濟，但是貧不墜志的羅倫總是一口回絕。羅倫家庭人口不多，加上為人慈善謙遜，地方上的一些不懷好意的豪強有時也故意挑事欺負他家，但羅倫總是不與之計較。羅倫認為，不值得與這些土豪劣紳或小人地痞理論，俗話說「秀才遇見兵，有理說不清」，與不識禮儀的野蠻人講理，簡直是對牛彈琴，既然如此爭執便毫無意義。

景泰四年（1453），辛苦操勞大半輩子的羅母李氏不幸染病辭世，羅倫非常悲慟，按舊時規矩，須居家丁內艱。所謂丁內艱，指古代凡子遭母喪或承重孫遭祖母喪必須居家服喪的一種喪葬禮儀。羅倫丁艱守喪期間，嚴格遵守丁憂制度，不僅不參加一切帶有娛樂性的活動，而且飲食上也遵循必須食素的習性，不得沾半點葷食。如此堅持兩年多直到過了大祥才開始食用鹹酸之物。這裡須交代一下什麼是「大祥」。按周禮規定，父、母喪後一週年（即第十三個月）舉行的祭禮叫「小祥」；兩週年（即第二十五個月）舉行的祭禮，叫「大祥」。在服喪期間的各個階段，一切言行（衣食住行）都本著從簡從素的原則而有不同的規定。羅倫有感於母恩，守制特別嚴格。他曾經說：「母親養育我不知吃了多少苦，不知受了多少難。現在我長大了，她卻離我而去，真是痛苦的一件事！我沒有什麼可以報答母親的，但我發誓願意一生一世做一個孝子，或許這樣才能對得起母親的在天之靈。」（《醫閭集》卷四）

景泰七年丙子（1456）秋，羅倫參加江西省鄉試，以優異成績排名前列，聲名在外。此後由於家庭陷入貧困狀態，羅倫不得不暫時中斷舉業趕考的計劃，回到縣邑重新設帳授徒，聊以濟困，不過對於舉業理想始終沒有放棄。他一邊教授里人子弟，一邊溫習功課，以備春闈大考。如此困頓家鄉七年之久，直到英宗天順六年壬午（1462）冬，羅倫家裏的經濟狀況才稍微有所好轉，而科考準備也更加充分。於是這年隆冬，羅倫頂風冒雪奔赴北京參加第二年的春闈大考。天下事不如意者十之八九。天順七年癸未（1463）早春，就在臨考前的第三天清晨，羅倫所居住的館舍突發大火（史載「遭回祿」），火勢兇猛，在早春寒風的助攻下，頃刻便燒及連街店鋪數十家。大火發生時，羅倫尚在睡夢中，等他驚醒時周圍已是火海。面臨這種突如其來的災難，羅倫估計難逃一死，想到自己的舉業理想，想到自己家裏的老父親期盼的目光，他不由得放聲大哭：「老天啊，我羅倫平生沒有做對不住你的事啊，為什麼要如此對待我啊，叫我如何回去面對江西父老啊！」傳說就在羅倫嚎啕大哭自以為必死無疑時，牆角邊突然出來一個提著拐杖的老人。羅倫還來不及看清這個老人的面目便被他用拐杖一架迅速脫離了火海。等羅倫抵達安全地帶準備向老人道謝時，卻發現那個救他一命的神秘老人忽然不見了。羅倫對此劫後餘生的一幕感到非常的驚異，可惜四處搜尋救命人最終沒有再現。事後官方查明，那場詭異的大火燒死三十餘人，同室的旅人唯獨羅倫一人免死，甚是命大。羅倫非常慶幸逃過一劫，不過旅資及考試需用的證件資料全部被燒毀，最終因為缺少證明文件，不符合參考要求而悻悻回到江西吉安府永豐老家。回家沒有多久，羅父大山先生突發疾病，終告不治而逝。真是禍不單行。短短幾年，羅倫連喪兩位至親，令其痛不欲生。就在父親出殯之日，羅倫由於悲傷過度，以至嘔吐出血，孝道至極。羅倫的父親大山先生早年一心一意希望羅倫走科舉仕途經濟的道路，後來發現羅倫好像還有別的想法，多次勸說效果不佳，久而久之也只得尊重羅倫，不以追求舉業為唯一。儘管如此，羅父還是希望兒子能夠金榜題名，甚至有一次對羅倫說夢見他中狀元了。想到父親生前對自己的殷殷期望，羅倫覺得考不中科名則無法回報父母的在天之靈，於是越發用功並發暗誓，一定要金榜題名！

二、高中狀元

明憲宗成化二年（1466）丙戌春正月，又一次大考即將來臨。明政府為了進一步嚴肅考紀考風，營造公開公平的考試氛圍，憲宗批示禮部頒布補定會試規則十條：

一，舊例考試等官於初八日早入試院（九日考試），一日之間事務多端，宜於初七日早入院。

二，舊例就試之日，舉人黎明入場，黃昏交卷，有未完者給燭三支。為防故意拖延，宜於四更入場，黎明散題。

三，舉子入場要嚴加搜檢。入場文成兩篇之上者，方許如廁，之後即速回場，不許交接談論。若有夾帶文字或託官軍夫匠等人夾帶文字入場謄抄者，一經發現即按其職位大小處以懲罰。

四，巡綽搜檢看守一律由營中差撥，不許冒名頂替。

五，提調監視官不許私自入號與舉子交接。

六，舉子入場之後，牆外五城兵馬指揮等官率領火夫弓牌，各帶什器環牆四面嚴加防守。

七，每場謄錄紅卷送入簾內，候三場畢，考試紅卷文字已定，方許弔取筆墨送入簾內，於公堂對比字號，不許散入同考各房。

八，謄錄生員務要用心逐字對寫，不許失落字樣，潦草不真。

九、謄錄、對讀、收捲等官舊例用京官，近吏部取聽選官充之，其中有老眼昏花及才不勝任者，今後務要精選四十歲上下，五至七品有行止者充任。

十，供給飲食順天府官多有造作不精，供給失節者，令士子埋怨。本部宜令差一官提督供給之事。(《中國歷史記事．成化二年》)

十條新規則的頒布，多少讓一些企圖鑽營考試制度空子的人有所忌憚，一些草率從事的謄錄人員有所收斂，一些年事已高空掛虛名或無力勝任的考官得到清退，因而淨化了考試秩序，整頓了考試隊伍，有利於政府選拔真正有用之才，當然也給有才之士創造了一個相對公平的競爭環境。清貧家庭出身的羅倫非常讚賞這個補充規則，他再次毅然而然地踏上會試大考的舞臺。蹉跎了這麼多年，羅倫覺得機會更加可貴，因而平時複習備考相當勤奮努力。為了求得考試的順利，避免上次的突遇災禍，臨行京城前特地到父母墳上祭拜，希望父母的在天之靈好好保佑他一帆風順馬到成功，以便取得優異科名回報養育之恩。有了祈禱父母保佑的心理安慰，這次大考，羅倫自信滿滿。果然，成化二年（1466）二月，會試揭榜，羅倫以前三名優異成績入奏參加殿試。那一科中式舉人三百五十餘名。揭曉完畢，羅倫總算舒了口氣，會試過了，意味著取得進士資格（習慣叫貢士）了，但他沒有洩氣，決意殿試中向前三甲發起最後一搏。

成化二年（1466）三月初一，丙戌科最後一場考試——殿試拉開了序幕。明憲宗在眾官的簇擁下，親臨考場，無疑彰顯了該場考試的重要性和高規格。殿試制策題目為：

朕惟古昔帝王之為治也，其道亦多端矣。然而有綱焉，有目焉，必大綱正而萬目可舉也。若唐虞之治，大綱固無不正矣，不知萬目亦盡舉歟？三代之隆，其法寖備，宜乎大綱正而萬目舉也。可歷指其實而言歟？說者謂漢大綱正，唐萬目舉；宋大綱亦正、萬目未盡舉。不知未正者何綱，未舉者何目，與已正已舉之綱目，可得而悉言歟？我祖宗之為治也，大綱無不正，萬目無不舉，故無異於古昔帝王之治矣，亦可得而詳言歟？朕嗣承大統，夙夜惓惓，惟欲正大綱而舉萬目，使人倫正於上，風俗厚於下，百姓富庶而無失所之憂，四夷賓服而無梗化之患，薄海內外，熙然泰和，可以爭光祖宗，可以匹休帝王，果何行而可，必有其要。諸士子學以待用，其於古今治道，講之熟矣。請明著於篇，毋泛毋略，朕將親覽焉。（張朝瑞《皇明貢舉考》卷四）

殿試制策無非是論述歷代治國之策，並要求各舉子依據歷史經驗闡述當今治國之道。羅倫審題完畢，馬上握管蘸墨展紙便寫：「臣聞居天下之大位，必致天下之大治；致天下之大治，必正天下之大本；正天下之大本，必務天下之大學……」羅倫文思滔滔，下筆洋洋灑灑，從堯舜禹、湯文武之學到漢唐宋諸君天下之位；從往聖治道之策到大明歷代聖君之道；從歷史功績到當時弊端，等等多個角度，闡述了自己的治國之策，最後他引用歷史先賢名言說道：

> 《易》曰：「正其心，萬事理。差之毫釐，謬之千里。」董仲舒告武帝曰：「尊其所聞則光明矣，行其所知則高大矣。」高大光明，不在乎他，惟在乎加之意而已。臣願陛下加意於臣之言，毋如武帝不加意於仲舒之言也。蘇軾對仁宗曰：「天下無事，則公卿之言輕如鴻毛；天下有事，則匹夫之言重於丘山。」今天下不可謂無事矣，臣願陛下不視臣言如鴻毛，而視臣言如丘山，則天下幸甚，生民幸甚。（《一峰文集》卷一）

在參考的三百五十餘人當中，羅倫的對策最為宏長，足有萬言，且文句通順，結構緊湊，邏輯清晰，現實針對性強，一些考官認定羅倫卷當取為第一。而與羅倫同考的舉子中有個名叫程敏政的人，他的對策書寫的是一手精湛漂亮的楷體字，閱卷官審讀試卷時都覺得賞心悅目，於是不少人建言取程敏政為第一。就在取捨不下的關鍵時候，內閣大學士李賢發話道：「國家取士論文不論書。」李賢一言九鼎，報憲宗奏准，於是羅倫以錚錚直言成了頭名狀元，名震京師，為吉安府永豐縣爭得了榮譽。那麼李賢是個什麼人呢？

李賢（1408～1467），字原德，鄧州（今河南鄧州市）人。宣德八年（1433）進士，授吏部驗封主事，遷考功、文選郎中。天順元年七月至成化二年三月（1457～1466）任當朝首輔一職。一生從政三十餘年，為官清廉正直，政績卓著，是明朝文官中難得的治世良臣之一。本次殿試，若不是李賢出面發聲，狀元的桂冠恐不會落到羅倫頭上。

羅倫取為狀元，而那個書法工整的程敏政做了榜眼，而第三名探花則為江蘇武進人陸簡。三人中，最為後世所熟悉的恐怕是榜眼程敏政。程敏政（1446～1499），字克勤，中年後號篁墩，又號篁墩居士、篁墩老人、留暖道人，南直隸徽州府休寧（今安徽休寧縣）人。中榜時年僅二十三歲，為同榜三百五十餘人中最年輕者，後成了大學士李賢的長女婿。官終禮部右侍郎。後因涉徐經、唐寅科場案被誣鬻題而下獄。出獄後，憤恚發癰而卒，贈禮部尚書。著有

《明文衡》《篁墩文集》《城賢奏對錄》《新安文獻志》《休寧志》《詠史詩》《宋遺民錄》《唐氏三先生集》等二十餘種。由此可見，這個程敏政也確是一個有才之士。

羅倫摘取了丙戌科狀元，官授翰林修撰，儘管在一些世人看來簡直就是奇蹟，然而縱觀羅倫本人的艱辛努力與執著信念，這個結果也非偶然。據傳，羅倫會試中舉後，認為自己久困場屋抑鬱不得志，便暗暗地發誓要在廷試策對中一鳴驚人揚名天下，因而廷對中請求禮部考試官增加答題紙。等他洋洋灑灑揮筆而就時，差不多到了傍晚，眷正抄錄後達三十幅，導致華蓋殿大學士李賢讀卷時因年老卷長，跪久而一時難以站立，不得已在別人的幫助下才起身。當然這又是一樁關於狀元科考的場屋軼事，真假如何，在歷史的長河中早已模糊無法辨識。

羅倫趕考高中狀元的事，坊間還流傳不少其他傳說。

一說羅倫趕考途中急人之所急。羅倫一天投宿於一路邊小店，隨行的書童拾得一隻金鐲，悄悄藏起來沒有告訴羅倫。離開該小店兩天後，羅倫發覺盤纏不夠用了，於是和書童商量怎麼辦。書童勸慰他說，先生不用擔心，我這裡還有一隻寶貝呢，隨即拿出已藏數天的金鐲。羅倫一見非常奇怪，趕快責問哪裏來的。書童不敢隱匿，便詳細地告訴了獲得過程。羅倫聽完非常生氣，嚴厲地斥責書童說這是不義之財，不應該據為己有，事先也不應該隱瞞他，表示要立即趕回去親自送回給店家。書童見主人如此較真動怒，趕快勸說道：「我們本來就來得晚，要是再趕回去，至少耽誤四五天，屆時恐怕誤期了。」未料羅倫卻回應說：「這個金鐲必定是店家婢女遺失的，你不知道有多珍貴，萬一主人逼問金鐲下落，說不定會出人命。我寧願不參加考試，也不願看到別人因此而死於非命，所以必須趕回去！」羅倫火急火燎地趕回店家，果然是因為婢女不小心將掉在臉盆裏的金鐲連水一塊兒倒出去了。而女主人為此大怒，懷疑是婢女私藏起來了，一氣之下鞭笞得對方遍體鱗傷不停求饒。好在羅倫趕回，還了金鐲，說明了原因並深深道歉。一場家庭失物風波總算得以平息，而卑微難堪的婢女也逃過一劫。羅倫急人之所急的表現贏得了店家和周圍民眾的好評，都說好人自有好報，此去肯定金榜題名。羅倫見事態平息，便又急匆匆地趕路，等到京城時已是二月份，快要開考了。儘管赴考時間匆匆，羅倫不以為燥，或許做了善事的緣故，心情極佳的他精神煥發地參加了大考，結果一舉得魁，名震天下（明鄭瑄《昨非庵日纂》卷二十）。

對於羅倫大考奪魁，另一個記載認為早有預言。成化乙酉年（1465）冬，羅倫本來打算和同里劉忠（今永豐東湖人）一起入京趕考，後來因為羅倫家清貧，籌集資費慢的原因，耽誤了不少行程。等他趕到北京時，位置佳、口碑好的旅店被人住滿了，最後迫不得已找了間位置不好且光線很陰暗又疏於打理的小店姑且住下。羅倫想到至少得住半個月左右，如此滿牆是灰、塵埃遍棟的房間怎麼住呢？因而著手整理打掃一番。就在他動手大掃除之間，忽然從一根梁上掉下一軸素羅絲箋，驚奇之中，羅倫急忙拾起，拍了拍覆蓋的灰塵，想打開絲箋看看上面寫了啥內容。可惜拍打了半天，依舊無法辨認閱讀，最後只好用水拭去上面的陳年污垢，才發現原來上面繪的是一幅梅花圖，花上站立一對喜鵲，末端書寫「報狀元」三字。不用說，這是一個好兆頭了。羅倫見此喜不自禁，小心翼翼地將素箋捲起藏好。這次意外遇見的彩頭讓羅倫信心大增，果然考試後一揭榜，高中狀元，而劉忠也登第，皆大歡喜（明王同軌《耳談》卷六）。

這些散落在民間口耳相傳的有關羅倫中舉的掌故或軼事，其真實性沒必要去探討，但都反映出狀元羅倫留給世人的美好印象，寄寓了民眾好人有好報的樸實願望，豐富了有關羅倫的傳播和書寫資料。

三、遭貶泉州

高中榜首的羅倫早已過了而立之年，依然充滿青年人的活力，學問淵博，立志聖賢，清正狷介，涵養純正，直言敢諫，希望為國家為朝廷革除弊病、重上正軌而奉獻力量。成化二年（1466）有一件事關乎到羅倫的命運與前途。這一年的三月，剛剛參加完殿試錄取工作不久的大學士李賢忽然接到家人報父喪的噩耗，只得暫時辭別官場回家丁憂守制。李賢丁憂兩個月後，明憲宗有感於他平日的服務和才能，有朝一日忽然發現內閣少了李賢好像什麼事都不方便，於是下詔要求李賢提前結束丁憂日期，迅速回京復任。前文已論，古代父母死後，子女按禮須持喪三年，其間不得行婚嫁之事，不參與吉慶之典，任官者必須離職，稱「丁憂」。明代進一步將這種守禮制度化、法令化，但也規定除了父母喪外不必解除官職。丁憂期間，無特殊原因，國家也不可以強招丁憂之人為官，而因特殊原因而被國家強招丁憂之人為官，叫做「奪情」，即剝奪守父母喪之情。丁憂時間長短，按禮守制三年，實際上一般只要遵守二十四至二十七個月即可。現在李賢居喪才兩個月，就奉詔被奪情起復，這是不符合封建禮法的，也是不孝道的。然而對於這種公然有悖儒家孝道和國家法令的做法，那些昔日積極治污糾弊的臺諫們卻一句話都不敢說，倒是初官翰林修撰、一向敢說敢言的羅倫彷彿初生牛犢不怕虎一樣無法坐視不管。為了阻止大學士李賢這一有悖情理的做法，羅倫先是放出輿論，希望李賢能夠明事理，自覺辭請退回，但不見有任何反應，於是繼而三次跑到李賢家裏，當面解釋不可以起復的道理。遺憾而又可笑的是，每次登門李家，李賢總是裝著一副痛苦又無可奈何的樣子說道也是沒有辦法之事，當今聖上下詔，不敢不應。不傻的羅倫當然知道根子不在李賢這裡，於是上奏章一封《扶植綱常疏》，直接和明憲宗理論「奪情之不可取」。這封奏章，羅倫洋洋灑灑數千言，歷陳古今奪情起復之是非。他說：「臣聞朝廷援引楊溥起復的故事，起復大學士李賢。臣認為起復李賢，這是關乎大臣起復的大事，與倫理綱常風化有關，不能不慎重其事。以前陛下制策中有說：『朕夙夜拳拳，欲正大綱，舉萬目，使人倫明於上，風俗厚於下。』我認為明人倫，厚風俗，莫先於孝，在禮。子有父母之喪，君三年不呼其門。子夏問孔子『三年之喪，金革（代指戰事）無避，這合禮歟？』孔子曰：『魯公伯禽有為，為之也。』從那以後，三年之喪從其利者，吾弗知也。陛下對於李賢以金革之事復起之歟？則未之有也。以大臣起復之歟？則禮所未聞也。夫為人君，當舉先王之禮教其臣；為人臣，當守先王之禮事其君。」（《明史・羅倫傳》，下同）行文至此，羅倫接著又例舉宋代幾個正面的歷史案例，再次證明奪情起復不可取。他說道：「昔宋仁宗起復富弼（河南洛陽人，晏殊的女婿，後做宰相）時，富弼上書辭之曰：『不敢遵故事以遂前代之非，但當據《禮經》以行今日之是。』仁宗最終答應他的請求。宋孝宗曾起復劉珙（福建崇寧人，官至樞密院事）時，劉珙辭曰：『身在草土之中，國無門庭之寇，難冒金革之名，私竊利祿之實。』孝宗不抑其情。此二君者，未嘗以故事強其臣；二臣者，未嘗以故事徇其君，故史冊書之為盛事，士大夫傳之為美談。此無他，君能教臣以孝，臣有孝可移於君也。自是而後，無復禮義。」接著羅倫又從反面舉例論證起復所帶來的不良後果：「王黼（今河南開封人，北宋大臣）、史嵩之（今浙江寧波人，南宋有名奸相）、陳宜中（今浙江溫州人，曾做南宋丞相）、賈似道（今浙江天台人，南宋有名奸相）之徒，皆援故事起復，然天下壞亂，社稷傾危，流禍當時，遺譏後代。無他，君不教臣以孝，臣無孝可移於君也。」羅倫直言例證指出起復的弊端後，語氣有所緩和。為了給憲宗留個臺階下，他提出一個解決辦法。他說道：

> 陛下必欲李賢身任天下之事，則李賢身不可留，口實可言。宜降溫詔，如劉珙得以言事，使李賢於天下之事，知必言，言必盡。陛下對李賢之言，聞必行，行必力。雖李賢照禮不起復，猶如起復也。假如，他知之不能盡言，言之不能力行，李賢雖能起復，也無益也。且陛下無謂廟堂無賢臣，庶官無賢士。君是盂也，臣是水也，水之方圓，盂實主之。臣之直佞，君實召之。陛下誠以退朝之暇，親直諒博洽之臣，講聖學君德之要，詢政事得失，察民生利病，訪人才賢否，考古今盛衰，捨獨信之偏見，納逆耳之苦言，則眾賢群策，必萃於朝，又何待違先王之《禮經》，損大臣之名節，然後天下可治哉！

接著再次強調奪情起復給一些人提供沽名釣譽的機會：「臣伏見比年以來，朝廷以奪情為常典，縉紳以起復為美名，食稻衣錦之徒，接踵廟堂，不知此人之重於天下何關耶？且婦於舅姑，喪亦三年；孫於祖父母，服則齊衰。奪情於夫，初無預其妻；奪情於父，初無干其子。今或舍館如故，妻孥不還，乃號於天下曰：『本欲終喪，朝命不許』，雖三尺童子，臣知其不信也。」接著羅倫又從父子君臣的對應關係強調起復的不可取：「為人父者，所以望其子之報，豈擬至於此哉。為人子者，所以報其親之心，豈忍至於此哉。枉己者不能直人，忘親者不能忠君。陛下何取若人而起復之也。」

最後，羅倫指出起復將會導致綱常紊亂風俗澆薄，希望能夠撥亂反正，遵守禮制：「今大臣起復，君臣不以為非，且從贊之；君臣起復，大臣不以為非，且從而成之。上下成俗，混然同流，率天下之人，為無父之歸。臣不忍聖明之朝致綱常之壞、風俗之弊，一至此極也。願陛下斷自聖衷，許李賢歸家服喪。其他已起復者，仍令回去奔喪。未起復者，許其終制。脫有金革之變，亦從墨衰之權，使任軍事於外，盡心喪於內。將朝廷端則天下一，大臣法則群臣效，人倫由是明，風俗由是厚矣。」（《明史・羅倫傳》）

羅倫這封發自肺腑直言相諫的奏章，原本是期望明憲宗能夠迴心轉意，重新要求李賢居家安心服喪，以正人倫，厚風俗。然而他哪裏知道，奏章上進不久，憲宗剛聽讀完畢就狠狠地將他批評了一頓。或許皇帝認為羅倫冒犯了他的權威，或許這奪情起復是否合理，原本是臺諫們該幹的事，身為修撰的羅倫屬越職言事，因此非常惱火。皇帝生氣了，後果當然很嚴重。果然不久，朝廷降詔，羅倫被發配至福建泉州擔任市舶司副提舉。對於這樣一個突如其來的結果，套用唐代韓愈的話來說簡直就是「一封朝奏九重天，夕貶福建路八千」。官職雖沒有降，翰林修撰和副提舉都是從六品的官職，但一下子由皇帝身邊的京官發配至離京城數千里之遙的閩域為地方官，羅倫的心情之抑鬱不用說有多深。再說這個「市舶司」在當時也不是個什麼好差事，相當於一個負責海外貿易和朝貢的工作機構，換做今天當然是個富得流油的好單位，然而在羅倫時代，恰逢明代實行海禁，日常清冷之狀可想而知。

羅倫忠言直諫而被貶的消息在北京城不脛而走，一些比較正直的官僚紛紛為羅倫鳴不平，希望能夠上書挽回局面，以免羅倫遭受不測。比如御史陳選（字士賢，今浙江臨海人，宣德五年進士）上疏解救，可惜他的上疏被彈壓未能上進。另一個御史楊琅（字朝重，今湖北黃石人，天順八年進士）也為羅倫遭遇抱不平而上疏辯護，結果反遭到明憲宗的嚴厲批評。從皇帝憲宗渠道挽救羅倫的方式看來行不通，於是吏部尚書王翺（字九皋，河北滄州人，永樂十三年進士）便換了種方式，試著從李賢這個當事人角度來挽救羅倫。為此，他寫了一篇文章，以北宋文彥博堅辭起復救唐介的典故譏諷李賢，希望李賢能夠幡然醒悟，主動辭請起復而達到為羅倫開脫的目的。哪裏知道這個李賢是王八吃稱砣鐵了心，不為所動，無動於衷，一些大臣為他不救羅倫感到惋惜，甚至責怪他同是臣僚，本身有悖情理，又致人水火中，做人怎麼能夠這樣無底線呢，李賢卻說：「潞公市恩，歸怨朝廷，吾不可襲此。」（明尹直《謇齋瑣綴錄》卷三）李賢的意思是說，當初文彥博（潞公）救唐介是賣了一個私人恩情，但卻把唐介的怨恨留給政府了，對於這種做法他無法仿傚。李賢斬釘截鐵地表示無法援救羅倫，這種絲毫不講情面的做法令人遙想當年羅倫坐上狀元的寶座還多虧了他的一句公道話，但現在對於羅倫的遭遇態度如此，或許是這個切事直言的羅倫在上書皇帝的奏章當中得罪他太深的緣故。

羅倫雖然未能阻止李賢起復，但從此以後「緘默之風為之一變。終先生之世，臺省不復有起復者矣」（焦竑《玉堂叢語》卷四），改變了朝士唯唯諾諾的風氣，樹立了勇於言事敢於擔當的正氣榜樣，也算是羅倫的一大貢獻。據說後來的成化三年丁亥（1467）元宵，明憲宗過節心情極佳，為了烘托元宵佳節與民同樂的氣氛，下令群臣分題賦詩以示分享。不少左右侍臣不敢怠慢，紛紛應制獻詩。而當時的翰林編修章懋、莊昶，檢討黃仲昭三人竟然趁機上奏《培養聖德疏》一封，對皇帝公開批評教育，希望憲宗加強道德品性的修煉，這無疑破壞了憲宗玩賞元宵的大好氣氛，於是下令將三人痛打一頓，削去官職，發配地方，待闕補職。編修章懋等三人因為這種不同凡響的舉動，當時被稱為直言敢諫的「三君子」，而與先前逆鱗勇諫被貶的羅倫並稱「翰林四諫」（焦竑《玉堂叢語》卷四）。

成化二年（1466）五月，羅倫不得已赴任福建市舶司副提舉職事。這個負責海外貿易與朝貢物事的市舶司，其機構設立在泉州而非在福建的大都市福州。這次發配福建使他第一嘗試到政治鬥爭的殘酷和複雜，也認識到伴君如伴虎的真實性。儘管如此，羅倫是一個不太在乎世俗名聲的人，由京官落至地方官，經歷過這麼一番折騰，對於官場沒有什麼特別眷戀，但還是依然抱著為官一任、造福一方的基本為官理念努力地參與到泉州的海外貿易工作上來。

羅倫不是庸官，他為官泉州，給當地發展帶來的影響與貢獻主要表現在兩個方面。

首先，反對將市舶司由泉州改遷福州。原來市舶司主管業務之一的海外朝貢事宜，除了有提舉管轄，還要受到市舶太監節制，而市舶司設在泉州，市舶太監設在福州。成化二年（1466），巡撫御史朱賢提出遷移市舶司的建議得到市舶太監們的大力擁護，於是朝廷著手準備將市舶司遷往福州的柏衙。而剛剛上任市舶司副提舉不久的羅倫則據理上疏反對，指出：「衙門設立自有其地；遷移亦有其數。蓋以柏衙僻陋，非可設之地；歲數未窮，非可遷之時」，於是「遂寢其事」（沈玉水《泉州掌故錄萃》）。市舶司最終在羅倫的極力反對之下沒有搬遷，繼續駐地泉州，為繁榮泉州的海外經濟貿易和地方文化的發展提供了積極作用。

羅倫在泉州任上的第二個貢獻是直接促進當地的文化教育發展。據徐從花《福建市市舶司副提舉羅倫與泉州》一文介紹，羅倫天性淳樸耿直，淡薄名利，浸於文風當中也能映現這種質性，從而贏得泉州人民的廣泛讚譽。為官泉州期間，羅倫充分利用自己的淵博學識常在公務之餘聚眾收徒，講學當地，結果四方士人從學如流，連府學和縣學教諭也來蹭課受教。據同治《福建省通志》卷一三〇《明宦跡》記載：「倫至泉日，有司率眾生從之，講明正學。」不僅如此，羅倫還關心福建閩地的文化教育的發展，多次利用閑暇時間走訪福建地方，撰寫有關文章如《閩縣治重修記》《邵武縣學復地記》《福州府學重正復諸書序》等，從而贏得了泉州各界的欽敬與愛戴。

不僅如此，在泉州當地還流傳一些羅倫高中狀元的傳說。據說，羅倫進京趕考前，特地到泉州的仙公山祈夢求問前程，在「半山洞」裏連住九天都一夢無成。第十天一大早，他向廟祝借來文房四寶，在洞壁上題了一首發洩怨氣的詩：「千里路途來求夢，九霄無夢是無緣。神仙不管凡間事，回去江西中狀元。」題詩完畢，羅倫擲筆而去。就在這時天空驚雷咋響，羅倫又趕快返洞取傘，孰料不經意間一瞥，發現原題洞壁上的詩有兩字被改動：「無緣」改為「有緣」，「不管」改成「專管」。後來的羅倫果然蟾宮折桂，一舉奪魁。（李佳福主編《雙髻仙山志》）傳說當然歸傳說，羅倫狀元及第前是沒有去過福建的，但這個傳說至少反映了羅倫給泉州人民留下的影響，反過來也說明當地民眾對羅倫學識人品的敬仰，以至於為他的科舉及第披上一層傳奇色彩，融入到當地文化之中。

明嘉靖八年（1529），當地政府為了紀念羅倫的貢獻，下令「改淨真觀為一峰書院，祀市舶司提舉羅文毅公倫。」（清周學曾《晉江縣志》卷一四《學校志》）從此羅倫在泉州多了一處被憑弔之所。

就當羅倫打算安心在泉州市舶司為官時，政治形勢和人生軌跡又有了變化。成化二年（1466）冬十二月，內閣大學士李賢病亡，在另一個大學士商輅（字弘載，浙江淳安人，正統十年進士狀元）的上疏下，朝廷才准予羅倫官復原職，但改任南京翰林修撰。大概在成化三年（1467）四月左右，羅倫才辭去福建市舶司副提舉的官差，走馬上任南京翰林修撰。這個南京翰林修撰，聽起來好像和原官北京翰林修撰一樣，其實差別甚大。自從明成祖遷都北京以後，南京的行政機構雖也有保留編制和名頭，但不過是充當門面而已，所任官員，幾無事可幹，權充養老和賦閒。羅倫的南京翰林院任職更是一個閒差，他知道名義上已恢復原職，其實差別大了。不過相較偏遠的福建市舶司，至少南京的環境、條件、待遇要好多了。

四、辭官歸隱

羅倫在南京任上期間，因為賦閒日子更多，讓他有了更多的時間和機會觀察政治和世俗，也讓他對官場的勾心鬥角和仕途的複雜險惡看得更清楚，於是漸漸滋生了歸隱的想法。大約南京任上兩年後，羅倫決定辭官歸家。為了達到辭官目的，他以有病為由連續上了三封奏章才得到准行。成化五年（1469）九月，羅倫終於回歸故里永豐，結束了短暫的仕途生涯。

回到老家的羅倫儘管身體欠佳，然感到從未有過的輕鬆，彷彿一千多年前的陶潛所說「久在樊籠裏，復得返自然」。永豐歷史上一個昔日被傳為勵志榜樣的狀元竟然辭官歸家，這恐怕聞所未聞，因此羅倫的歸隱招來不少驚愕和遺憾的目光，迫使他在歸家初期要花點時間與精力來應對別人的種種驚疑和不解。好在羅倫早就對名利之事處之泰然，他覺得自己的選擇是對的，與其蠅營狗苟，如履薄冰，不如歸隱做一些自己真正感興趣的事情，比如讀讀先賢聖人的書，寫寫文章，設館授徒，傳播聖人思想，等等。這些東西多少還可以讓人內心安寧，不必仰求他人，也不必為難別人。因此，羅倫居家養病之餘，平日裏最多的時間花在閱覽前人書籍上，究研先賢思想，比如《禮記集注》，他嫌後人注解過多過偏，妨礙領會原典精髓，乾脆叫門人將其中的核心部分剔出，專門磨研。別人說他何必多此一舉，他回答說：「庶不失所執守也」，意即解讀古籍要有底線，不能隨意注釋前人的著作，以防歪曲原意。成化六年（1470），由於身體尚未康復，羅倫不得已前往廣昌（今屬撫州）弟子何喬壽家就醫。何氏知道先生羅倫知識淵博，便有意設了一座書院名叫盱江書院，方便老師在就醫間隙傳道授業。四方學者聽說狀元學者歸來地方講學，紛紛前來聽課、切磋學問，一時之間，何喬壽家門內外幾乎談笑有鴻儒，往來無白丁，人流氣息非同尋常。羅倫養病就醫之餘，講授程朱理學，以傳播先人古籍文化與學術思想當成自己後半生的主要任務。大約一年後，羅倫的病情有所好轉，身體大有康復，於是回到了永豐老家，在湖西忠孝祠以東設館授學，重操舊業。當時學者咸集，紛踏馳騖，學館儼然成了永豐傳習理學的一大中心，熱鬧非凡。其間羅倫先後寫成《易經會要》《禮記會要》《春秋會要》等著作多部。居家講學過程中，羅倫發覺永豐縣邑民風澆薄，民俗萎靡，於是便仿傚北宋陝西關中藍田呂氏（主要是呂大臨、呂大忠、呂大防、呂大鈞等人）制定的鄉規民約，訂立章法四十多條，要求全鄉民眾學習遵照。在羅倫的倡導和踐行下，隨著時間的推移，久而久之，永豐鄉邑的民俗民風大有改觀，民眾莫不受到感化，以至「喪禮行，浮屠除，盜賊息，民業安，十餘年間兼併不作，鄉俗為之一美」（明賀士諮《一峰先生墓誌銘》），四十餘條鄉規民約漸漸成了當地一大自治特色。除外，羅倫還打算仿傚古人設置義田義倉，用以解救貧困人家和災荒之年。當時有家境富裕人家想直接捐助錢幣，遭到羅倫的婉拒。羅倫說：「這些錢雖是充公之用，但也不能亂用，多買些糧食存儲起來，以便救濟那些貧困人家即可。」羅倫是一個具有悲天憫人情懷的人，雖然曾做京官，但較為清貧，為人特善良。有的大戶人家捐贈衣物給羅倫，他看到有無家可歸者死於途中，便將自身衣服脫下覆蓋。所以他的仁愛之心，四鄉八鄰皆有見聞。

成化十一年（1475），時年四十五歲的羅倫舊病復發。為了尋求一個更為清靜的場所，他在一個離家百多里的名叫金牛洞（位於永豐龍岡茅坪）的地方，開荒僻野，結茅隱居。這個地方，羅倫起初只是把它當成一個自己養病和讀書的地方，然而因為他的名氣高，學識厚，四方學者聽說後聞風而動。在這種情形下，當地開明紳士張邦俊出資興建金牛洞書院，聘其主持，一切生活物資來源於周邊的田壟山川。於是原本偏安一隅的金牛洞多了些讀書講學人的影子。不過羅倫並非來者不拒，而自有他的待客原則，那就是大凡奔著明心見性之學來的，一律收納，而那些本著舉業之用而來的一律婉拒。

成化十四年（1478）秋，羅倫病重，九月二十三日，自知時日不多，便對左右人說：「人固有一死，我死不足憾，可惜傳播聖人之學還有諸多心願尚未完成」。第二天羅倫在彌留之際斷斷續續地告訴門人說：「人之為學，全在生死分曉之上。無道而生，不如有道而亡，無憾矣。」這一天，羅倫病逝於書院正密堂，終年四十八歲。羅倫一生清貧自守，勤儉節約，以至於死時竟然沒有一件好衣服入殮，多虧門人方琬等人解衣裝具，而友人羅峻為之提供棺木一具，才把後事安頓好。四方學者前來弔念祭悼者數千人，三年不絕。據說，羅倫卒後，當地山嶽忽然崩塌，暴雨如注，大風勁作，野虎咆哮，生前住過的金牛洞突然泥土陷落成一井，深不可測。或許是因為羅倫為狀元郎，是聞名四方的理學傳人，上天為他的短壽抱不平吧。

李賢和羅倫，當初震動京師，朝堂議論紛紛，天子震怒的兩個當事人，這個時節，一個早已退出了紛擾複雜的世界，一個歷經貶謫和折騰，官復原職後不久泰然離世。再後來曾經幫助李賢參與過謀劃貶謫羅倫的陳文也死了，於是御史薛之綱挽詩中寫道：「學士先生早蓋棺，薤歌聲裏路人歡。填門客散名猶在，負郭田多死亦安。鹽井亦非今日利，冰山不似舊時寒。九原若見南陽李，為道羅倫已復官。」（明蔣一葵《堯山堂外紀》卷八十八）

永豐狀元才子羅倫就這樣匆匆謝世，退出了歷史的舞臺。他清貧耿介的一生和淡薄名利的處世態度供後人憑弔敬仰，身後所留下的軼事傳說和文集流傳於今，供後人評說發掘。如對於羅倫中舉狀元、短暫官場和中年辭世的電光火石的一生，不少文獻有所記載。據一則文獻刊載，羅倫去參加會試，中途經過蘇州，特地去拜祭范仲淹祠。回來時天色已晚，只得投宿於江上之舟。這個晚上，羅倫竟然做了一個非常奇妙的夢，夢見范仲淹贈送他詩歌一首。詩歌寫道：「賜帶横腰重，宮花壓帽斜。勸君少飲酒，不久臥煙霞。」第二年羅倫狀元及第，而不久又辭官，歸隱而卒。（蔣一葵《堯山堂外紀》卷八十八）顯然，這裡借范仲淹夢中贈詩一事，預示羅倫科舉仕宦的命運必然走向辭官歸隱的下場。

正德十六年（1521）三月，明武宗朱厚照病逝，年輕的朱厚熜被擁立為帝，第二年改元嘉靖，這就是居皇位長達四十五年的嘉靖帝明世宗。初登皇位的世宗為籠絡人心，表彰羅倫的直言剛諫和理學貢獻，聽從御史唐龍奏請，追贈羅倫為左春坊諭德，謚號文毅。（《明史・羅倫傳》）狀元羅倫歿後約四十三年，終於得到了皇家的極高禮遇，算是極大的哀榮，他若地下有知，也該含笑九泉了。

五、理學傳人

羅倫不喜歡做官，他本質上是一個學術傳人，早在年輕的時候就反對將學問作為科第舉業的敲門磚。後來即使坐上了科第的最高寶座，仍然以進學問為務，尤其是晚年隱居永豐金牛洞，開闢場館，每天與四方向學之人切磋交流，注經研學，達到了他學問人生當中的最高峰。

羅倫注有《周易傳》《中庸解》《禮記集注》等，刪訂《三禮考注》，並著有《一峰集》。可惜諸作大多散佚無存，現唯有文淵閣《四庫全書》版《一峰集》留傳。該文集共十四卷，包括：策、疏、狀、序、記、傳、墓誌、謠、文、哀辭、說、銘、祭文、書等十卷，另有詩集、夢稿及詩歌四卷，基本上代表羅倫一生的學問成就。

在學術史上，羅倫一般被認為是程朱理學的傳人，在明代中期社會思潮的重大轉折關頭，羅倫的哲學思想以居守北宋以來的理學成就為多，而對於新學開創較小，因而長久以來關注者甚少。《明儒學案》將其歸於「崇仁學案」之「餘干之學」。這裡有必要解釋一下「崇仁學案」和「餘干之學」。

《明儒學案》將吳與弼當成「崇仁學案」的魁首，因吳與弼是撫州崇仁人。吳與弼（1391～1469），字子傅，號康齋，崇仁學派的創立者，明早期著名理學家、教育家。一生無意進入仕途，以講授理學，傳播程、朱哲學思想為己任，四方求學者絡繹不絕，吳與弼以此遠近聞名。正統至景泰年間，朝廷多次徵聘不就，天順二年（1458）五月，在大學士李賢的薦舉下，授為左春坊左諭德。吳與弼多次請辭，後獲明英宗嘉許，派人護送回鄉，並命地方官按月支給倉米，以示關懷。吳與弼的理學，「上無所傳」，自學自得，身體力行，他的理學思想，概括起來有四：即天道觀、性善觀、踐行觀、苦樂觀。吳與弼被認為是明代理學向心學轉變起了關鍵作用的三大理學家（另兩位是薛鏇、陳獻章）之一。（張運華《吳與弼的理學思想》）而《明儒學案》則把他當成開啟有明一代理學思想的第一人：「椎輪為大輅之始，增冰為積水所成，微康齋，焉得有後時之盛哉！」

所謂的「餘干之學」，是列於「崇仁之學」之內的一大分支，因其主要人物胡居仁、婁涼以及羅倫等「曾會聚於江西餘干」，且核心對象胡居仁為上饒餘干人。這些人一般被後世認為是學出吳與弼的（侯外廬《宋明理學史》）。不過對於羅倫本身，《明儒學案》並沒有將羅倫歸之於「崇仁學案」，而是放諸「諸儒學案」，說明黃宗羲等人能夠看出羅倫與胡居仁等的哲學觀點和師承淵源有差異。與羅倫關係甚好的明代大儒陳獻章（1428～1500）也認為羅倫也非師承吳與弼，而是無師自通：「羅倫者，今所謂豪傑非歟？無導於前而所立卓然。」（《陳獻章集》卷一）肯定了羅倫卓然自立的一面。

在明代理學與心學的交替互進過程中，程朱理學無疑佔據了明代的前半期，而陽明心學不過是明代中後期社會思潮中生變出來的一種主導哲學流派。作為生活於這種新舊交替之際的羅倫，他的主導思想是究聖人之學，傳朱子思想，儘管他與陳獻章關係甚好，但兩人的學術建樹相差甚大，正如《四庫全書・一峰集提要》指出：「倫與陳獻章稱石交，然獻章以超悟為宗，而倫篤守宋儒之轍，所學則殊。」對於這種差異，《明儒學案・文毅羅一峰先生論》作了明晰的表述：「……白沙（陳獻章）超悟神知，先生（羅倫）守宋人之途轍，學非白沙之學也，而皭然塵垢之外，所見專而所守固耳。」也即羅倫是沿著宋儒們的道路研習理學，與陳獻章不同，後者是明代心學的先聲。對於明代學術思想的發展變化，《明儒言行錄》指出：「明初百年之間，天下所尊信為儒者之言，未有二於宋五先生者也。自白沙出而其言一變，當其時而不變者，胡敬齋、章楓山、羅一峰也；姚江、增城出而其言再變，當其時而不變者，羅整菴、呂涇野、蔡虛齋也。」這裡的「胡敬齋」即胡居仁，「章楓山」即章懋，「姚江」即王守仁。這裡將羅倫置於胡居仁、章懋同列，屬於程朱理學的守正派，而陳獻章為變革派，基本合乎事實。現代研究者馮會明指出胡居仁「奮志聖賢之學」，以傳承程朱理學為己任，是明初諸儒中恪守朱學最醇者（《胡居仁文集點校說明》）。從傳播朱學這個角度看，羅倫與胡氏有點近似，可惜世人談論明代前期哲學大多將關注的目光落在陳白沙或胡居仁身上，對於羅倫幾乎忽略不言，這顯然有失公允，也不合事實。

作為明代前中期哲學思想的研究者、傳播者，羅倫的歷史貢獻固然不可和主心學的陳獻章比，即使和同是程朱理學傳人的胡居仁相比也有差異，不過正如張俊華指出：「羅倫等人雖仍守程朱理學的舊統，但已經趨於新的方向，為中國哲學開拓了新的視野」。(《羅倫哲學思想研究》)

第一，一本萬殊的認識。

「一本萬殊」的理論實質源於宋代理學家「理一分殊」的觀念。北宋理學的奠基者二程（程頤、程顥）在關於世界的本原問題上提出，萬物皆為一理，一理而分殊的觀點，用以觀察世界，衡量自然與社會。這個觀念的出現是程頤（1033～1107）對北宋另一個大儒張載（1020～1077）《西銘》關於世界本義所做的進一步闡發和推論，意指張載所提出的「天地之塞，吾其體；天地之帥，吾其性」，以乾坤為天地萬物之父母，萬有一體、民胞物與的思想，揭示出了人性的形而上之根據，將宇宙天地和人倫道德有機地融合為一體，實現了社會的自然化和自然的人性化。理學大興之後，成為理學家們最為津津樂道的用語（景海峰《「理一分殊」釋義》)。南宋的朱熹解釋道：「理一分殊，合天地萬物而言，只是一個理，及在人，則又各自有一個理。」(《朱子語類》) 又說：「萬物各具一理，萬理同出一原」。顯然，朱子從總體與部分、萬物與個人的角度闡發這個道理的，也即總合天地萬物，只是一個理，分開來說，各個事物又各自有一個理，但都是一理的體現。他又說：「天地之間，人物之眾，其理本一，而分未嘗不殊也，以其理一，故推已可以及人，以其分殊，故立愛必自親始」(《四書或問》)。朱熹由自然之道推及到人倫之道，指出天地萬物本為一理，正因為這個理，有著萬物一理的普適性，所以無論對物還是對人均可發生作用，也可以推己及人，然而又因為這個一理的內部蘊涵著無數個不同個體的理，所以愛人必從身邊的親人開始。這種觀點的演繹類似於儒家講究的天地萬物皆仁，仁者愛人，推己及人。

對於理學家的「理一分殊」，羅倫的看法與朱熹類似。他指出：「天之生物也，使之一本，獨人乎哉？草木鳥獸之類，皆然也。」(《水西魚氏複姓序》，《一峰文集》卷二）羅倫認為人和天地生物在世界本原問題上是同一的，人沒有獨立於外的特性，也屬於這個「一本」當中。儘管羅倫沒有使用「一理」這個詞，而代之以「一本」，在理學家視域中，二者的內涵是一致的，從源處講，強調物我一體，同生於道，而「本立而道生」，「道，太極也，太極動而陽焉，靜而陰焉，一陰一陽萬物出焉。」(《徽州進士提名記》，《一峰文集》卷六）然而這樣又並不是否定人與萬物之間的差別，所以羅倫指出各自內部又有不同的「本」:「螟蛉之似我，形聲之似也，其本則非也；花木之相接，枝葉之似也，其本則非也。」(《水西魚氏複姓序》,《一峰文集》卷二）從這些觀點可以看出，羅倫對於天地萬物能以辯證眼光看待，既知曉二者的同一性，更明白二者之間的差異性。另外，羅倫也強調人的獨特性。他說:「本之一者，天也，岐而二之者，人也，以人而二乎天，悖理傷化莫大焉。」(《水西魚氏複姓序》,《一峰文集》卷二）同是天生萬物，謂之本一，而人相對又有不同，所以人如果做了傷天害理之事，那麼他的逆天悖理罪行就大了。

從上述言論可以看出，羅倫雖然沒有使用「理一分殊」的概念，但他的「本一」「本非」的說法毋庸置疑與其含義類似。

針對羅倫的這種認識，張俊華指出，羅倫的「一本」是一種精神境界，他把傳統的儒家道德責任感與歷史使命感由己而推廣到了整個人類，乃至於萬物。這正是儒家一脈相承的傳統（《羅倫哲學思想研究》)。另外，羅倫還把這種宋代道學家掛在口頭上的認識外化為社會實踐，將他人的事當作自己的事來做，因此他才會說:「夫一人之身為千萬人之身，以千萬人而視一人，若疏遠矣，以一人而視千萬人，疏遠可乎？古人之親吾親以及人之親，四海之內好焉，不忘也，況初一人也，疏遠可乎？」(《瑤氏族譜序》,《一峰文集》卷三）充分體現了傳統儒家的道德責任感和淑世情懷。

羅倫的這種「本一」「本異」認識論和他的為人處事的行為相表裏。正因為在生命層次上物我同胞，一切他人的痛苦都可以看作自己的痛苦，因此羅倫以一種「大我」的視角觀察世界，體諒他人的困難，感受別人的悲苦，由此決定了他以一顆憫人之心善待周圍的世界。路遇乞討者，解衣而拯之；見有困苦者，援手而濟之，所以這些行為都可從羅倫的哲學意識中尋求本源。

第二，心性論。

心性論也可稱為心性之學，是關於心性的理論或學說。心性哲學是中國哲學史上先秦儒道兩家的重要理論課題，老莊思想中便具有道法自然和無為合道的論述，儒家繼孔子之後的師孟學派也建立了「盡心知性知天」的心性哲學。中國哲學雖然是圍繞天人之際展開的，但是天人之際的核心不是天，而是人。而人的問題實質上就是心性問題。所以心性問題一直是中國哲學，特別是儒家哲學的一項基本理論。對於心性的不同理解和說明，是儒學內部派別分歧的重要表現，甚至可以說是儒學內部派別劃分的主要標誌。從心性論的歷史演變，可以清楚地檢閱儒學發展的歷史軌跡。蒙文通曾說：「儒家心性之論，亦以兼取道家而益精」(《蒙文通文集》卷一)，提示了儒、道兩家於心性之論互相融合互補的深刻關係。

朱熹對於傳統「心性論」又有自己的看法。什麼是「心」？朱熹認為「有知覺謂之心。」又說「心者，人之知覺，主於身而應萬事也。」可見朱熹主張有知覺才是心之前提，而這個「知覺」具有駕馭控制萬事的能力，因而朱熹又提出「心者，主宰之謂也。」「心者一身之主宰」，「一身之中軆渾然自有個主宰者，心也」，「人心萬事之主，走東走西如何了得」，「人心至靈，主宰萬變，而非物所能宰。」從這個認識看，朱熹彷彿將「心」提到一個絕對高度，近似於南宋心學觀了。不過朱熹還是強調歸根結底統一於「理」上。他說：「心固是主宰底意，然所謂主宰者，即是理也。」至於「性」，朱熹認為「性」是善的，並且善的「性」體就是「理」。朱熹說：「性即天理軆未有不善者也。」「以理言之，則仁義禮智之稟，豈物之所得而全哉？此人之性所以無不善，而為萬物之靈也。」

羅倫在「心性論」上與朱熹觀點基本一致，但又有所揚棄，主要在懷疑和創新中「流露出一些心本論的思想傾向」(張俊華《羅倫哲學思想研究》第三章)。

羅倫也認可「心」的主宰作用，提出「心為貴用」的看法。他說：「天生物也，人為貴焉；人之為貴也，心焉；心之為用也，仁以居焉，禮以位焉，義以道焉，知以出焉，信以成焉」(《送陳公甫先生序》，《一峰文集》卷二)。羅倫指出，天生萬物之中人為貴，但人之所以貴是因為有心，而心之所以產生作用，是因為能生發「仁」「義」「禮」「智」「信」五端。顯然這五端是左右或控制人的一切行為的出發點，由此羅倫認為心是人的行為活動的主宰者，具有能動性和自主性。古人認為人的一切思想行為的出發點都在於心，相當於今人所謂的大腦。羅倫指出心為人之主宰，有情感，有仁義，有禮知，有信義，這是其他動物無法比擬的。因為「心」的這些強大作用，所以貴重，它無時不在主宰、支配人的活動，所以他說：「心也，一舉目而思父母也，非禮不敢視焉，一傾耳而思父母也，非禮不敢聽焉，一出口而思父母也，非禮不敢言焉，一舉足而思父母也，非禮不敢蹈焉。」(《孝思堂記》，《一峰文集》卷六）同時，「心」因具有如此強大作用，所以羅倫又將整頓人心與穩定國家社會秩序相聯繫，正心才能正大綱，「此心也者，又所以主於身而為正大綱，舉萬目之根本也。心雖主宰乎是綱，非學則有所惑，綱何從而正；心雖維持乎是目，非學則有所弊，目何從而舉。此學也者，又所以正其心而為正大綱，舉萬目之根本也。」(《廷試策，《一峰文集》卷一)

羅倫對於「性」即人性的看法，也與程朱理學的看法近似。據張俊華研究，羅倫同朱子一樣，認為現實生活中的惡來自於人所稟的「氣」的偏移(《羅倫哲學思想研究》第三章)。正如他說:「善者性之源，惡者習而後移者也，習於善者則善，習於惡者則惡生，而惡者移於氣者也，移於氣與習惡，由是惡生焉，善非其初乎。」(《善人說》,《一峰集》卷七)可見從人性本源上看，羅倫與孟子一樣主張性善論，而之所以有性惡是後天習氣轉移的結果。朱熹說「性即天理，未有不善者也。」也是繼承孟子的衣缽，不過朱熹把這種天性當作天理看待，而羅倫沒有與「理」聯繫起來，算是二人的差異。在人性善惡問題上，羅倫將它們與陰陽、君子小人聯繫起來。他說:「易之道以陽為君子，以陰為小人，君子者養人而養於人，小人者養於人以自養，君子內而小人外，則成泰，小人內而君子外則成否，否者陰柔之極致也。」(《萬載縣與造記》,《一峰文集》卷五)又說:「君子者，陽之剛；小人者，陰之柔。剛常正，柔常邪。剛長明，柔常暗。剛常公，柔常私。剛常大，柔常小。剛進柔退則成泰，而天下蒙其福。」(《送陳僉事夢祥歸番禺序》,《一峰文集》卷二)

羅倫結合《易經》一陰一陽謂之道的說法，提出小人以陰而常柔邪，君子以陽而剛公的理論。羅倫一生奉行剛正，所以有君子之為，正如陳白沙評其說道:「倫以犯顏切諫為大，救時行道為急」(《羅倫傳》,《陳白沙集》卷四)。

羅倫作為程朱理學的傳人，他的哲學思想當然不限於這些。據張俊華研究，羅倫在「格物窮理」「讀書明心」「持靜涵養」等儒家傳統命題上多少有些發明，於朱熹理學思想傳承中也有變異，並非完全守舊不移。總體而言，正如張俊華所論，羅倫的哲學思想雖多自朱學，他自認為是朱熹後學，學術觀點與朱熹有大量重疊，但也自有「心得」，而這種「心得」，又往往是偏離朱學，表現了心學的某些傾向。他對朱子的「心性論」「太極動靜」等思想做了發揮，融會貫通，逐步發展出自己獨特的思想體系。他認為「道之本於人心」、「太極之全體在我矣」，凸顯了自作主宰的精神；將朱熹的認知之「心」轉化為判斷與感通之「心」，並且認為太極能自動靜，理能支配氣，人也能循理，進而強調將對外物的探究轉為求內的心性工夫。羅倫認為:「觀物以窮理，窮理以反身」，對義理的體察應該放在對事物的認識之前，即先「明心」然後反求「吾心」，與朱熹講格物是有外知到內知，向內充實的方法顯然不同；在「敬」與「靜」的問題上，朱熹主「敬」，而羅倫則認為「君子之學，持靜之本」，將「敬」作為「靜」的工夫入路，但是羅倫的思想並沒有表現出空疏和玄虛的一面。他注重道德踐履與修養：「臣之謂學者，即大學之要也，其目有八而各有其要，平天下齊國，只之要在於修身……乃先聖之心發。」他堅持朱子學的正統地位，同時對當時朱子學的流弊提出了明確的批評，反對以辭章記誦為務，把理學作為獲得功名利祿的「敲門磚」，通過對朱子學的修正，把理學從空疏引向篤實，他強調以謹言謹行為學，強調問學當反諸身心，見諸實行，以求真務實的理念來應對心學的玄虛，同時又吸收了朱熹漸進的方法，這樣朱熹體系所存在的理論矛盾便得到了解決。因此，是朱熹體系所存在的理論困難決定了其學說必然向心學轉化，而羅倫正是解決了這一困難，所以羅倫其學說表現出明顯的心學色彩。（《羅倫哲學思想研究》第四章）

六、文學成就

羅倫的《一峰文集》十四卷，涉及策、書、狀、序、記、傳、墓誌、哀辭、文、詩等各類文體十四種，文體豐富，涉及面廣。對於其文特色，《四庫全書·一峰文集提要》說道：「今覽其文，剛毅之氣形於楮墨。詩亦磊砢不凡。雖執意過堅，時或失於迂闊。又喜排疊先儒傳注成語，少淘汰之功。或失於繁冗，然亦多心得之言，非外強中乾者比也。後《載夢稿》二卷，記夢之詞至三百餘首，隱約幻渺，幾莫測其用意所在，亦文集中罕見之體。」可見，羅倫的文章特色與其為人一樣，蘊涵著清剛之氣，有的地方雖不乏迂闊，畢竟富有堅實內容而非無病呻吟之作。這裡選擇其間數量較多的政論文、序、記及詩歌四體作一介紹，以窺見羅倫文學創作成就之一端。

第一，鬱勃清剛的政論文。

《一峰文集》中可以納入政論文範疇的主要有策一篇、奏疏一篇、奏狀一篇，共三篇。儘管現存的文集不代表羅倫當初所作的文章總數，然僅有三篇官樣文章或亦見羅倫仕宦歷史之短暫。不過從這三篇政論文也可以反映羅倫文章的清剛之氣，與其為人一樣。比如《廷試策》中，羅倫寫道：

> 以人倫言之，今公卿大臣，雖軒墀之內，有霄壤之隔。是非不及於面諭，則腹心無所託，而下情不得以上通。可否惟出於內批，則耳目有所蔽，而上心不得以下究，何有乎君臣相親之義也？陛下

> 誠能體腹心手足之義，略崇高貴重之勢，召見不時，諮訪非一，使願輸忠悃者，得以獻其誠，務為蔽欺者無以施其詐，則君臣之化行於天下，而無有不厚也。
>
> 閭閻小民，忍心害理生，則私妻育子，別籍異財，曾禮義之不知。死則食稻衣錦，火葬水瘞，曾禽獸之不若，何有乎父子相愛之恩也？陛下誠能望陵興哀慕之悲，慈養勤定省之誠，公卿守終制之典，士夫嚴匿服之禁，則父子之化行於下，而無有不親也。隔形骸而分秦越，弟或戕其兄；同門戶而設藩籬，幼或賊其長，何有乎兄弟之愛也？陛下誠能厚同氣之恩，廣友於之愛，嚴犯上之律，敦敬長之風，則兄弟之化行於下，而無有不愛也。妾媵無數，庶人僭公侯之分；婚娶論財，嘉禮啟貪鄙之風，何有乎夫婦之道也？陛下誠能則關雎之化，正宮闈之禮，申明婚嫁之式，定著妾媵之數，則夫婦之化行於下，而無有不正也。
>
> 所貪者利祿，誰同心而相濟？所附者權勢，誰同道而相益？落穽下石者紛如，貽書爭諫者寂若，何有乎朋友之交也？陛下誠能親君子之朋，遠小人之黨，燭擠陷之奸，獎協恭之正，則朋友之化行於下，而無有不善也。人倫之明自於上，非務學不能知。臣願陛下惓惓聖學以正大本，急求所以明倫之道，則人倫庶乎可明，無異於唐虞三代也。(《一峰文集》卷一)

作為新科進士，羅倫敢於直言相諫，指出當朝公卿大夫存在的弊端。不僅如此，羅倫還敢於指出皇帝的過失：「而上心不得以下究，何有乎君臣相親之義也？陛下誠能體腹心手足之義，略崇高貴重之勢，召見不時，諮訪非一，使願輸忠悃者，得以獻其誠，務為蔽欺者無以施其詐，則君臣之化行於天下，而無有不厚也。」儘管這種指責不具體代指當朝皇帝，從論證方法上也是從正反兩面、先反後正進行，既指出存在問題，也給出救弊藥方，總體而言，能發出這種責切之聲，也是需要智慧與勇氣的。

羅倫的這種鬱勃噴發之氣，有膽有識之謀在他的關於李賢起復的奏疏中也有體現。比如他說道：「聞朝廷援楊溥故事，起復李賢者。臣才識庸下，學問粗淺，頃承天問，賜對大廷，猥蒙聖恩，親置首選。每自感勵，思酬獎遇。凡聖學大要，君道急務，朝廷闕失，紀綱廢弛，官吏貪酷，生靈愁苦，風俗□壞，士氣委靡，兵戈擾攘，飢饉薦臻。提其綱領，疏其節目，狀其情實，探其根源，為萬言書獻於陛下，以舒天下之望，以酬陛下之恩。」(《一峰文集》卷一）前文說到，李賢因為要被起復，羅倫認為這破壞了君道綱紀，不可取。此段中，可以分為三層。首先他開頭指出上疏原因，關乎李賢起復問題。第二層，羅倫明白即使自己有多大的理由，沒有皇帝的准許說什麼都毫無意義，因而他放低姿態表白自己無才，全靠皇上欽點才幸為狀元，對此由衷感激，並希望有機會報答。接下來的第三層內容才是本段重點。羅倫接連列舉了「聖學大要」等十種情形需要皇帝加以思考的問題，從而達到「以舒天下之望，以酬陛下之恩」的目的。這三層在表達技巧層面有進有退，有張有弛，敘述語氣一氣呵成，氣勢強盛而有迴旋，充分體現羅倫政論文剛勁有氣的行文風格。

第二，以文說理的序體文。

《一峰文集》存序文三十六篇，按內容劃分，主要有送人序、文集（詩）序和族譜序三類，然而無論哪一種，其重心都在性命理學和禮學，反映羅倫作為一個理學家的固有身份和思想。黃宗羲《明儒學案》中，羅倫被置以「諸儒學案」，而明代大儒陳獻章（1428～1500）高度認可羅倫：「如倫之才……今所謂豪傑非歟？無道於前而所立卓然」(《陳獻章集》卷一），肯定了羅倫卓然自立的一面。事實上，在明前期哲學思潮上，羅倫與陳獻章的主張大有不同，羅倫是「篤守宋儒之轍」(《四庫全書．一峰集提要》)，沿著宋儒們的道路研習理學，屬於程朱理學的守正派，而後者是明代心學的先聲，屬於理學的變革派。比如卷二的《送陳公甫先生序》主要體現羅倫的「大」人思想，即人處天地之間，要心胸寬廣，心憂天下，心懷悲憫之情，不要拘泥於現實名利富貴。他援引周敦頤的話說：「見其大則心泰，心泰則無不足，無不足則富貴貧賤處之一也」，也即羅倫認同做人要心眼寬，如此才會自足，才不會糾結名利。另外，羅倫還指出世界萬物人之為貴，根本的是人有顆仁愛之心，知義懂禮，兼具誠信：「人之為貴也，心焉。心之為用也，仁以居焉，禮以位焉，義以道焉。知以出焉，信以成焉」。羅倫還認為心懷天下之大，胸有四海之廣，則可成堯舜，大富貴：「堯舜禹，天下大聖也。為天子，大貴也，有四海，天下大富」。

《南豐文集序》中，羅倫從歷代儒學代際傳人的角度，指出曾鞏文「獨得其正，而猶未得與於斯文，何也，其用心者」的特色。羅倫認為歷代儒學傳承當中，根據文道貫徹的不同，可分兩類，一類是聖賢之學，一心志於宏道，而非在文，也即強調道統，以道御文；一類是文人之學，一心為文而非道。所以羅倫指出「聖賢非有心於文也，道成而文自顯」。「道」為先決條件，「文」為自然結果。至於「因文而窺乎道者，道與文為二也。」羅倫以細微視角認識到曾鞏古文的不同。他說曾鞏雖然和蘇軾一樣同出於歐陽修門下，但「歐陽之文，非文王孔子之文也」，也即歐陽修古文創作目的不在弘道，與那些所謂的道學家不同，屬於由文貫道者、以文見道者。儘管如此，羅倫指出曾鞏與乃師又不同，屬於以道充文者，相較蘇軾，他的創作貫穿儒學正統的意味較重。這種論述基本合符史實。

《一峰文集》中有四篇詩序，分別為《羅濬淵父母輓歌詩序》《昌先生挽詩序》《蕭冰厓詩集序》《敬菴詩集序》，除了後兩者涉及文學創作命題外，其餘兩篇重在談倫理道德。如《羅濬淵父母輓歌詩序》指出「哀死者，人之情也。凡血氣屬莫不有知，有知則知哀，其類鳥獸之類喪也」的基本道理。而《昌先生挽詩序》一文名為「詩序」，實際上隻字未提詩歌觀點和主張，而是講述自己和梁氏的交往經歷，特別感慨梁氏在自己困苦時分援以私塾先生之位相濟，宣揚「以德報德，何為其不可」的觀點。

《蕭冰厓詩集序》是羅倫為宋末詩人蕭立之詩集寫的序文。蕭立之（1203～？），原名立等，字斯立，自號冰厓，寧都（今屬江西）人。理宗淳祐十年（1250）進士，曾任南昌推官，通判辰州。南宋危急時期，參與保衛本朝的戰爭。南宋亡後，對元代的統治極端憎惡，遂而歸隱。蕭立之的詩為宋末元初謝枋得所賞。其作品大多爽快峭立，自成風格。有《冰厓詩集》二十六卷，已佚。明弘治十八年（1505）九世孫敏輯刊《冰厓公詩拾遺》三卷，又名《蕭冰厓詩集拾遺》。此序中，羅倫強調詩歌「本乎情性，止乎禮義」的觀點，指出詩歌承載著時運人心，尤其認為詩歌是仁義禮樂之教的反映。在此前提下，羅倫高度評價了宋末詩歌，「南渡以後，國土日蹙，文氣日卑，而道德忠義之士，接踵於東南。其間以詩詞鳴者，格律之工，雖未及唐，而周規折矩，不越乎禮義之大閒，又非流連光景者可同日語也。」羅倫指出蕭立之的詩歌源於江西詩派，尤其深受羅簡谷秘的賞識，他們都是在宋末元初以忠義道德著稱於世。文末，羅倫還特別強調指出「病科舉之業，詞賦之工，害天下之學術，欲變之而未能」，意即當時文壇上一部分文人仍然熱衷科舉之業，文學創作上重視辭藻工麗而忽視內容上弘道傳人的目的，嚴重影響了明代儒家學術的發展。由此可見，本序文反映了羅倫一以貫之的重道思想，反對留戀光景、專於詞賦創作的學術態度。《敬菴詩集序》中，羅倫再次強調詩歌創作「莫論其高深，莫論其淺近，通乎性情，止乎禮義而已」，充分說明羅倫的詩學觀點以性情為本。

不僅如此，羅倫還對詩歌批評者提出了標準，認為「論詩以禮義為主者，達於論詩者也」，也即評閱詩歌不能不講禮義，必須符合風雅標準，反映羅倫的儒家正統文人的詩學觀。

族譜序是羅倫文集中數量較多的一類序體文，共有十五篇，涉及廬陵內外胡、劉、李、王、梁、饒、高、涂、羅、姚、熊、郭氏十二姓氏。這些家族中，既有名人之後，如薌城胡氏為南宋抗金英雄胡銓後裔，天寶劉氏為北宋宰相劉敞的後裔；也有一般的家族，如嶺南王氏為門人王斆的家族，薌城梁氏為郡人梁德剛之族。族譜序集中反映了羅倫的家族觀和人倫觀。如《薌城胡氏族譜序》中，羅倫用了較多的篇幅歌頌忠簡公胡銓的英勇事蹟，並對胡氏家族名人輩出也給予了熱烈讚揚。不過此文中，羅倫重在批評後世有依附冒充名門後裔的不良現象。他說：「弱冠時，聞大官有附公後者，人笑之曰：『可為忠簡而不為，乃為忠簡後乎？』」為了強化這種批評意識，羅倫又列舉了三個不依附名門的正面例子：「狄青不附狄梁公，守道不附文忠公，夢煜（昱）不附忠簡公。三公者卒，自為立於後也」。句中所及狄青為北宋一代名將，而狄梁公為唐一代名臣狄仁傑，死後追封梁國公，故稱。顧炎武《乾陵》詩說：「至今尋史傳，猶想狄梁公。」可見狄仁傑影響非同一般。歐陽守道為南宋著名的理學家，胡夢昱是南宋吉水人，有名的愛國者。這三人都沒有依附於同姓其他名人，而是自成一家，名稱當時，光耀後世，因而獲得了羅倫的極力讚揚。這個事例也說明羅倫在民間修譜問題上具有自己的獨特看法，鄙視冒充或依附世間大族後裔者，體現尊重歷史，尊重事實的譜學態度。《番禺李氏族譜序》中，羅倫提出修譜與修身並舉的新觀點。他指出：「修譜立族之大本，修身立天下之大本。譜不修也，無以紹其先；身不修也，不辱其先乎」。在傳統文人眼裏，一般都說修譜是為敬宗敦族、睦鄰為好之用，而羅倫將修譜與修身相連，認為二者都具有「大本」之義，不過修身是天下之本，而修譜是立族之本，但二者不修則都會損害祖先。在另一篇族譜序文中，羅倫認為修譜對於收支聚族、穩定社稷具有重大作用，是穩定社會、淨化人心的重大之本。他說：

> 化為千萬人之身，則貪心萌焉，爭心起焉。相視如秦越，相挺如仇敵，鬩于牆，瘠於溝而不恤矣。昔一人之身，今何忍至此也。先王於是制宗法以統之，所以廣仁也。大宗統百世，百世宗之；小宗統五世，五世宗之。凡受命於宗子，有無相通，患難相恤，禮俗相交，雖千萬人之身，猶一人之身，而民焉有不仁者乎？此先王之

治所以不可及也。天之生物也，由本而幹，由幹而枝，由枝而葉。祖猶本也，大宗猶幹也，小宗猶枝也，小宗之群弟，猶眾枝葉也。有本而無幹，枝葉何所麗乎？三代之後，宗法廢矣，由是天下無世家，朝廷無善治，鄉黨無善俗。今日之人心，夫豈異於三代之人心哉？教之無其道，統之無其法耳。是豈獨小人之罪，君子與有責焉。（《嶺南王氏族譜序》,《一峰文集》卷三）

此段中，羅倫首先指出千人千身則千個心千種想法，難免引起紛爭，因此上古之王才會制定宗法制度，分大小宗，以統御社會，廣其仁德，這也是先王治理國家後世難以企及的原因。其次，以先祖、大小宗比附為樹的本根、莖稈、枝葉，指出有本無枝則無發展壯大的道理。最後從反面指出宗法被削弱之後的種種弊端，強調敬宗修譜的現實意義，可以善朝綱，美風俗，立人心，修禮義，起到教有所本、統有所法的效果。對於宗譜的這種一本萬宗的作用，羅倫的《秋江劉氏族普序》中也說道:「今夫一族千萬人，其初兄弟也；兄弟，其初一人也。自一人而視千萬人，固以千萬人之心為心；自千萬人視之，能以一人之心為心乎？自千萬人者，不以一人之心為心，而各以其心為心，此譜之所以作」。(《一峰文集》卷三）而在《瑤田梁氏族譜序》中，羅倫再次闡述了修譜對於禮義的重大意義。他說:「自宗法廢，門第盛，而譜牒興。譜牒興，禮義修，而門第盛。盛以富貴外也，內則可久矣。禮義之盛，內也。」羅倫指出門第富貴是興盛於外，而講究禮義則是興盛於內——這才是可以持續發揚光大的財富。

此外，有的族譜序中，羅倫強調「三立」之功。如《豐城涂氏族譜序》:

盛衰消息，天道然也。公卿起自犁鋤，世家降為輿皁，無恒尚矣。以人回天，顯微隆替，祖考之所以望我後人也，在自立而已。立之道奈何？立德也，立功也，立言也。立德，本也。德也，天之與我者，明善以開於始，復初以宅於終。德有諸已矣。是故用則行其道於當時，安社稷，澤生民；不用則行其言於後世，繼往聖，開來學。古之君子，所以保姓受氏也。今之君子，或異於是焉。崇高富貴，卑抑貧賤，齊梁之遊士，陋巷之匹夫，非有趙孟之貴、韓魏之富也，而終隨乎天地焉，自立而已爾。(《一峰文集》卷三)

羅倫首先指出盛衰興廢，天道有常，而人世顯微隆替，也是有常，但某族只所以後世興旺發達，這是自立的結果。羅倫認為，自立有三種模式即立德、立功、立言，其中立德為本。立德可以明善，受用立功可以安社稷，惠百姓；

不見受用則可以退而求立言，繼往聖之絕學，開萬世之太平。羅倫還認為家族事業發展壯大與「三立」關係緊密：「欲大其族者，人之同心也。有立德而大者，有立功而大者，有立言而大者。」(《南溪高氏族譜序》,《一峰文集》卷三)

綜合上述，羅倫的序體文無論記事敘人，均以闡發義理為核心，即使詩歌文集序也是如此，真正涉及創作心得的論見不多，充分反映羅倫以弘揚理學為目的畢生人生追求。

第三，義理見長的記體文。

《一峰文集》卷三、卷四存有各類記體文四十八篇，其寫作對象具體分布參以下簡表。

類　型	廳堂樓閣軒	學、書院	進士題名	像	庵	橋	峰	崖	塋	渡	其他
篇　數	二十五	四	五	一	四	一	一	一	一	一	九

由上簡表可見，羅倫的記體文中，傳統的廳堂樓閣仍然是描寫對象數量最多的一種，體現明代文人對前代的繼承。另外，從寫作內容上分析，這些論文重在說理而非記述人和事，有點類似南宋末年的寫作狀況。如《隆壽堂記》在交代完王良玉為母盡孝築堂取名來歷後，羅倫就孝道與隆壽大發議論。他說：「孔子曰：『立身行道，以顯父母，揚名於後世，然後為能子也。』隆親之壽，人子之同心也。有盡者在天，無窮者在我。良玉聞是道乎？」羅倫借孔子立身行道以揚父母的格言，指出讓父母長壽這是天下為人子者的普遍願望，並強調認為盡心盡力盡孝是人子可以掌控的，至於年壽幾何則在天命，表達出一種盡人事聽天命的樸素看法。為進一步表彰堂主的孝德及功勞才幹，羅倫還將歷史上有名的歐陽修母鄭氏夫人教子子成的典型事例與之進行比較，如他說：「歐公，里之先正也。以犯顏敢諫為忠，以濟時行道為賢，功立於當世，言行於後世。鄭氏夫人之名由是而壽焉。良玉本廬陵，而生於襄；歐公本廬陵，而生於綿，其生同也。良玉官於朝而出守於彰，歐公官於朝而出守於滁，其仕同也。良玉幼孤母韓教之，歐公幼孤母鄭教之，其幼孤同也。其生同，其仕同，其幼孤同，其壽親也，獨可無同乎？為人子而歐焉，然後為能子也。」

相較而言，羅倫的學記更能體現他的儒學態度和人才思想。如《一峰文集》卷四《永豐縣學孔子廟記》有云：

> 王祀孔子，尊已乎？未也。尊以文也，非尊以道也。道一也，曷為孔子尊乎？眾人棄之，聖人至之。孔子者，道之至也。祖述堯

舜，憲章文武，孔子之道所以至也。至者立教，稟者由教。由其教不遵其道，可乎？開元禮自天子下，執弟子禮，尊以文也，尊其道，則未也。《中庸》曰：「尊德性而道問學。」尊其道也。尊之何？宜靜宜畏焉，動宜謹焉，學宜博焉，問宜切焉，思宜密焉。卑污者宜易之以高明，狹隘者宜易之以廣大，傲戾者宜易之以溫良，獧薄者宜易之以敦厚，柔懦者宜易之以剛毅，昏愚者宜易之以通敏。本之身也，視焉宜明，聽焉宜聰，貌焉宜恭，言焉宜慎，事焉宜敏。移之家也，為父宜慈，為子宜孝，為兄弟宜友，為夫婦宜正，為姻族宜睦，為鄰里鄉黨宜恤……宜正君心，以正朝廷；正朝廷，以正天下……天下一家，中國一人。尊孔子之道，宜如此也。

文章指出，孔子是修儒家之道的最高代表，立教尊孔即是遵道。那麼怎樣貫徹遵（尊）道，羅倫說要「宜靜宜畏焉，動宜謹焉，學宜博焉，問宜切焉，思宜密焉」。意即要博學多問，要動靜相宜。在具體傳道方法上，羅倫針對六種不同的受教者指出宜採用不同的施教態度和內容：「卑污者宜易之以高明，狹隘者宜易之以廣大，傲戾者宜易之以溫良，獧薄者宜易之以敦厚，柔懦者宜易之以剛毅，昏愚者宜易之以通敏」。品質卑污，內心骯髒的人要教之以高尚光明的禮儀道德，心胸狹隘者要教之以博大眼界，驕傲暴戾者要教之以謙恭溫良，輕佻淺薄者要教之以敦厚沉穩，性格柔弱膽小者要教之以堅強剛毅，昏庸愚蠢者要教之以通達敏捷。總之，六種質地不同的對象要分別教以不同的內容，正是孔夫子強調的有教無類，因材施教，各有所施。此文中，羅倫還指出每個個體必須具備的修行：「為父宜慈，為子宜孝，為兄弟宜友，為夫婦宜正，為姻族宜睦，為鄰里鄉黨宜恤」，這是傳統儒家提倡的父慈子孝、兄弟有愛、夫婦宜正、敦親睦族、鄰里相恤的教導。羅倫還強調設教祭孔需從國君開始，以正君心，從而正朝廷，正天下，最後指出遵從孔子之道也需像尊天子一樣，由上及下，達到「天下一家，中國一人」的效果和目的。

羅倫主張的「尊德性道問學」的儒學觀點在其《寶慶府學記》有明晰的闡述：

君子所以異宵小，人心所以異禽獸，學也。學之為道，何也？其性仁義禮智也，其情惻隱羞惡辭讓是非也，其倫父子君臣夫婦長幼朋友也，其學之則視聽言貌動靜無違也，其施之序家鄉國天下無不准也，其教詩書禮樂也，皆所以盡其性而無慕乎外也。先王治天下，上是道已，井天下之田以養之，群天下之明秀，立學以教之，擇其道成德尊，已試於事而退者以師之，設鄉舉里選之法，賓興以取之。士生斯世，無仰事俯育之顧，無科舉爵祿之累，無百家眾說異端之怪，目其見焉，耳其聞焉，心其惟焉，口其言焉，身其行焉，惟以盡其性而無慕乎外焉。舉而備諸公卿大夫之位，百執事之列，則功被社稷，澤及生民，此先王之治所以不可及也。

寶慶府，即今天的湖南邵陽市。

羅倫首先指出君子與小人、人和動物的區別就在於學習和學問的不同。為了說明問學求道的重要性，羅倫接下來從性、情、倫、學、施、教六個方面連續列證，強化學之為道的重要地位。比如人性所謂的「仁義理智」，被儒教認為人之區別於動物的四端「惻隱羞惡辭讓是非」，等等，都是可以通過道問學達成的，也是傳統理學家教化民眾之道。當然這些觀點不是羅倫闡發的核心。羅倫為了說明府學與道統，甚至與正統的關聯性，指出上古先王治世即是從尊重學問施行教育開始，尊重個人才情和個性，以至「功被社稷，澤及生民」。

羅倫的科舉人才觀，可以從其進士題名記中窺見。如《寧縣進士題名記》寫道：

進士名成於周，科定於隋，文盛於唐、宋，夫求其實而不以文，士修其實以應之，實為主文為賓也。徇其文而不以實，士修其文以應之，文為主，實為賓也。上之求士也，文已乎？考其文，將以求其實也。士之自修也，先其實，猶絅之蒙錦也。先其文，猶土木之質，衣以文繡，飾以金碧，流盼晃曜，諦而觀之，可醜矣。知仁聖義中和之德，孝友睦婣任恤之行，士自修之實也。夫何洛誦副墨，鏗然，其音炳然其文，將究其實，其土木之質乎？周制既廢，士或舉於管庫，起於刀筆，出於鬻繒屠狗，豈必其人之文哉？然功光日月，名流竹帛，以士自名者，豈管庫刀筆鬻繒屠狗者之不若耶？何自待之輕也？脫芻蕘，離疏屩，紆朱曳紫，秉笏垂紳，榮加祖考，肥及妻孥，誰之賜哉？瘁躬宣力，康世文明，脫或不幸，殺身成仁，捨生取義，分也。乃誇里閭，傲親戚，侮長老，尸位素餐，貪墨敗檢，竊政本而隳風教，獨何心哉！寧縣進士未有題名，提督學事憲副夏公正夫，命知縣事某勒石以詔後世，後世將指議曰：某名進士，某實進士。嗚呼，可懼哉！

寧縣，即今天的甘肅慶陽市寧縣，明屬慶州轄縣。

「進士」即進身授爵之士，作為一個名詞，起源於《禮記．王制》。羅倫說「進士名成於周」即是這個意思，不過其聲名大振是科舉時代出現後特有的現象。但此段中，羅倫指出歷史上的「士」，包括後世的進士，有名與實之別，有的是為名而名，比諸為「榮加祖考，肥及妻孥」；有的是「殺身成仁，捨生取義，分也」，有著更高的人生價值追求。羅倫指出為博取個人及家族功名利祿的進士，是「名進士」，而另一類是為天下擔當責任與義務，才是「實進士」。由此可見，羅倫對於一般的科舉進士是帶有強烈的批評態度，認為這些「誇里閭，傲親戚，侮長老，尸位素餐，貪墨敗檢，竄政本而隳風教」者，充其量只是謀得科舉功名而已，與那些重修身，幹實事，推動社會進步的「實進士」不可同日而語。

對於科舉人才，羅倫認為國家需提前儲備，並且指出所養人才也要不負國家培育之恩。如他在《寧縣學科貢題名記》中寫道：

> 水土底貢象、犀珠、玉、金石珍怪之物，絲麻、穀粟、繒綺、纖纊、草木之花果，禽獸之翎毛、筋骨，凡玩好賜與邦國，大小之用，必命有司程其良焉。不度者有誅。夫是物也，君德臧否，社稷安危，生民風俗，休戚淳漓無與焉，猶若是其嚴也，況於人才乎。孟子曰：「不信仁賢，則國空虛」，非無人之為虛也，無其人之為虛也。夫仁賢者，所以與天位，治天職，食天祿，安社稷而休生民者也。其視頤口腹而玩耳目之好，輕重較然矣。乃嚴於彼而疏於此，何哉？夫天之生才，猶木之生於山也，養之有素，取之有節，材不可勝用矣。苟為不養，謂是山之無材，豈理也哉？古之善治者，非借才於異代也。今萃天下之才，養之於學校，今日之士，固異日公卿大夫百執之所選也。不端其本，無以直其末，不澄其源，無以清其流，所以養而取之者，夫豈無其道乎？如之何，其可忽也。雖然教人之方，取士之法，今雖遠於古矣，而其所以取我之意，固有在也。吾之所以得於天，聖賢之所以教我者，固未嘗不在此焉。若惟爵祿之利報，不圖其稱，則負其取我之意矣。夫禽獸草木，其取也，不負其取也。禽獸草木不負其取，負其取者，詩書禮樂之士。是詩書禮樂之士，果不若禽獸草木耶？寧縣學科貢士無題名，提學憲副夏君正夫，命立於學宮。夫豪傑之士，參天地而贊化育，與日月爭光可也，碑之

有無何與焉？然則勒石以示勸者，有司之職也。以豪傑之士自待，以不負其所取，而無愧於禽獸草木者，二三子之職也。吾固以待於二三子，二三子其亦以此自待哉。

對於人才的重視，羅倫先以類比的方式，從花草異木、奇珍異獸的選擇取用嚴格說起，認為人才的選取關乎德行、社稷、風俗，更應該從嚴。為了進一步說明人才選用的態度，羅倫借用孟子的言論，批評當下對人才的選用失之於疏，甚而不如選用珍奇服玩之嚴的弊端。羅倫認為，人才之培養取用，就像樹木成才，需要時間去培養，尤其特別需要從其根本上下工夫，否則「不端其本，無以直其末，不澄其源，無以清其流」。此文中，羅倫還批評那些所謂的詩書禮樂之士，認為這些人有負國家培育之恩，因而熱情呼喚那些「二三子」豪傑有為之士的出現。

羅倫作為一個理學家，傳播理學觀念，弘揚儒學思想是他的本分。這些豐富內容在其他記文中多有展示。如《常春堂記》闡述「春」的含義：「春在天為元，在人為仁，仁固春之為也。邵子曰：收天下春，歸之肝肺。是春形於身，則睟面盎背；形於家，則父子慈孝，兄弟友讓，夫婦唱隨。即其人，入其室，如在春風中矣。」《孝友堂記》中認為孝道的一個重要因素是誠心：「士大夫有問孝者，則謹對曰：思其誠。問友，曰：誠於孝，斯誠於友矣。孔子曰：順乎親有道，反諸身不誠。不順乎親矣，誠曷終乎？土可入，誠不可得而息也。入土斯已矣，誠曷不息也？所謂生也，守之以死，死則終，誠不可得而息也。常易而變難，能於其易而不能於其難者有矣。」等等。

第四，羅倫的詩歌。

《一峰文集》現存詩歌三百零一首，其中卷十五言古詩二十八首、四言古詩四首，卷十一五言絕句三十四首、五律五十首、五言排律二首；卷十二七絕一百一十二首，卷十三七言八句詩七十一首。另卷十四有歌決五篇。

三百首詩歌中，具有一定創作特色和值得介紹的是酬人寫景及記夢詩。如《湖西八景次陳石齋韻》之一《太極丸春》並序，有云：

鄉名太極何？山象太極也。天城環周三百里，象外兩儀也。中峰忽出平地，峰麓回抱，廣袤百畝，象中太極也。書院居之。

一丸三百里，兩儀位太極。誰從羲皇前，畫此無量易。白日煥天章，萬古永不蝕。吾亦欲無言，玄天本幽默。

陳石齋，即明前中期的哲學家陳獻章，與羅倫算是同道，但學術追求由理學轉向心學，是王陽明之前心學思潮的代表。哲學家眼裏彷彿一切都是哲學現象。羅倫的這首詩歌本是寫景，但在他的視野裏不見自然勝景，而是一幅太極圖，因而詩歌內容不以寫景為勝，反而以說理為特色，認為上天幽默，將山形鑄成太極圖畫，令人不由感慨造化之奇妙。

在《翠玄幽玩》中其序說道：「光霽岩，東去太極書院十里許，東儀之麓也，別號翠玄洞天。洞高明圓廣，下容千夫，深不可測。遊者秉燭，丹房繡壁，奇形異狀，耳目未有。東南岩壑最勝，未有先於此者。」介紹了岩洞的基本位置和形狀。其詩歌寫道：

金鼇開一竇，乃透玄雲麓。一入洞天遊，火龍銜玉燭。

仙都象衛嚴，永夜不得宿。仰視但鴻蒙，瀛海駕蟠木。

詩歌首二句以比喻手法寫了洞口，中間四句概寫遊洞經過及景象，末二句書寫總體觀感，彷如仙海漂泊。詩作想像奇特，手法多樣，形象地突出了光霽岩風光的不同凡響之處。

羅倫與陳獻章及其門弟子詩歌次韻唱酬較多，僅以五言古詩為例，卷十尚有《贈易德元陳秉常次陳石齋》《和陳白沙二首》《贈容彥昭次陳石齋》四首。詩題中的易德元即易元，陳秉常即陳庸，容彥昭即容珽，三人都是陳白沙獻章的門下弟子。成化十年（1472）夏，時隱居在永豐金牛洞的羅倫熱情接待了陳獻章派遣而來的三人，雙方多有學術切磋和詩歌唱酬。這幾首作品約莫創作於此時。羅倫之所以贈白沙弟子詩而次韻白沙，更多的恐怕是出於對陳獻章的尊敬和對其詩的欣賞，當然也反映二人交誼的不一般。比如第一首《贈易德元陳秉常次陳石齋》：

朝辭白沙雪，夜臥西湖月。湖天月在水，炯然清爽接。

吾家富薰天，大造委此業。棹歌揚中流，速爾進歸檝。

詩風清爽，節奏明快，形象地表達了詩人與友人遊玩的歡快心理。而《和陳白沙二首》更能見出羅倫與陳白沙的私人交情。如其一：

君年四十八，我年四十五。百年幾會面，念此長恨苦。

金臺首相見，各委霞外許。擁懷素心人，動輒屈指數。

賁然三子來，歡聲撼茅宇。瀧濱是曹溪，他宵對床語。

詩歌用平白無華的言語抒寫了對友人陳白沙的無盡懷念，對派遣三弟子登門來拜訪表示無比的欣喜。詩歌還對未來相聚「瀧濱是曹溪」作了期許。既然是和作，必有原作。陳白沙的原作是由其三弟子捎帶過來的，原題為《代簡答羅一峰殿元》。詩歌寫道：

臺城一揮袂，忽忽星周五。路永消息斷，年深別離苦。

思君發為白，始白數莖許。今晨對書尺，白者不可數。

先生天下士，詎肯顧衡宇。悵惘曹溪約，獨與光也語。(原注：一峰約會南華不至)(《陳白沙集》卷五)僞

據人統計，陳獻章白沙集中與羅倫有關的詩作三十三首，文三篇，書七則，而羅倫約有二十一首詩與陳獻章相關(劉韜《江門學派的交遊與唱和探究》第二章)，可見，羅陳兩人交誼的不一般。

除了陳獻章及其弟子的唱酬，羅倫詩中還有與其他多人來往的作品。如《思親堂為建昌王垣賦》《思親堂為建昌閻明賦》《和林緝熙正密堂》《和緝熙示弟之作示諸生》《聞趙允用北行偶寄》《寄梁德剛》，等等。

羅倫的詩歌藝術特色有種陶詩般的自然清曠，正和他晚年的清心寡欲，一心只在傳道聖學的志趣相諧。比如五絕《題饒松坡畫四首》：

一

青山不解語，流水豈知音。仰面發長嘯，蒼蒼對此心。

二

雲移山不動，客去水相隨。高臥南窗意，羲皇只自知。

三

一棹歸何處，柴桑是我家。莫言嫌一飽，籬下有黃花。

四

笠下眼似海，驢背肩如山。雪月品題遍，翻笑天工慳。

《四庫全書總目提要·一峰集提要》說羅倫「詩磊落不凡」。從這幾首詩看，羅詩不僅具有陶氏風味消散自然的一面，更有詩中自述學陶潛的明證。

羅倫的五絕寫景詩別有一番景致。如《山水小景》：「老屋青山下，孤舟淺水邊。黃昏魚飯飽，榻卻矮篷眠。」又《月梅》：「廣寒夜突兀，疎影自天橫。嫦娥不敢睡，合眼夢魂驚。」前一首在寥寥二十餘字中，一位漂泊江湖的漁翁生活形象便呼之欲出，簡單而鮮明；後一首以廣寒宮孤寂夜守的嫦娥對比烘托孤芳自賞的梅花，貼切而形象。

羅倫的詩作中還有個特別的現象，就是夢詩多。光看標題，五絕有五首，五律有八首；七絕十六首；七言八句詩四首，因而總計不下三十三首，占其全

詩的十分之一，數量不為不多。這裡我們也稍作介紹，以見其萬一。

羅倫的記夢詩分兩種，一種是有具體日期的記夢詩，一種是沒有明顯時間的記夢詩。前者如卷十一五絕《夢》:「日晏歌黃鵠，時清茹紫芝。君心天下獨，天意獨君知。」表達的是一種沒有確切指向而抱人生如夢般的情愫，也即這種夢是作者藉以消日無所事事生活的感觸結果。如果從寫作背景推測，估計是羅倫側身翰林且對皇上的所作所為不明就裏溝通不暢時期寫就的，因而帶有幾分迷茫色彩。後者如同卷的《初四日夢》《二十九日夢立誠》《二十二日玉笥夢》《丙午十月初三日夢》，等等多首。我們以最後一首為例，看看這種夢詩有什麼特色。

丙午十月初三日夢

鐵騎鎖東風，殘花野興濃。玉梅猶在此，消息自天通。

「丙午十月」即明宣宗宣德元年（1426）十月，時距羅倫出生年（1431）尚有五年差距，而終羅倫一生（1431～1478）沒有「丙午」年，此處當誤。具體實指何年難以確證。然而詩作內容無疑正是夢中之境。根據夢境描寫「東風」「殘花」「玉梅」意象分析，三者所代表的季節最可能是春天、秋天，因為「玉梅」是古代人工製作的白絹梅花，一般出現在正月元宵節。所以據此推測，此夢境最可能出現在正月，但因為夢境的不確定性，因而又不能與現實一一對照解讀。記夢中之境詩作再如《夢吟浮香塢》，前有長序：

塢舊名大山，可里許，陋巷居之。丙子鄉薦後，庚辰辛巳間，晚道其中，覺一所有香。叔父修益曰:「山中必有香草也。」先府君然之。既而香漸廣。丙戌登大廷，南還得歸，異香滿塢。晚則薰室，繼生諸子，比已寂然。乙未春，陳公甫門人容彥昭、易德元、陳秉常夕於塢中。因及其事，欲定名而未得。其夕夢曰:「浮香塢」。

異香浮上界，春到紫薇家。人道誰從定，天心未有涯。

野風依客興，丹露對流霞。可是長春境，蓬萊萬歲花。

詩前長序介紹了香塢的發現過程及其名稱來由，也交待了與詩人的緊密關係。既然名字來自夢境，本詩當然是一首地地道道的記夢寫境詩。詩中，羅倫將其比作蓬萊仙花，芳香滿溢，常開不敗，體現了羅倫晚年隱身山中常有身世之外的感想。

記夢寫境的詩作諸如《夢吟異奏亭》《夢定春堂吟》《夢同春館吟》《十二日夢文岡阡吟》等等。這些記夢詩背景都是真實的人物與場所，只因在夢境中出現，因而在內容上相較顯得幾分可信。正應了所謂的日有所見，夜有所夢。但必須明確的是，夢境又不是歷經現實的簡單重現，其意象是經過作者重新建構後而附上了某種生活寓意或態度的對象。如《夢定春堂吟》並序：

壬辰，㯼生先夢人報其母曰：五魂無主，中和動氣。動中和，萬古春。繼曰：一定萬古春。乙未夢曰：似君不老可無憐，夫婦同春一萬年。無限雲霞皆落手，定春堂上繡香煙。既定，其塢曰浮香亭、曰異奏堂、曰定春館、曰同春雲，皆乙未夏夢也。

東風無著手，卻向草堂來。大化留鈞座，光天落壽杯。

有雲皆載雨，無地不栽梅。餘慶吾家厚，元君未鑿壞。

序中寄予了羅倫的人生哲學思想「動中和，萬古春」，而詩作也非是夢境的復述，而是宣揚大化自然帶來的別開生面的喜慶場合，彷彿宋代某些理學家的詩作，帶有理學色彩。這類夢詩或是後世所謂的「性理詩」（許總《宋明理學與中國文學》第九章）。

有的記夢詩不是以寫夢境為主，而是表達一種如夢般迷離堂皇的人生際遇與感受。如：

九月夢

南師翻孔孟，西客鏤唐虞。秋月梧桐夢，春風故舊書。

陽回天有信，雲動海成虛。試問圭峰老，乾坤幾乘除。

這首詩歌以夢為題，實質上以夢為喻，表達世事如雲、恍然夢中的人生感受。類似的如《十九日夢》：

秋風為誰急，秋草為誰深。吾道通天地，人心自古今。

誤疑梅是雪，不道菊成金。昨日東籬下，山樽滿滿斟。

秋風勁吹，秋草衰敗，一切的變化自然而已。詩人心中裝著的是聖人之道，是世道人心，因而不會在意這外在的變化，是非功過，一切自有後人評說。瀟灑淡定之中，貫穿的是作者歸隱山中怡然自飲的超然態度。

羅倫為人性剛毅，不圖虛名利祿，數年的仕宦生活讓他對社會現實更有認識，也更清醒，立功不成，退而求其次，著書立說，立德立言，揚聖人治道之學，試圖從弘揚學術道德層面走出自己特色的人生道路。因而羅倫的退隱生活多半因此而發生，也因此而豐富。清醒者也是痛苦者，堅守信仰的人內心更強大，也更複雜，或許在學陶潛採菊東籬下貌似悠然的外表之下，那杯杯清酒才是他心底深處的最好代言。

總之，一代才子羅倫以不羈之才登上了科舉時代的巔峰，然而短暫的宦海生涯後轉向道問學的追求，最終以理學見長，並在明代前期具有一定的影響。數百年後，無論是狀元佳話還是學術成就，羅倫一直在歷史雲煙裏穿梭，幻化成傳統文化的一部分，值得重新發掘和評價。

參考文獻

1. 郭浩政：《明代狀元史料彙編》（上下冊），武漢大學出版社 2009 年版。
2. 李天白：《江西狀元全傳》，江西人民出版社 2014 年版。
3. 王離京：《大明狀元》，齊魯書社 2013 年版。
4. 周臘生：《明代狀元奇談 · 明代狀元譜》，紫禁城出版社 2004 年版。
5. 郭浩政：《明代狀元與文學》，齊魯書社 2010 年版。
6. 劉宗彬：《吉安歷代進士錄》，江西人民出版社 2010 年版。
7. 羅倫：《一峰集》，文淵閣《四庫全書》本。
8. 王建中，劉繹等：《同治永豐縣志》，江蘇古籍出版社 1996 年影印版。
9. 溫劍等：《永豐縣志》，新華出版社 1993 年版。
10. 盧崧修，劉繹：《光緒吉安府志》，汪泰榮點校，中華書局 2016 年版。
11. 《明史》，中華書局 1974 年版。
12. 羅氏通譜網：http://www.luoshi.net/index.htm。
13. 張俊華：《羅倫哲學思想研究》，碩士論文，湘潭大學 2009 年。
14. 《明實錄》，中國哲學電子化在線網絡本。

江西最末文狀元劉繹傳

劉繹（1798～1879），字詹岩（或瞻岩），永豐縣城南（今恩江鎮八一街道）人。道光十一年（1831）中舉人，十五年（1835）乙未中進士試一甲第一名。官滿歸家，教學廬陵。著有《存吾春齋文抄》十二卷，《存吾春齋詩抄》十三卷，《崇正黜邪論》一卷。另纂有《同治永豐縣志》《光緒吉安府志》《光緒江西通志》，等等。

劉繹是永豐縣建制以來的第四個科舉狀元，也是江西省最後一名科舉文狀元（吉安縣的劉福姚寄籍桂林，未計算在內），同時還是大教育家和書法家，對繁榮發展廬陵乃至江西文化教育具有一定的影響和貢獻。

一、寒門好學

劉氏是全國大姓，其中新喻（今作新餘）劉氏是江西劉氏的一大支脈，其後裔遷延至永豐，又成了永豐劉氏的一大來源和望族。本節傳主劉繹的祖上即是來自新喻劉氏，但延至劉繹父輩，這個江南望族似乎和他家無關，因為同其他大多數學子出身寒門一樣，劉繹也出身於一個貧寒的家庭。父親劉振年幼的時候就失去了家裏的頂樑柱——他的父親即劉繹的爺爺，致使家中光景越發困窘。由於家境貧寒，失怙後的劉振或依靠母親為鄉鄰做針線活，或仰仗親戚的接濟才逐漸長大。就像絕大多數窮孩子一樣，成人後的劉振無法進學堂識字讀書，只能幫助家裏從事農活或依靠出賣力氣賺補家用。日子就這樣緊巴巴地磕著過。因為家境的窘困，青年的劉振遲遲找不上對象，直到三十二歲才與同縣的雙江村（今恩江鎮聶家村）聶氏女子成婚，結束了單身的寂寞生活。

劉振婚後數年，連生兩女，為這個家庭增添不少氣息。儘管年有四十餘，但他和大多數舊時男人一樣，希望再添一個男丁，以繼承劉家的香火。清仁宗嘉慶二年（1798），四十五歲的劉振終於如願，聶氏生下一男孩取名劉繹。劉繹的降世，無疑給這個經濟拮据窘困的家庭帶來希望。「繹」者，既有理出頭緒之意，也有連續不斷之意。想當初他的父親劉振取其名為「繹」者，恐怕也是寄予劉家從此以後擺脫貧窮而走向幸福的寓意。

劉繹自小酷愛詩書，據說其母聶氏時常傚仿歐母畫荻教子之事，折葦於地，教劉繹習字。而父親劉振基本上沒讀過什麼書，不過明事理，懂得自己這個家庭如需要一改舊貌、振興家業，就得好好栽培好劉繹的道理。在歷史上，一人中舉全家光榮的事例屢見不鮮。在父母的盡心教導之下，年幼的劉繹倒也長進不少。苦於家境實在困窘，幼小的劉繹一直未能踏進正規學堂，而劉繹也無其他什麼天異稟賦，但據說父親劉振偶而有一次帶他去鄰居大戶家作客，才發現劉繹這孩子特別喜歡翻書，於是暗中高興。返家後，借了一些《千字文》、四書五經之類的舊書籍，以供劉繹端詳。因為家境實在很窮，起初家人沒有送劉繹前往里人帳下就讀，但探求知識欲望特大的小劉繹，一有空便自行跑到族人祠堂，去旁聽私塾先生的授課。一來二往，教書先生見這孩子不管酷暑寒冬，時常趴在窗戶蹭課聽書，也對劉繹產生了興趣。一打聽，發現這麼個喜歡讀書的孩子因家長無力出資而不能進學堂，感到非常惋惜，於是決定破例免費收下了劉繹。為答謝先生的恩情，年少的窮孩子劉繹無以為報，惟有珍惜光陰更加勤奮好學，他的學問工夫也確實比一般同齡人表現出色，不久就以文章聞名四鄰八鄉。隨著時間的推移和學問工夫的增長，小小的私塾顯然無法滿足劉繹的求知需要，於是稍長的劉繹在親朋好友的鼓勵和接濟下被送到縣學繼續攻讀，獲取了生員資格。嘉靖道光那個時候，整個國家和社會基本呈現一種衰敗倒退的趨勢，各種隱伏的矛盾，大有一觸即發之勢。然而只要政府還在運轉，就需要為之工作和服務的人才，千萬人嚮往的科舉中第仍然是大多數讀書人期望改變命運的機會。當然，遠離京城千里之外的劉繹也正懷揣這個夢想，努力奮爭，一步一步向夢中的聖地靠攏。可惜學問工夫和制藝修煉先前被人看好的劉繹，在此後幾年的科第道路上多次碰壁，難以如願，擱至二十好幾歲，數次參考都無法邁過吉安府考這道坎，更不用說鄉試省試了。這種狀態讓原先那些看好他的人有了新的想法，甚至一些至親也漸漸失卻了熱望。所幸舉業的不如意並沒有消磨劉繹好學求進的鬥志，他堅信只要自己執著，是金子總有發光的機會。他在等待著命運機遇的來臨！

嘉慶二十年（1815），劉繹在苦等科舉命運的變化時，也迎來了人生當中的一大喜事——在劉振夫婦的操心張羅下，劉繹結束了枯燥的單身生活，娶妻陳氏並於翌年九月初三生子「肇光」（《狀元劉繹和他的子孫們》第三章）。有了婚姻和小家庭的穩固後方，劉繹的人生理想幾乎完成大半，剩下的目標便是「六經勤向窗前讀」，潛心苦讀聖賢書——中科第、入仕途。

二、初登仕第

劉繹在永豐鄉下大約又蹭蹬了八九年的光景，為了尋得更好的名師指點，道光四年（1824），在時任江西巡撫程月川（名含章，雲南人）的幫助推薦下，來到了南昌的豫章書院，繼續攻讀先賢詩書，奮戰科舉進士的宏偉目標。這個豫章書院，辦學歷史悠久，聲名在外，是江西古代四大書院之一。初建於南宋嘉定年間（1208～1214），宋末遭兵火毀棄。康熙三十一年（1692），江西巡撫馬如龍在南昌進賢門內理學明賢祠旁重建。初到省城豫章書院，時任山長教授為碩學鴻儒的董筱槎。此人為嘉慶十年（1805）乙丑科進士，曾官翰林編修，是一個飽學之士和道德宗師。能夠得到一代儒師的授業和賞識，劉繹非常慶幸，也很感動，因此賦詩一首《初至豫章書院》以表感奮之情：「魚鱗比屋樹陰斜，風雨西窗映絳紗。門為登程欣立雪，園才窺董看栽花。祁祁履跡盈階接，朗朗書聲隔院嘩。始識吾儒宗派遠，更從大海問津雅。」（《存吾春齋詩鈔》卷一）詩中，劉繹既勾勒了豫章書院的錯落勾連的外在規模，更重要的是書寫了書院內部的書卷氣息和氛圍，表達從學名師、遨遊書海的欣喜與豪情。

在南昌豫章書院進學期間，劉繹得以有機會飽覽這個「豫章故郡，洪都新府」的文化名勝，並且每遊一地必有詩歌，如《登繩金塔，同劉慈庵、宋響泉》，以七言古詩的形式抒寫傍晚登繩金塔的非凡景色和心理感受：「欄杆四面倚欲遍，洪都收拾一覽中……大觀如此固可快，險峻亦應惕寸衷。」

道光五年（1825），劉繹仕進的機遇終於來了。這一年朝廷放旨各省進選貢生，江西省學政接令後立即要求各地府縣開展選拔活動。這裡有必要簡單交待一下清代舉業途中的拔貢制度。拔貢由各省學政對各地生員進行專門考試，選其優秀者充送入京，稱之為貢生，經朝廷考核合格，即可授予小京官、知縣或教職。拔貢最初無定期，乾隆七年（1742）後定為每十二年進行一次。每屆考試之年，由生員向所在的府、州、縣學報名，經各地學官審查後申請報送本省學政參加考試。錄取名額一般為每府學二名，每州、縣學一名。在清代的科第舉業體系中，拔貢生還不能算正式的功名，只能算一種身份，相當於一種保送生或推薦生的身份。而這種身份要轉向仕途，必須經過其他門道：一是參加鄉試，進而取得更高的功名；二是入監讀書，期滿後考選授官；三為直接經考試而授官。由此可見，拔貢制度雖然給天下讀書人提供了一次學而優則仕的機會，但由於名額的極少（每府縣一至二人），且間隔時間過長（每個週期十二年），以及再次輾轉選考數關，才可能獲得一官半職，因而真正能夠據此獲得人生命運大逆轉的人鳳毛麟角，大部分心懷科第夢的讀書人還是老老實實地等待和參加三年一次的進士試。然而，劉繹因為歲月的蹉跎，年齡老大，寸功未建，他早就盼望改變命運機會的來臨。最終劉繹憑著自己敦實的學問和品性，很幸運地獲得了學政的考察認可，一舉被推選為拔貢生，直接送入了北京城，準備參加來年春天的朝考。

道光六年（1825）初春，劉繹從南昌出發，走水路，踏上了前往京師參考的旅程。不過這次北上京師，劉繹沒有走鄱陽湖入長江再折向北，而是由南昌城外逆信江過上饒入浙西，然後沿著富春江再經由杭州，轉入大運河，然後一路北上。劉繹一路順風順水，加之躊躇滿志心情大好，大有昔日杜老先生「即從巴峽穿巫峽，便向襄陽下洛陽」般的輕快感，不多時已經進入浙江境內的富春江。一天早上，船過桐廬，劉繹被兩岸美景吸引，不禁詩性大發，隨即賦詩一首《桐廬舟中》:「蓬窗曉日照通明，蕩漾波光氣色清。才是後船妝罷候，春風一路畫眉聲。輕舟柔櫓去遲遲，細雨斜風動客思。燕子自南人自北，商量秋信是歸期。」(《存吾春齋詩抄》卷一）春風和暢，畫眉婉轉，小舟輕揚，美景如畫。風光雖美，但離家越來越遠，第一次出遠門的劉繹竟然動起了思鄉之念，還在北上的途中就盤算起秋後的歸居家鄉，或許牽掛家庭父老妻幼吧。抵達杭州——這座曾經讓劉繹魂牽夢縈多少回的山水城市終於呈現在面前，劉繹顯得幾分激動和幸運。他掐指一算北上時日還算富裕，索性先停留遊覽一些時間再走，於是微風細雨中，劉繹在書童的陪伴下加入了絡繹不絕的春遊的人群中，有詩為證:「十年夢想杭州勝，今日遊觀景逼真。卅六石橋樓外水，萬千桑樹雨中春。湖山無地容新鬼，寺觀成群會美人。如此名區清且淑，未應天性薄斯民。」(《杭州》,《存吾春齋詩抄》卷一）劉繹置身春天的杭州，水汽氤氳，煙雨迷蒙，但見石板廊橋、水榭閣樓點綴在旖旎的山光水色中，寺廟道觀，善男信女，虔誠禮拜，遊人如織，迤邐穿行在湖光煙柳下，令人不勝陶醉。東坡先生說的極是：「水光瀲灩晴方好，山色空蒙雨亦奇，若把西湖比西子，淡妝濃抹總相宜。」倘若不是要北上京城趕考，劉繹真想在此留戀三月方休。

由杭州拐上了大運河，一路幾乎沒有險灘激流，順流而北，船速加快，而兩岸平疇沃野，一晃而過，偶見的遠山已是青色蒼蒼，直到進入江蘇北境內，才發覺這裡的春色好像來得較晚。兩岸的樹木彷彿初醒，剛剛泛青。而河岸連片的綠色不是蔥蘢樹木，而是小麥抽綠。這讓第一次進入北方的南方人的劉繹未免有幾分驚奇。數日後劉繹來到了山東，進入了藤縣（今棗莊市的滕州），已是仲夏時節，鄉野氣息撲面而來：「山鳥頻聞滑滑泥，前村初報午時雞。園葵忽見花如盎，知是斜陽已向西。」（《藤縣道中》）眼看一天又過快去了，小船加快了趕路的速度。經行山東期間，劉繹還特地停留，前往鄒縣祭拜了孟廟：「天地浩然存正氣，廟堂肅若儼明神……此日宮牆同仰望，巍巍數仞屬斯人。」（《鄒縣謁孟廟》）作為孔孟之徒，劉繹豈有不拜之理。近距離目睹孟子的塑像，懸想孟子的道義與精神，劉繹更覺得孟子的形象是那樣的高大可敬。

經過月餘的長途跋涉，劉繹終於來到了天子腳下的紫禁城，與同年被選的全國貢生聚在一起。劉繹眼界大開，儘管自覺滿腹才情，但放眼望去，哪一個又不是過五關斬六將殺出來的，因而保持謙虛低調和勤奮進學的姿態，日以詩書為伍，或與同道切磋學問相號召。道光六年（1825）夏，朝考廷試即將開始。考前一日，劉繹和群貢生一起來到午門外一公館就宿候考。是夜風清月明，萬籟有聲，劉繹激動、興奮，幾乎一夜未眠，索性賦詩兩首：「掄才特招試明經，五鳳樓前望闕庭。自幸寄棲來禁掖，合因直宿到公廳。九天月色依依近，萬柝風聲續續聽。靜數雞籌渾不寐，玉珂過闕已玲瓏。」（《存吾春齋詩鈔》卷一）翌日，劉繹全力以赴參加朝考殿試，最終以優秀成績名列一等。事後，劉繹懷著激動的心情追記道：「殿閣風來夏亦寒，近依黼扆集儒冠。揮毫分列氍毹座，對策欣隨鴛鷺翰。席地金聲休擲易，近天雲色慾書難。何時珥筆鑾坡上，東壁西園許再觀。」（《保和殿廷試恭紀》）劉繹品優，朝廷照例以知縣任用，準備外放地方加以鍛鍊。知縣，也就是七品地方小官，對於一個寒門子弟而言，能夠授予縣令也算是祖宗有眼、祖墳冒青煙了，因為傳統科考中不少進士授官也是從縣令開始。但令人不解的是，對於這樣一個鯉魚跳龍門和實現安邦治國的機會，劉繹居然表示還需要斟酌斟酌。原來劉繹赴考前，其父劉振做過盤算，特別叮囑他說：「倘得外用，毋輕就。」也就是說如果授任地方官可以請求再考慮，不要輕易答應。前面說過拔貢制度中，朝考合格的優秀生有可能授予京官的。知子莫若父。學業考試上，劉父當然非常相信自己的兒子，因而希望劉繹能夠留下來做京官，然而又怕意外，所以留了一手，特別交待劉繹不要輕就地方七品芝麻官。古代貧家子弟讀書中舉，承載了數代祖輩人的期望。或許劉繹涉足讀書以來，劉父和他就已構建一個宏偉的舉業藍圖，如做官就得做京官等等。劉繹成績名入一等，優異自然不在話下，至於為什麼沒有被授小京官，恐怕事出有因，當然不是本傳可以亂加揣測的，姑且不表。劉繹是個孝子，一慣聽從父命。這一次在人生的緊要關頭，他照樣遵父命，留京不成，請求改就教職。最終朝廷念他家有老父需要照料，改授江西省宜黃縣教諭。「教諭」是一個學官名，開始於宋代在京師小學和武學中設立，後擴大至各州府縣學。元明清皆沿襲宋代做法，在縣學皆置教諭，一般為正八品，掌文廟祭拜，與州學訓導共同負責縣學的管理與課業，教育所屬生員。從產生來源看，府學教諭一般由進士擔任，由朝廷直接任命，而縣學教諭一般來自舉人、貢生，由地方布政使任選，特殊情況由朝廷差選。劉繹所任教諭，由拔貢生經朝考而來，算是特例和「屈就」。宜黃是永豐近鄰，因此這是一個離老家永豐不遠的閒差，儘管不如縣令那樣可以發號施令威風八面，倒也符合他讀書人的性情口味。事後，不少人對於劉繹放棄縣官改任教諭表示無法理解，甚至有人認為劉繹簡直就是缺心眼，要知道一個主管一方的縣太爺的權力有多大，而一個負責文化教育的學官還得仰縣令鼻息，權力又有多小。他人歸他人，父親劉振卻非常贊許兒子的選擇，說：「此官不失讀書本色。」劉繹都已經坐上官位了，父親劉振還想著兒子發奮讀書之事，或許劉振為兒子前程規劃的設計中還有更高的目標和更深層的追求。

三、教授宜黃

道光七年（1827），劉繹或許志不在宜黃教諭，但抱著對教育的熱衷與喜愛，他本著認真負責和不負朝命的心態南下愉快上任。南歸，南歸，劉繹蕩舟江面，心情急迫，過峽江時又賦詩一首，句中有云：「自愧頭銜冷似冰，濟川作楫我何能。漫將寸縷千鈞繫，直許長風萬里乘。」（《將赴宜黃司鐸之任，舟下峽江，風色甚利。舟子繫桅旗作帆，戲成一律》，《存吾春齋詩抄》卷一）劉繹回到了永豐家中，將有關事務囑咐完畢後才正式上任，而宜黃本地官員和民眾也對劉繹的到來表示熱烈的歡迎。據說，劉繹上任第一步即將破舊的縣學新修一番。第二步則充實師資隊伍，除了親任教學，還聘請本縣飽學之士充當訓導。第三步，重立教規，廣招生員。第四步，擴充學習內容，重視敦品勵學，提倡「一念不可欺，一事不可苟，一言不可易，一時不可疏」的修身之道。劉繹任教宜黃教諭三年，推動了當地文化教育事業的發展，獲得師生和官府的認可，好評甚至傳到吉安府和省城。(《狀元劉繹和他的孫子》)

劉繹教授之餘，熱心好客，方圓數里的文人墨客士人官紳，聽聞劉繹的大名，也都慕名而來拜謁交往。一天，一位名叫歐陽筱屏的拔貢同年前來教諭館舍做客。這位客人祖上和大名鼎鼎的歐陽修是同支的。這次來宜黃拜訪劉繹，攜來一副歐陽修《瀧岡阡表》的拓片，因部分字跡漫蕪不清，所以登門討教。《瀧岡阡表》是歐陽修在其父親歐陽觀謝世六十年後所作的墓表，其內容主要是緬懷雙親的孝順仁德和清貧自守的風範，因其情真意切言語質樸成為歐文中的典範之作，後來與韓愈的《祭十二郎文》、袁枚的《祭妹文》成了中國文學史上有名的三大祭文。歐陽修生前將墓表刻石勒碑，託運回永豐，現藏於永豐沙溪的西陽宮內。歐陽筱屏首次觸摸到墓表的真蹟原文，閱讀到一代文壇盟主歐陽修的文章和書法自然非常興奮，因此風塵僕僕前來和劉繹分享。分手後，歐陽還留下詩歌一首，寄寓自己對墓表和文忠公風範的感觸以及二人的交流過程。劉繹也和韻一首道：「一丈豐碑萬丈芒，性情千古大文章。煙雲黯淡餘鱗爪，朱墨斑斕映縹緗。神物終須龍負出，奇聞猶附驥名彰。瓣香同向精靈祝，真本家家供晝堂。」(《歐陽筱屏同年得文忠公〈瀧岡阡表〉，因詩見答，依韻和之》其一，《存吾春齋詩鈔》卷一）詩中，劉繹對歐陽修這篇千古至文及其神話傳說表示了由衷的感歎，對歐陽修遺文散發出的光彩進行了熱情謳歌與禮讚：「圖書千古題堪續，苔蘚成文跡已陳。遺集輝煌宸翰染，清芬駿烈正如新」。

公事之餘，劉繹和宜黃縣訓導王梧岡先生也經常往來酬唱，詩酒風流，相處成歡。有一次王先生給劉繹特地送來一些魚蝦品和一些山貨，以補充生活物資。劉繹事後贈詩一首，表達謝意：「苜蓿盤中況味同，醇醪時飲醉春風。分君絳帳含飴樂，觸我家山寄筍束。封鮓也曾冰自勵，烹茶恰好雪初融。鯉庭更有雙魚訊，寒夜清談慰乃翁。」(《西齋王梧岡先生以魚鮓、山茗見貽，詩以謝之》，《存吾春齋詩鈔》卷一）道光十年（1830），訓導王梧岡父子三人同時升任他鄉教學學官，其中王訓導任南康（今九江星子縣）教授，兩兒子分任崇義、永新教官。劉繹為慶賀父子三人上任詠詩兩首聊以贈別，其一有道：「壽世文兼福，無窮普教思。三君新譽望，一代老經師。彭蠡秋程壯，河汾化澤滋。淵源應遠接，分派合流時。」

身為教諭好讀書。劉繹忙於育人之際也不忘自育，教諭之餘勤於讀書習儒。那麼問題來了，劉繹官階在身為什麼還發奮讀書？當然讀書學習可以修身，增加知識和涵養，擴大眼界等等。然而對於劉繹，讀書恐怕更多的是為了齊家治國平天下了，於是問題又回到了起點：讀書—中舉—做官，一條無數學子趨之如鶩的老路。這或許正是其父劉振醞釀的大棋。然而劉繹已經獲得了官身，是一個有身份和地位的人了，用今天的話來說，教諭不大，多少是教育界的官員了，好歹也是國家幹部。既如此，劉繹為啥還要發奮讀書應舉科第？我們推測，最可能的原因即是劉繹不滿足於現狀，一不滿足現在這個教諭卑微之職；二不滿足現在從政的道路，靠拔貢出身混得一官半職，在當時的進士官僚體系中並不是一件很有榮光的事，真正搏個進士授官才是一件大有前途且家族也倍感榮耀風光之事。想想有名的范進中舉的事蹟，或可明白進士在世人眼裏的地位和影響了。不過走通常的科舉仕進道路顯然更艱辛，競爭性也更厲害，意味著需要更多的磨練與付出，且成功與否並不明朗。一般的人能夠入選拔貢並通過考選做官獲得功名已屬不易，所以大部分人即循例做小官吏了，失卻了進一步激情奮發的勇氣和豪氣。然而劉繹不同，他是一個達者兼濟天下之人，一個不喜走尋常道的人。或許因為如此，三十多歲的劉繹不滿足於小小教諭，決定趁年富力強在功名路上再放手搏一搏。

四、再試登魁

道光十一年（1831）辛卯秋，準備充分的劉繹來到省城南昌參加江西省鄉試，結果一試即中，獲舉人身份，意味著有資格參加高一級的會試考了。這次成功過關使劉繹信心大增，接著躊躇滿志地向大考會試發起了進攻。

道光十五年（1835）春三月，此時的清政府已經內外交困，矛盾百出。但京城之處，仍是熱鬧非凡，舉子雲集，一場科舉盛宴——會試即將開幕。據《道光十五年實錄》載，清政府特命協辦大學士吏部尚書穆彰阿為會試正考官，工部尚書何凌漢、吏部右侍郎文慶、張鱗為副考官。三月辛巳（二十一日）後，會試完畢，四月十五日放榜，各省區錄取名額為：滿洲取中九名，蒙古取中五名，漢軍取中六名，直隸取中二十二名，奉天取中二名，山東取中十九名，山西取中十二名，河南取中十九名，陝甘取中九名，江蘇取中十九名，安徽取中十五名，浙江取中二十二名，江西取中二十一名，湖北取中十五名，湖南取中十名，福建取中十六名，廣東取中九名，廣西取中十名，四川取中九名，雲南取中十一名，貴州取中九名，等等，總共錄取張景星等貢士二百七十二人。劉繹以第三名優異成績入列會試前列。本次會元張景星為江蘇松江府婁縣（今上海市）人，後著有《宋詩別裁集》《元詩別裁集》等。四月二十一日庚戌，二百七十餘人又匯聚保和殿參加殿試。大學士張鱗、潘世恩、刑部尚書史致儼、吏部右侍郎文慶、戶部左侍郎姚元之、工部右侍郎吳傑、內閣學士陳官俊、卓秉恬為殿試讀卷官。殿試只考策論，主要考察應試士子對國家政治、經濟與對外交往等國策的謀劃與看法。考生根據御試策一天之內完成對策，篇幅一般兩千字左右，但強調書寫需用正體字，大方、端正，即所謂「院體」「館閣體」。本次殿試，據《清實錄・道光十五年》載，制策為：

> 朕寅紹丕基，撫綏方夏，仰荷昊穹篤祜，列聖垂庥，函夏鏡清，黎民康乂。庶几上理克臻，躋群倫於仁壽之域，兢兢業業，彌切疇諮。惟恐敬德之未昭，戎律之未嫻，民俗之未醇，轉輸之未利，宵旰講求，冀聞讜論。爾多士對揚伊始，庶明化道，以贊大猷，諮汝昌言，其敬聽朕命……多士學古通今，蘊懷有素，其勉悉乃心，臚列見聞，詳著於篇，毋泛毋隱，朕將親覽焉。

這樣的策論，無非是希望應考者援歷代治世經驗加以評判分析，為當今所用。閱世閱書深厚廣博的劉繹稍加審題分析便成竹在胸，即刻文思泉湧筆致興酣，最終以出色的才情和倜儻姿容獲取了八位讀卷官和主考官的贊許，被薦為進士一甲第一名。道光皇帝審讀後非常認可，用朱筆批註曰：「寫作俱佳，通榜無有出其右者」，於是劉繹被欽點一甲一等第一名，時年三十七歲。四月二十六日，道光皇帝親自出席在太和殿上的傳臚唱名儀式，劉繹被賜一甲第一名即狀元，曹聯桂、喬晉芳兩人分獲榜眼、探花進士及第。此外二甲張芾等一百一十七人被賜進士出身，三甲吳逢甲等一百五十二人被賜同進士出身。本科進士試，江西省共有二十一人中第（光緒《江西通志》言有二十四人），其中盧陵吉安府中第四人（另三人為劉克邁、晏純一，盧陵吉安縣人；陳錫麟，新幹人）。劉繹為一甲第一名，授翰林院修撰，從六品官階。劉繹以三十七歲高齡坐上了進士狀元的寶座，縱然沒有年少得志的張揚，也終於實現了幼年讀書時最宏大的夢想。不過這樣的優秀業績或許超過了劉繹的夢想，因此對於突然降臨的狀元寶座顯得有點吃驚和萬分激動。事後劉繹追記保和殿傳艫唱名賦詩一首《臚唱恭紀》：「雷霆貫耳一書生，二百年來此繼聲。到手合曾關夢想，及身始覺觸心驚。君恩已重難云報，親訓常殷敢自輕？尤是尋常三載過，細思何以負科名。」(《存吾春齋詩鈔》卷一)劉繹官授翰林修撰,從六品,比及當年拔貢選官知縣或教諭只高一、二級,然而兩者不可同語。翰林修撰,職位不高,但位列皇家苑囿近臣,已經不屬一般的京官,前途一片光明,不是地方七品芝麻官可比的。劉繹歷經一番艱苦磨難,終於實現了他父親劉振多年叮囑教導任官京師的願望。

三十多歲的劉繹以不凡毅力重新踏上了科舉仕途並登頂的光輝事蹟,無疑激勵了江西學子、尤其是吉安府的莘莘學子奮發向上的熱情。劉繹這個學霸級人物不僅被他們當成推崇的對象加以學習宣揚,他的非凡事蹟也被當成科舉楷模而鐫刻寫進地方史籍。據說,五月甲子新科進士聚會後,劉繹在朝廷專人護送下抽空回了趟老家。當劉繹一行一入江西省界便受到了極隆重的禮遇,到處洋溢著歡迎新科狀元回鄉的熱烈氛圍,越到縣鄉,這種熱烈場面氛圍愈甚,甚至州府長官縣太爺等原先一般人八輩子也難得一見的大小官吏僚屬,統統喜笑顏開,排列恭迎。其間還有送花的,請宴的,索詩文的,看熱鬧的,公宴私席,絡繹不絕。年近不惑的劉繹陶醉其中,難怪寒士孟郊一中進士便放言:「昔日齷齪不足誇,今朝放蕩思無涯。春風得意馬蹄疾,一日看盡長安花。」(《登科後》)學而優則仕。作為一個讀書人,劉繹不無感慨道,一輩子能考個狀元郎,這一生也足矣!在進士狀元的輝光照耀下,衣錦還鄉的劉繹,先前一系列的苦難體驗已是煙消雲散,一輪紅日正噴薄而出。然而作為儒家傳人,劉繹目睹這一切的歡快與熱鬧,達則兼濟天下的責任感也湧上心頭,他決意好好以平生所學報答皇恩和鄉親。有詩記道:「早慰門閭望眼悠,好風天上送歸舟。彩衣新著花爭豔,綾餅重圓月正秋。長願壽筵增鶴算,更從恩宴說鼇頭。毛生自有私心喜,為報君親志待酬。」(《散館後請假南歸,途中述懷四首》其一,《存吾春齋詩鈔》卷一)

五、短暫仕途

任職修撰,劉繹工作非常熱情,多年來養成的樸誠忠厚的特質讓他的事務贏得了同仁的贊許和皇家的認可。兩年後,即道光十七年(1837),劉繹以出色表現奉命入值南書房,擔任道光皇帝的文學侍臣。這個官位雖不高,但因為南書房的特殊性,意味著劉繹進入了皇帝信任的人選範圍。南書房有什麼特殊性呢?南書房原本是康熙皇帝的讀書處,俗稱南齋,在北京故宮乾清宮西南(南書房在乾清門西側,北向;上書房在乾清門東側,北向),康熙十六年

（1677）開始設立。入值的翰林學士初為文學侍從隨時應召侍讀、侍講，常侍皇帝左右，備顧問、論經史、談詩文，進而經常代皇帝撰擬詔令、諭旨，參預機務，因此入值南書房成了清要之職。後來的雍正皇帝設立軍機處後，南書房的地位有所下降，但由於入值者有機會隨皇帝左右，對於皇家的一些決策，包括人事的升黜具有一定的影響，因而入值者位雖不顯而備受敬重。南書房被長期保留，直至光緒二十四年（1898）才被撤銷。劉繹能夠入值南書房，至少說明具備三方面優勢：一是才識高，具備勝任皇帝顧問的資質；二是工作踏實負責，完成任務效率高質量好；三是為人低調守信，獲得周邊認可。這三條是備皇家顧問缺一不可的素養。狀元出身的劉繹當然勝任。入值南書房，一下子拉近了劉繹與道光皇帝的距離。他為這個職位既感到榮幸，也感到壓力，畢竟自古有伴君如伴虎之說。

兩年後，劉繹以其卓越識見和敬業奉獻精神贏得了道光帝的進一步信賴。皇帝龍顏大悅，有關劉繹前途的事就好辦了。果不其然，道光帝念劉繹日夜操勞，夙興夜寐，有功於前，命吏部越格擢升官銜三級，於是劉繹便加官進爵到從三品京堂，成為衙門長官。「京堂」是明清時期高級官吏的一種稱呼，一般稱各衙門長官為京堂，意為堂上之官。清代對都察院、通政司、詹事府、大理、太常、大僕、光祿、鴻臚等寺及國子監的堂官，概稱京堂，而負責文書、草擬者稱京卿。清代中葉以後，對官小任重而另加三品京卿、四品京卿者稱京堂。短短三年時間，劉繹以進士狀元出任從六品修撰，升遷至從三品京堂，一年一級，升遷速度不謂不快，彰顯出劉繹過人的工作能力和皇帝對他的充分信任。正當坊間猜測仕途順利的劉繹更會向權力中樞邁進的時候，道光十八年（1838），劉繹出奇不意地以從三品京官升任山東提督學政（正三品）。這個學政，與省巡撫同級，位列三品，又稱學臺，主管一省文化教育與科舉事務並負責督查地方教育學官。劉繹遷升地方學政，對此坊間又議論風起，認為道光皇帝有意外放劉繹到地方鍛鍊，以便更好擢升重用。其實內在緣由是連年的翰林院仕宦生涯，讓劉繹感受到為官的苦楚與艱難，尤其是入值南書房後，時時感受到來自背後的種種壓力，既有來自工作本身的壓力，也有來自滿漢官僚人事方面的異樣眼光，雖然劉繹工作低調，事事小心，也難以完全避免那些無形的目光，這讓劉繹有時不堪重負，心力憔悴。木秀於林，風必摧之，正所謂高處不勝寒，大抵如此。在一個合適的機會，劉繹向道光帝上表婉轉表達外放地方修養的訴求，道光帝愛其有才，慨然准請山東學政。

卸下京城皇帝文學侍臣的顧問身份，劉繹走馬上任山東學政的新崗位，儘管主政一方的文化教育責任不小，然而所處的位置和肩上的擔子無疑比翰林侍從感覺輕鬆多了。山東是一塊儒家文化厚重之地，而省府濟南又是一座名勝薈萃之城。當然劉繹來山東不是來鍍金的，而是希望在推動齊魯大地教育文化發展的同時，自身能也得到更多的孔孟精神文化的洗禮。為政山東期間，劉繹以先前宜黃教諭經歷為經驗，忠於學政職守，熱心服務社會，不僅多次下基層走訪視察地方事務，調查文教問題，還非常注重規章制度建設。比如親自起草並出臺教育法規性質的文件《勸課條規》，發往全省各州府縣，要求多建私塾與儒學會館；著《崇正黜邪論》書一部，以整飭教育，促進學業，從文化教育方面，給社會提供正能量。劉繹任職山東學政的所作所為，對於促進山東的文化教育事業的發展起了推動作用。兩年後（道光二十年）任滿，劉繹原想留任多幹幾年，未曾料到被召回京，仍入值南書房，重新過上原本期望脫離的高處不勝寒的皇帝文學侍從生活。就在這個時候，一件舉世震驚的大事悄然發生，身在皇家翰苑的劉繹不由自主也被捲入其中，為他的人生履歷增添新的色彩。

道光二十年（1840），中英之間早因鴉片貿易的爭端談判不下，英國上下兩院決定以武力逼迫清政府妥協，鴉片戰爭由此爆發。外強中乾、色厲內荏、腐敗無能的清政府毫無抵抗之力，準備割地賠款求和，這激起了無數愛國志士的強烈憤慨。作為皇帝身邊近人的劉繹也不能置身事外，面對洶洶民意，他也爆發出強烈的民族危機感和使命感，不失時機地積極主張嚴禁鴉片，多次上表要求禁煙，指出鴉片貿易是西方列強亂我中華之野心，是禍國殃民殘害生靈的重要源頭：「官吸之則費事，兵吸之則廢守。富者敗家，貧者喪身」。不僅如此，劉繹還闡述了具體的禁煙對策，主張對各級官吏、軍隊，以及民眾分別制定嚴格的禁煙條令，並要求嚴格執行落實，認為「行之數年，必可挽回」。對於英軍的無恥要求，主張堅決抗擊，不可賠款割地。此外，針對英軍入侵長江沿線，主張「沿江固守」，不給敵方機會，打游擊戰、消耗戰等等策略。可惜滿清政府一心求和，苟且求安的大臣也無心對戰，劉繹的一片忠心不過是空包彈而已，無人理會，畢竟活躍於皇帝身邊的人不是他一個。這種有心報國、進言不睬的局面讓劉繹對這個政府和官場非常失望，為他後來決意辭別官場埋下了伏筆。

劉繹身在皇家禁苑，工作雖辛苦，畢竟錦衣玉食，而他年邁的父母雙親還遠在吉安府永豐老家，無法侍奉在側。雖然仕宦者自古忠孝不可兩全，然而對於劉繹來講，捨棄至親高堂是一件多麼令人無奈而不孝的事。劉繹內心的隱情終於被道光帝察覺。有一次劉繹彙報工作之餘，道光帝瞭解到劉繹父母俱存且天各一方，於是降旨特許奉雙親居皇宮內澄懷園，以方便他侍養，也讓他安心工作。對於皇上的恩寵禮遇，劉繹當然非常感激，然而這個時候的劉繹已經不是年輕時的他了。早年的苦苦拼搏，為的是學而優則仕，實現讀書人的偉大夢想，然後報效家國。然而現在，混跡官場多年的他，對於官場的名利已經看得淡薄，對於政府的無能與腐朽也看得很清，甚至產生一種激流勇退歸耕田園的想法。為什麼有這種想法，劉繹的感悟是，生活中有些東西乍看上去很美，等你逐漸接近甚或身臨其境，才發現並非如此絢麗，甚至還帶有點肮髒和邪惡。道光二十一年（1841），浸染官場十餘年、已無留戀之意的劉繹，以父母年老多病、不服北方水土為由，陳情上表乞求回老家侍奉贍養，如其詩有道：「丹廷拜表荷垂詢，便覺桑榆景一新。天語藹然由至性，人生樂處在彝倫」（《陳情乞養紀恩二首》其一）。道光皇帝雖欲挽留，但見其孝心一片去意已決，便准其所請。算來算去，一代狀元劉繹從中第進士到任職京官與山東，也就六年，不為不短。劉繹此後幾次有機會重返帝都，但都沒有真正回歸行政官場，而是以文化傳播者身份躬耕於儒家講壇，默默服務地方。

六、歸居吉安

道光二十一年（1841）春，劉繹攜兒帶女，一路侍奉雙親，歷經長途跋涉，終於回到了那個魂牽夢縈的老家。在村口，劉繹一行受到族人和眾鄉親的熱烈歡迎。「少無適俗韻，性本愛丘山。誤落塵網中，一去三十年。羈鳥戀舊林，池魚思故淵。開荒南野際，守拙歸園田。」看著眼前既熟悉又陌生的景致，感受著故鄉熱土的氣息，劉繹不禁吟出了陶淵明的《歸園田居》詩。當然早已不事田畝的他無法效法陶淵明躬耕，然而放棄官場歸居故鄉的欣喜心態應該是一樣的。翌年新正，劉繹和家人團聚在永豐老家，這樣的場景不知有多少年沒在永豐出現，因而該年劉繹守著老的，護著小的，一家人歡歡喜喜過大年，內心裏的欣喜與愜意不用提有多高。劉繹有詩記道：「且喜循陔在故園，新傳祥瑞到鄉村。高堂正舉齊眉案，元日初開獻壽樽。暗想風光隨地轉，回思天語覺春溫。歸裝盛有龍賓賜，難染丹毫紀聖恩。」（《壬寅元旦》，《存吾春齋詩鈔》卷三）對於這樣的鄉間天倫之樂，劉繹當然覺得應該感謝皇帝的恩賜，因而倍覺榮幸。

回到老家永豐的劉繹，有種「久在樊籠裏，復得返自然」的感覺。除了侍奉至親，教導晚輩，閑暇工夫便是與鄉親文友重述舊情，登山臨水，飲酒賦詩，將關切國事憂憤之心消遣在日常的應酬和閒居中。

居留永豐期間，劉繹抽空祭拜沙溪的西陽宮，緬懷前朝名人歐陽修。面對歐陽修的遺像，劉繹肅然起敬並感觸連連：「一醉滁山後，風流七百年。遺容邀睿鑒，褒美及前賢。主眷歎來處，師尊論翕然。昌黎堪配孟，曠代接心傳。」（《歐陽文忠公遺像》，《存吾春齋詩鈔》卷三）在劉繹看來，韓愈堪作唐代的孟子，而繼其衣缽的歐陽修無疑是宋代的孟子，兩人的道德文章必將得到世代的傳承發揚而散發出無窮的光輝。

時任永豐縣令馮子良是劉繹居鄉的一個好友，兩人的詩酒唱酬為劉繹的退居生活增色不少。馮子良（1796～1871），名詢，字子良，廣州番禺人。嘉慶二十五年（1820）庚辰科進士，道光二十八年（1838）上任永豐縣令，五年後離任調浮梁縣。劉繹與馮子良都是科班出身，都是儒學傳人，有著共同的良好興趣，儘管兩人交往時間不超一年，但一見如故，交往甚好。劉繹詩中多有對其稱道者，如《贈邑侯馮子良大令》：「嶺表群推大小馮，濟南名士久稱雄。早知詩律通於吏，翻幸家山付與公。太史望雲鳧入境，人才制邑錦臨風。頻年井裏傳輿誦，今日身遊化被中。」（《存吾春齋詩鈔》卷三）作為地方最高長官，馮子良的行為舉止深刻地影響著永豐的教育文化經濟等狀況，因此對於這樣一位有益於永豐的父母官，劉繹不吝辭藻，對其的功勳與影響作了深刻的推揚與讚美：「從來能吏孰如循，熟曆人情事事真。鳥雀自然門外靜，兒童最覺道旁親。千家遍灑無聲潤，四野方行有腳春。自採芳菲勤手植，滿庭嘉蔭一時新。」（《存吾春齋詩鈔》卷三）

劉繹雖然官拜三品，官階上遠甚馮子良，但是對於故鄉的父母官，他絲毫沒有露出倨官傲物的架子，而是放下身段真誠對待。當然，劉繹謙虛好禮的態度也讓馮子良深為感動，因此互動甚多，尤其是詩歌唱和較為頻繁，構成了兩人友情的見證。某次唱酬中，馮氏有和作，劉繹曰後再次賦詩如《子良大令和詩有「三徑蓬蒿晝掩門」之句，取以寫照，蒙題七古一章，賦此為謝》：「欲把知音託宓琴，詩中意好畫中尋。化身可似東坡貌，開徑應知蔣詡心。」（《存吾春齋詩鈔》卷三）幾番的唱和來往，劉繹已經把馮子良當成知音了。馮子良為官清正廉明，常常公事之餘也有流露幾分歸隱情結，這是封建時代諸多的為官者對陶淵明的羨慕之處，也體現他們人在江湖身不由己的無奈或表達希望脫離宦海回歸自然的人生情趣。劉繹這次歸居鄉間，自然也是這種想法的實踐。一次馮子良出具一幅《吏隱圖》，劉繹稍微思索便吟唱一詩加以饋贈，句中有道：「亦吏亦隱出乎中，隱身所在兩無與。……馮侯本是詩中仙，出山乃向山城駐。……初讀君詩氣何豪，時時紙上光怪露。將以偉抱觀遠謨，此才八級真橫騖。」（《存吾春齋詩鈔》卷三）

馮子良為官永豐近五年之久，認為要更好地教化縣民，必須從書院教育入手。為此在他的倡議和主持下，縣府在葛西河畔的百花洲上重建求志書院（今天恩江小學的前身），決意以教育教化民眾，提高當地的文化水平。這等百年佳事，劉繹少不了與之唱和之詩《求志書院落成和馮子良大令》，前有序交代了有關修建背景：

> 地在西北隅，舊為崇元觀。前明鄒東郭、錢緒山與聶貞囊同講學於此。觀久廢，後改建為隱居寺，今馮侯於其左創書院，設三先生講堂。堂後為崇經書室，藏書其中。其院偏曰「夢隱軒」，則侯初至此院時恍然前夢。作此以紀事也。

詩歌寫道：「文教覃鄉僻，儒風出吏循。宏規開巨手，遺矩式先民。乍喜林巒整，重瞻俎豆新。千秋斯道繫，此舉亦嶙峋。」（《存吾春齋詩鈔》卷三）劉繹對書院前身的探索者之功作了禮讚，尤其歌頌了後來者如馮子良縣令承前啟後重開書院的高風亮節，認為是千秋大業的宏偉之舉。

道光二十三年（1843），馮詢永豐任滿調往浮梁縣，劉繹以詩為之送行：「四野桑麻戶誦弦，相忘豐樂已年年。花光自泫秋來露，云意猶遲雨後天。儒吏精神臨去見，詩人心跡異時傳。長風萬里襟期遠，寄我觀濤第一篇。」（《送子良大令移官浮梁》）前四句重在書寫馮子良治下的永豐取得了豐碩成績——年豐人歡，景盛物新，並流露出點點離捨之情；下四句展望馮子良的前程，認為其儒吏精神和詩人風範必將得到進一步發揚。

作為永豐縣數一數二的文化名人、文章寫手，劉繹不僅要交好四方賢達之士，還要不時應酬地方慕名求書求文者。縣內大富山某周氏女，年不及十八已配湯家婚姻，可惜兩人尚未曾舉行婚禮，未婚夫便先期而亡，而周氏女卻不改嫁決意以身從死，被當地政府追認為義烈之女。事後政府有人請劉繹書寫一詩，以志表彰：「嗟哉古烈風，乃在茲山村。千秋忠孝愚，此心要可原。倉猝苟不當，進退皆紛煩。可死可無死，茲事難共論。女人守專一，綱常於以尊。朝廷有旌典，大義昭乾坤。」（《周烈女》，《存吾春齋詩鈔》卷三）劉繹一方面對周烈女的做法似乎表示惋惜，但作為封建社會的高級官僚，對這種行為還是予以了肯定與褒揚，認為是大義昭天，值得旌表傳揚。對於傳統社會予以稱頌的孝子行為，劉繹也一一進行了認可與禮讚。如《胡孝子》詩，這是專寫廬陵本地一個號遁翁的孝子，為了守孝父母甘願放棄功名的故事。劉繹在詩末道：「誰似高風孝子胡，如此讀書可無負」（《存吾春齋詩鈔》卷三），既是對胡孝子的孝順父母行為的歌頌，也是對天下讀書人以孝為先的呼籲。另外一首《孫孝子詩・有序》，也是表彰泰和縣內一孫姓年輕人，事母極孝，後母亡，承其遺志，大力投身公益事業助人為樂，被吉安太守予以嘉獎。

七、講學廬陵

劉繹歸居吉安不到一年，這種閒適愜意的生活便被打破。先是道光二十三年（1843），吉安城東的青原山陽明書院修葺在即，但何人掌管書院尚在物色之中。在這種狀況下，恰好有人舉薦狀元劉繹恐是山長的不二人選，於是原本有志於教育的劉繹便欣然受邀，出任陽明書院山長，開始講學廬陵的新日程。這一年的秋，他的父親劉振以九十高齡去世，在人生的最後幾年能感受到下輩的溫暖並辭世老家，算是含笑九泉了。另外停講許久的吉州城區的白鷺洲書院也正物色主講人，準備重新納學開業。這所屹立於州府東邊贛江白鷺洲上的書院，建於宋理宗淳祐元年（1241），由時任吉州知府江萬里創辦，此後成了宋代江西四大書院（另三家：鵝湖書院、豫章書院、白鹿洞書院）之一。數百年來，白鷺洲書院屢毀屢建，絃歌不斷，培養的人才濟濟，名震海內外，成為吉安府人文日新的風水寶地。到清代中後期，由於時常遭受兵火水患，書院又變得破敗不堪面目皆非。

吉安府新任知府李鎔經上任後，響應各界呼籲，重新加以修繕，並指示聘請德高望重者為山長，意欲重新續寫昔日華章。俗話說，栽好梧桐樹，引得鳳凰來。現在書院建好了，聘請誰來任職山長又是一個大問題。因為山長不僅是書院的實際管理者，而且還是書院開展日常講壇活動的主講者。前代的山長都是碩士鴻儒，這一次的人選肯定也得往這個方向靠。這是一件大事，大意不得。最後知府決定公開招聘，下令各地舉薦，有能力者均可自薦報名，優中選優，再加以綜合考察。吉安府歷來人才輩出，是一個藏龍臥虎之地，尤其是習儒者和文化人眾多。舉薦的布告一發出，不隔幾天，收到推薦的名單便雪片般飄來。有的是本地的名望耆老，有的是政府官員的老師，有的是省府要人的親屬，有的是吉安名公鉅卿的後人，有的是本地府縣學退養教諭，有的是賦閒的前科舉人或進士，等等，身份和來路五花八門。當然天子門生、進士狀元，現隱居永豐的劉繹也在推薦其列。為公平起見，知府召開相關人士討論大會，決定人選。與會者大部分推薦劉繹，但也有人認為劉繹自視清高，又愛多管閒事，甚至說他退出官場隱居鄉村就是喜歡惹事的結果。也有人主張以才學定人，只要能管理好書院，培養好人才，身份並不重要。最後商議的結果是經初步篩選後，優秀的候選人進行中秋節才藝大比拼，以見最後分曉。道光二十四年甲辰（1844）中秋前夕，劉繹應邀來到了白鷺洲書院，感慨此地文化美景，賦詩四首，其中第一首寫道：「遙從章貢抱瀠洄，忽到中流異境開。二水何人別涇渭，三山有路近蓬萊。文章波折須看勢，風景留連也要才。為憶師川題詠始，憑欄瞻矚幾徘徊。」（《鷺洲書院即事四首》其一）知府見幾名候選人都來了，便頒布競選規則：第一，書寫楹聯一幅，以考書藝；第二，撰制楹聯一幅，以察才情。上交之前兩聯署名自行密封，翌日當眾開封驗視評比，定最佳者為山長。第二天，知府還邀請廬陵知名賢達和文化教育界人士擔任評委，以示公開公正。墨寶勘驗結果，一幅筆力遒勁，銀鉤鐵畫的楹聯書法最後獲得大家的一致認可。其詞內容是與劉繹同時代的清代著名詩人楊季鸞為湖南江華秀峰書院所題的對聯：「鷺飛振振兮，不與波上下；地活潑潑也，無分水東西。」揭開封名，題款劉繹。接下來，另一幅新撰楹聯經過數位老先生比照鑒賞，一致推為最上乘。此聯寫道：「陵谷經幾遷，此地依然為砥柱；江河同萬古，斯文有幸見回瀾。」對聯內容契合時與景，氣勢非凡，寓意深刻，富有激情，再配之以飛躍靈動的書法，更令人拍手叫絕！有人心細，一對照前一聯摘抄的書法筆跡，認為非劉繹莫屬，揭開封條果然如此。劉繹這位狀元進士以超越他人的非凡才氣獲得了眾人的一致認可，最後知府大人一錘定音，白鷺洲書院山長的位置就非劉繹莫屬了。於是神采奕奕的劉繹在眾人的祝賀聲中，開始了經營打理白鷺洲書院的日程。因為聲名和才情在外，加之兼任了附近以講經為特色的青原山陽明書院主講，劉繹平時工夫基本上圍繞這兩座書院打轉，為廬陵教育的發展默默貢獻自己的力量。

劉繹歸居廬陵吉安的初心，恐怕是遠離政治的紛爭和漩渦，回歸親老、養老的故土鄉居生活。當然最重要的還是以平生所學回報桑梓，為家鄉為國家培養更多的人材。可惜晚清內外交困的時局讓退居家鄉的劉繹無法專守初心和完全安寧，期間幾次被朝廷徵召所擾，或參與其他事務。

道光二十四年（1844）秋的一天，何根雲、龍翰臣兩位主持廣東鄉試的考官，聽說劉繹掌教白鷺洲書院，便順道過境前來拜訪。劉繹陪同吉安府州守李鎔經接見了兩位來自京城的主考官。何、龍兩人也是進士出身，也曾入值南書房，但相比劉繹正當壯年，身負皇家考選之責，「年少貴顯」，氣度非凡，人爭豔羨之。知府大人趁機以題楹聯方式激勵書院諸生以兩位考官為目標，勤勉學習，爭取早日成才，並對書院管理和考核提出了新目標和要求。劉繹見後也深有所感，後題詩道：「升堂試仰前賢在，題柱須看太守留。更有一言責吾黨，勳名要向古人求。」（《存吾春齋詩鈔》卷三）兩位來客還向劉繹轉達了道光皇帝的親切問候，這讓離京三年之久的劉繹感動再三：「何太僕恭述，召對時疊蒙垂詢臣繹，以臣曾珥筆南齋也，而念及於前同值。以臣昔領袖乙榜也，而稱之曰爾同年。問臣何以不來，矜臣尚有老母。如臣之微，上廑沉眷循省。感泣不知所云。」

白鷺洲書院在劉繹的苦心經營下，學風校風大有好轉蒸蒸日上，附近城裏內外的縉紳、士大夫、家境殷實之家都爭搶將子弟送來書院，書院的人氣日旺，求學氛圍日益濃鬱。其中有兩個聰慧年輕的童子讓劉繹刮目相看，欣喜之餘賦詩一首加以鞭策和鼓勵：「幼慧古豔稱，驚奇我未見。士為文翁出，翩翩多秀蒨。中有二雛鳳，玉映尤堪羡。文場初及鋒，三藝脫稿便。余勇誇記誦，任舉經與傳……計程歷尚遙，努力期無倦。文史足方朔，正字作劉晏。奇慧奚須誇，德業富余念。」（《示蕭湯二童子》，《存吾春齋詩鈔》卷三）孟夫子說君子有三樂，其中得天下英才而教之為一大樂。作為儒家傳人的劉繹當然深得此樂的涵義，作為師長先生，有什麼比遇見靈慧聰明的學生還高興的事呢。

執掌鷺洲書院是劉繹的主要事業，當然育人之餘也沒有忘記詩書休閒與應酬，但相比此前，花費的精力要少多了，其中同年同鄉徐荊山是少見的詩歌唱酬來往較多的友人。徐荊山時任都昌（九江市）訓導，因空間的阻隔兩人難以時時過往見面，但這一點擋不住兩人的交流。這一年的重陽時節，徐荊山酬詩一首以寄寓對劉繹的想念，劉繹自然追和一詩表達對友人的牽掛：「浮雲閒看本空虛，松菊依然滿敝廬。我欲閉關誰送酒，君方作賦且停車。千秋際遇人才序，一紙殷勤老友書。回首燕雲離聚感，歸來猶喜共林居。」（《和徐荊山同年重陽見懷次韻》，《存吾春齋詩鈔》卷三）後來徐荊山因年老調回吉安府永新縣，任秀水書院山長，同為吉安教育做貢獻，兩人的距離拉近了許多，令人倍感欣慰，正如劉繹追和徐詩有道：「知交相近最相親，吾道將行屬望頻。但使文壇尊老宿，定教化雨遍同人。」（《徐荊山同年主秀水書院講席，詩來依韻酬之》，《存吾春齋詩鈔》卷三）這一對同鄉同年已是知交，但晚年回饋回歸家鄉教育卻是共同的選擇，劉繹為之十分欣慰。

歲月不居，時節如流。道光二十四年（1844）深冬，劉繹的白鷺洲書院首聘期已到，儘管辦理了續聘，但還是不得不暫時離別鷺洲，踏上回家省親的道路。來時芳草青青，歸時冷雨淒霜。回首近一年來的教書育人經歷，劉繹自認為出力還不夠，有愧於吉安府上下官民的期望，希望下一個聘期有所增進，培養更多的青年人才。短暫離別前他在詩中寫道：「回首韶光總不堪，瀟瀟風雨滿窗南。眼看原草枯榮一，身似堤楊眠起三。露白驚霜欺鬢黑，螺青映水逼衣藍。故山依戀曾何補，每對歸雲只自慚。」（《留別鷺洲》，《存吾春齋詩鈔》卷三）

回到老家永豐，劉繹感覺尤為輕鬆愜意，畢竟與吉州城裏有所區別，永豐的一切是那樣令人熟悉和親切。劉繹侍奉老母之餘，經常相邀同邑的郭舍人羽可一起登山賦詩，把酒臨風，日子倒也過得挺實在。有一天兩人同登縣境內的鍾秀峰後，照例以詩相酬，相互切磋，自得其樂。劉繹作有《登層山鍾秀峰和羽可舍人韻》一詩曰：「芙蓉朵朵玉枝枝，真個層山山盡奇。立我中鋒雙屐穩，看君絕頂角巾欹。人家近在神仙洞，詩老高於太守碑。莫怪登臨驚眾月，鳳池客已鬢如絲。」（《存吾春齋詩鈔》卷四）鍾秀峰山色奇絕，秀色可人，立於山頂，大有山高我為峰的自豪與曠達。儘管歲月不饒人，黑髮染華霜，但兩人似乎忘卻了年齡，一味地盡情享受這難得的戶外風光。劉繹本詩生動形象地再現了兩人登山的這種驚奇與開懷的感受。

劉繹重返城裏的時候，吉安府太守李鎔經特地邀請他到青原書院即陽明書院考察觀光。這個青原山書院經過李鎔經的改建，面貌已煥然一新，供奉的五賢也一一復歸原位。李太守高興之餘賦詩一首，劉繹見字後情不自禁地步韻追和一首，加以唱酬：「豈獨山名慨仰攀，廢興事事有循環。誰從佛界仙梯外，獨注心源道脈間。吾學劃然分聖域，崇林長此鎮儒關。我來拜謁鄉先哲，峰自峇嶢水自潺。」（《和李子畬太守〈青原書院〉原韻》，《存吾春齋詩鈔》卷三）青原山陽明書院因為清初巡視吉安的大文豪施潤章題寫「聖域」兩字並曾講學，使其名聲尤為響徹境內外，不少文人墨客都慕名前來瞻仰或講學，因而這裡的讀書習業風氣日益濃鬱。劉繹因知府之請也多次主講其間，算是沾洎先哲風光，因而顯得格外敬業、虔誠。

不知不覺，光陰荏苒。道光二十六年（1846），劉繹已經居鄉丁憂三年期滿，按規定應該向朝廷彙報並聽從調遣，但此時的劉繹已無回京之念。一則國事日蹙，朝中依舊是逆臣當道，對外鴉片戰爭全面戰敗，諸列強帝國強迫清政府簽訂了不少喪權辱國的條約，如《中英南京條約》《中美望廈條約》等。有鑑於此，劉繹自忖即使返京赴任也無法挽救頹敗局勢，反而可能深陷其中開罪不起。另外一個，劉繹著力興辦的廬陵吉安教育正漸有喜色，不想半途而廢；加之尚有老母身體孱弱，不宜動遷。思來想去，最後，劉繹決定以老母病重需要侍奉、教育民眾同樣服務社稷為由向道光帝請奏。道光皇帝知曉後也只得奏准，不想強人所難。

這時候的清廷形勢似乎並沒有因為簽訂條約而緩解，反而增加了內外矛盾，外部列強環伺仍在，內有夷匪作亂，賦閒在家的劉繹也覺得空氣似乎變得凝重。就在這一年春，老朋友吉安太守李鎔經忽然要調離了。這個消息對於劉繹來說有幾分突然和遺憾。劉繹清晰瞭解到李氏任職吉安府四五年以來，關心民眾，經營文化，倡導教育，深得士紳愛戴和百姓擁護，現在說走就走感覺有點詫異，一下子無法接受。後來細一打聽，原來是李鎔經太關心體貼老百姓了，以至於不忍心將每年朝廷要求徵收的錢糧負擔全攤派在百姓肩上，結果任滿考核時被人揭發而免職。此番正是去職赴京完成事務交割。劉繹有幾分不捨，還是前往送行並祝福，有詩贈道：「暫向文峰結舊盟，又從字水掛帆輕。歲寒松自干霄出，嶺上梅還向日葵。回首未能忘子捨，關心常覺有蒼生。此行正遇長風便，聞道天河已洗兵。」劉繹祝願李太守一路順利平安，因為恰巧夷匪之患據說被朝廷鎮壓了，路途要安穩許多。說到這裡，劉繹趁勢恭祝李鎔經繼續努力，為朝廷作出新的貢獻，以優異成績報效國家並期望能捎來平定禍患的凱歌：「覲天正好春初泮，報國能教海不波。偶遇沿途新奏凱，順風寄我泰平歌。」（《送李剛鋒太守入京》，《存吾春齋詩鈔》卷四）

抽空回永豐的劉繹時常有詩書應酬，但想來想去好像除了登山少有單獨歌詠永豐本地自然風光或人文勝蹟的詩作。有一天聽說自己倡建並期待許久的泳恩樓已經竣工，立馬邀上裘上舍等人前往觀覽。果不其然，但見坐落在祠堂頂部的泳恩樓，三面臨水，背靠城區一角的物舍樓宇，密密匝匝，前臨大江，氣勢非凡，在新建祠堂的鋪墊下更顯得高聳雄偉。登斯樓也，秋冬之際視野尤為開闊，遠處近郊桑竹茂田，人煙點點，列列在目；近看大江橫流，渚清沙白，水鳥翻飛，此時若有美酒在手，真有當年范仲淹公所謂心曠神怡，寵辱偕忘，把酒臨風，其喜洋洋者矣。裘上舍也非常興奮，乾脆施展自己的繪畫童子功，從目之所及之美景中選定八個有特色的對象描摹下來，並笑著對劉繹說，我繪泳恩樓八景，君能為我詩乎？應酬寫詩本是劉繹的強項，此番遊歷參觀也確實讓劉繹心有所感，面對好友的相邀和激將，他當仁不讓，稍傾，《泳恩樓及目八首》脫口而出，如其一《恩江》：「城繞村居水繞城，憑高四望景澄清。堤長有待狂回日，沙淺誰知勇退情。中沚一方人宛在，大江千里月同明。泳恩愈覺恩波闊，俯見寒流只自盟。」（《存吾春齋詩鈔》卷四）

泳恩樓的修建無疑為永豐士民增添了一處遊覽登攀的好去處，從此以後劉繹幾乎每年重陽都會攜家人來此登高攬勝。如道光二十七年（1847）九月九日重陽節，劉繹特地從白鷺洲告假歸家省親，其中即有侍奉老母登攀泳恩樓一活動並賦詩留念（參《九日奉太安人登泳恩樓即事》，《存吾春齋詩鈔》卷五）；道光二十八年（1848）重陽節，劉繹照例回到永豐老家，和母親等家人攀登泳恩樓並有詩記其事（《九日泳恩樓即事》，《存吾春齋詩鈔》卷五），等等。泳恩樓不僅成了永豐人民喜聞樂見的風景，更是劉繹侍奉老母、和家人消遣歡樂的見證。

道光三十年（1850）正月，清宣宗道光帝去世，咸豐帝即位。時值局勢緊張，人才匱乏，咸豐皇帝於是下令起復劉繹。劉繹接詔後「感激悚惶，莫知所對」，有詩句寫道：「蓬蓽來鶴書，疇諮奉明詔。寵至乍成驚，亟向慈闈告……聖人本人情，教忠即教孝。苟以為屈陳，未必嚴命召……進退兩躊躇，措詞俱顛倒。轉廑堂北憂，非慮終南消。」（《述懷》，《存吾春齋詩鈔》卷六）劉繹感激新皇咸豐帝的眷顧與惦記，中秋前夕便在惴惴不安中踏上入京覲見的旅程。此年秋，吉安多地久旱無雨，黎民懷憂，所見所聞，多有怨言，這讓一路北上的劉繹多了份忡忡憂心：「涓涓之流豈盈科，皇天不雨將奈何。舟人望比農人急，邪許聲中諮怨多。決排無計問神禹，誰為傅說作霖雨。茫茫四顧百優生，利濟空懷歎愁苦。」（《出吉水》，《存吾春齋詩鈔》卷六）舟發吉安，過南昌，轉九江，順長江，達金陵（南京），入大運河，抵揚州，入山東……幾近兩個月的舟車勞頓，十月初劉繹終於輾轉抵達京城。然而五十多歲的劉繹雖已入京但了無回闕之念，且老母在永豐奉養，於是再次以母老多病為由懇請歸養侍親，十月初十日召對乾清宮面奏陳情。咸豐帝有感劉繹的一片侍親至孝之心，特意恩准。事後劉繹有詩記道：「春殿從容曉日融，欣瞻黼座被和風。庭闈樂事家常語，都入天顏溫霽中。」（《十月初十日召對乾清宮》，《存吾春齋詩鈔》

卷六）十年前，劉繹剛從山東回調京城入值南書房，此後歸居吉安，一晃十年又過，真是「十年韶光如電抹」。劉繹告別京中好友，踏上了返鄉路程。回想此番進京，感覺來去匆匆：「才入都門便出都，十年風景尚模糊。舊遊漸少情愈密，久別相看貌不殊。」（《出都留別同人》，《存吾春齋詩鈔》卷六）

道光三十年（1850）深冬，劉繹冒著嚴寒風雪一路顛簸南奔，水陸並進，星夜兼程，終於一天透過晨曦中的微光，發現前頭廬山五老峰高聳的身姿影影綽綽，彷彿在向他招手，劉繹心中大悅，舉世聞名的匡廬終於看清您的面目了，他心裏無比欣喜並感歎終於到家了，有詩為證：「五老應將笑腐儒，依然來路是歸路，者回得見山真面，始信今吾即故吾。」（《見廬山》，《存吾春齋詩鈔》卷六）劉繹別京抵贛後已是咸豐元年（1851）的正月，回永豐安頓有關事務後重新回到了鷺洲書院。數月之間，劉繹所見頗多，再次見到熟悉的書院令他十分感慨，有詩《重至白鷺洲書院感事》寫道：「七度春風久抗顏，緇衣載詠重迴環。卻慚竽濫靡南郭，差幸文移恕北山。萍水有緣離又合，岫云何意去仍還。自憐反哺忙如許，不及洲前白鷺閒……讀書學古誠何事，仰對先賢試靜思。」（《存吾春齋詩鈔》卷七）劉繹自忖，近十年來，南來北往忙忙碌碌究竟為的什麼呢？有時候反而不如江上那些白鷗顯得那樣的悠閒。這次返回吉安一年來，劉繹決意將身心放在白鷺洲書院教育上，閒時再逛逛附近的風景，比如上洲前的雲章閣看看周邊的景致，也是很不錯的選擇，所謂：「開窗延曙色，屋角逗晴光。露葉梧桐潤，風花橘柚香。鶯鳴感喬木，魚樂悟濠梁。平旦饒清景，書聲出兩廂。」（《雲章閣曉晴》，《存吾春齋詩鈔》卷七）或登洲尾的浴沂亭，極目四望，八面風光盡收眼底，如：「二水中分句，金陵白鷺洲。哪知雙流合，章貢有源流。」（《浴沂亭八詠・二流交匯》，《存吾春齋詩鈔》卷七）或和遠近老友賦詩應酬，如《次韻宋小墅〈吏部記名御史〉見寄》：「隔年京國憶趨陪，又見梅花驛使來。聞道南曹塵帝眷，定知東閫待賢才。」（《存吾春齋詩鈔》卷七）或與家人分享快樂，如女婿習舒藻鄉試中舉了，劉繹不勝欣慰，揮筆賀道：「由來逐鹿爭先得，便覺乘龍與眾殊。次第看花揩老眼，好風順趁上雲衢。」（《喜習婿舒藻領鄉薦》，《存吾春齋詩鈔》卷七）總之，日子過得有滋有味，不急也不緩。

八、遭遇兵亂

劉繹這種穩定且充滿生活趣味的日子終將被打破了，原來咸豐二年（1852），形勢驟變，源起廣西的太平軍，一路北犯，本年秋經湖南已竄至江西邊境。第二年南昌、吉安等地也變得較為緊急，社會秩序變得不穩。為了保境安民，劉繹奉命協助吉安府襄辦團練，以備不時之需。這個團練是清朝時期的一種地方民兵制度，主要招募鄉間的民眾組成，亦稱鄉兵。孫鼎臣據《周禮》:「今之團練鄉兵，其遺意也」,「無比閭族黨則伍兩卒旅為烏合之兵；無保甲則鄉兵為烏合之民」。清代團練起源於十九世紀初嘉慶時期為對付暴動的白蓮教起義，在合州知州龔景瀚建議下設置團練鄉勇，令地方紳士訓練鄉勇，清查保甲，堅壁清野，地方自保。有關經費均來自民間籌集，且由團練總練長掌握。隨著太平軍的勢力坐大，清政府下令地方政府積極組建團練武裝以對付太平軍的破壞和暴動。這種團練制度在一定程度上維護了封建統治地位和社會秩序。對這一突如其來的時局變故和應對措施，劉繹似乎有看法，有詩道：「孰為當局孰旁觀，曲突徙薪千古歎。豈有虛文能號召，漫雲僥倖是平安。風波起伏初無定，陰雨綢繆敢為難。莫笑杞人憂太遠，且將反覆世情看。」(《團練示同事》,《存吾春齋詩鈔》卷七）劉繹以其世局敏感性提醒團練諸位同仁早日準備，以防來犯之敵。

咸豐三年（1853），太平軍定都南京，開始北伐和西征，而溯江西上成了既定戰略，江西自然成了和清廷軍隊爭奪的重要戰場。有鑑於此，劉繹致書時任吉安府太守王琴仙，提出編查保甲防控意見。不多時，九江已經被太平軍攻陷，江西全境危殆，吉安士人俱為震驚，白鷺洲書院雖然依然絃歌不輟，但作為朝廷命官的劉繹心裏卻無法真正釋懷，憂心忡忡：「炯炯寸丹唯北望，茫茫一白任東流。天涯盡日懸雙眼，憑仗祥風獨倚樓。」(《春陰》,《存吾春齋詩鈔》卷八）為了確保吉安城市安危，劉繹襄助太守成立郡城保衛局，發動全體兵民積極備戰，加強訓練和巡防。劉繹認為無論面臨怎麼樣的形勢與局面，甲兵強將是勝利之本，有備無患：「從來兵甲威天下，總在人和勢自強。」(《郡城保衛局即事》,《存吾春齋詩鈔》卷八）奈何太平軍來勢兇猛，同年夏，省城南昌告急，向周邊州郡發出求援急報。吉安太守王本悟（號琴仙）邀集臨近的贛州府、臨川府、袁州府、瑞州府（今高安）五郡精兵強將星夜馳援南昌。吉安全城老小敲鑼打鼓夾道歡送勇士們出征，劉繹也賦詩為他們壯行，祝願旗開得勝凱旋而歸，有道：「戟闌兵衛自森嚴，訓練經年用意深。公有祭彭歸義眾，我慚辛讜濟世心。通衢旗鼓人增氣，滿路簞壺各見忱。早待歸帆迎五馬，凱歌更與和鄉音。」(《王琴仙郡守約會贛袁瑞臨五郡同起義師赴援南昌，詩以送之》,《存吾春齋詩鈔》卷八）

咸豐三年夏秋之際真是苦難連連，兵禍連接。這邊的太平軍攻勢越來越猛，絲毫不見減緩趨勢，而老天似乎也趁火打劫，先是接連數十天不見半點雨水，入秋後又淫雨不斷，讓本因持續乾旱而歉收的田園莊稼又遭受淫水浸泡，結果是幾無收成，而賦稅又難免，一些老百姓被迫流離失所，逃難他鄉。劉繹目睹著一切，心中非常焦急又莫可奈何：「承平則忘亂，豐樂則忘貧。兵荒偶一遇，人事遂紛紛」(《祈雨》)，「旱猶半有獲，此雨卻為祲……惜哉稼穡寶，全付泥沙沉。」(《諮雨》,《存吾春齋詩鈔》卷八）而省城也沒有傳來好消息，在太平軍的攻勢和大雨侵襲的夾擊下反而多次告警，劉繹聞訊憂心忡忡難舒眉頭：「滿目愁霖兼苦潦，滯雲遮斷灌城秋。」(《聞省城告警》,《存吾春齋詩鈔》卷八）面對如此惡劣狀況，一介文人的劉繹只能期待朝廷有所寬宥，減免賦稅：「讀詔三軍泣，寬傜萬戶春」(《有感四首》其一，《存吾春齋詩鈔》卷八)，期望給百姓一個休養生息的機會，除此賦閒在家的他又能怎麼樣呢？

形勢越來越威逼，北邊的省城被困未解，而從西邊湖南過來的一支太平軍竟然已經殺到吉安地界，其中以湖南人鄒恩瀧為首的一夥殺到泰和，燒殺搶掠，破壞嚴重，吉安城也形勢危危，人心惶惶。劉繹沒辦法，只得暫時遣散學生，關閉書院，退到城中靜觀其變。遠在省城南昌援救的吉安府太守王琴仙得報後迅速率領一彪人馬赴吉回剿，可惜英勇戰鬥中被太平軍設計埋伏而遭擊殺。王太守之死，讓劉繹尤為震驚和痛苦。作為劉繹道光六年赴京朝考的拔貢同年，王琴仙能力富足，頗有責任和擔當，劉繹與之交往頗多。太平軍作亂吉安，作為州府最高長官，王琴仙自然守土有責，最後竟英勇戰死，也算死得其所。面對時局亂象，劉繹遺恨、悲痛之餘，賦詩 4 首律句深切悼念，其中最後一首這樣寫道：「衢號巷哭奈公何，為問從戎孰荷戈。身以成仁功自著，死疑傷勇恨尤多。黃堂遺愛紛烏鵲，碧血忠魂繞翠螺。廟祀千秋難報德，長留浩氣壯山河。」(《哭郡守王琴仙同年》其一，《存吾春齋詩鈔》卷八）太守禦敵而亡，吉安城全體軍民陷入悲抑之中。

泰和縣失陷之後，吉安城尤為危機。為安全計，劉繹只得回到永豐躲避兵禍。孰料咸豐五年（1855）十一月，太平軍攻佔守備較為薄弱的永豐縣城，知縣瑞林、縣丞萬慶章等四人戰死，隨即東進樂安，縣令靳丹書不敵被殺。不久太平軍又穿插進攻吉安城，新任知府陳宗元命參將柏英、通判王保庸率部出擊，無奈太平軍攻勢凜厲，只得且戰且退，最後回到城中繼續戰鬥，固守待援。

太平軍圍城兩個多月，吉安城始終無法突破，後來翼王石達開親臨前線，率領一支以煤礦工人拼湊的勇軍，用挖煤爆破手段轟炸城牆，兩軍激戰一番，最終城內因糧草幾盡、援軍不至，於第二年正月吉安城失陷。按察使周玉衡戰死，知府陳宗元不屈而死。通判王保庸登城鏖戰之際也兵敗被俘，最後罵賊遭到肢解慘烈殉國。兩軍激戰之際，本為鄒魯絃歌聖地的白鷺洲書院也在炮火中淪為目標，劉繹等人辛辛苦苦建設好的樓房亭閣皆毀於戰火，幾乎片瓦不存。吉安城失陷於太平軍，其時江西全境幾乎全部被太平軍掌控，其後清軍與之開始長達三年的拉鋸戰。形勢危急驟變之中，劉繹只得攜一家老小避難於樂安、吉水等深山中，惶惶如傷家之犬。咸豐六年（1856）年春，劉繹在深山老林中度過一個苦澀的新年，什麼時候時局安定重回老家經常縈回在他耳際：「遊子浮蹤時序感，萬山不隔白雲邊。」（《山中新歲》,《存吾春齋詩鈔》卷九）顛沛流離中，劉繹心情非常鬱悶，回歸家鄉的渴望猶如螞蟻齧血令人難以安寧，有詩道：「同是依人伴戶飛，又從故國問烏衣。秋風一度飄零感，我尚浮家不得歸。」（《秋燕》,《存吾春齋詩鈔》卷九）東奔西躲中，劉繹覺得自己就像離失了老巢的烏鴉不知何處才能棲息：「可憐烏繞樹，總向故巢啼。」（《途中雜詩》,《存吾春齋詩鈔》卷九）

當然，劉繹在避亂山中時，也非一味地對景傷時悲悲切切自怨自艾，作為官袍加身和肩負儒學教化之責的他，面對時局亂象和清軍一而再的丟城失地，有時也深為反省和痛思，比如他在《書事八首》其一寫道：「變聲倉猝禍誰階，痛巨創深淚莫揩……一城無主蜂飛亂，百姓何知蟻附皆。」（《存吾春齋詩鈔》卷九）是啊，這一切重大的變亂究竟是誰該為它負責呢？而留下的巨大創傷和痛苦卻要所有人來承擔，這太不公平了；面對飛來禍變主謀者卻缺少應變措施，真可憐那些懵懂無知的老百姓，只能像螞蟻那樣任人踐踏碾壓。為此，劉繹又生出幾分義憤：「終朝咄咄只書空，早用吾謀未必窮」（同上），作為吉安城防襄辦者，曾經多次向地方長官建言獻策，要求加固城防，提前做好獎賞招兵等激勵措施，可惜主謀者剛愎自用無心聽取。然而即使如此，倘若內部精誠團結眾志成城同仇敵愾，情狀或不止於此，可惜「誰知川壅防先潰，乍得風傳內已訌。咫尺洪都根本地，安危急切望群公。」（同上）事先沒有穩妥的禦敵之策，臨事又各打各的小算盤，內部分裂，意見紛起，如此以何而戰？以何勝戰？劉繹覺得最為遺憾和可笑的是，堂堂省府南昌，作為全省全局的指揮中心和防禦根本，竟然也沒有周全的禦敵措施，一旦情況緊急，就把希望落在周邊的救援上。主帥無謀，三軍累死又有何用。謀略眼光如此短視，應敵手法如此幼稚，劉繹覺得簡直太荒唐，只可憐那些英勇奮戰而殉國的將士。

咸豐七年（1857）形勢稍穩後，劉繹才重新回到永豐縣城，協助知縣組建團練等防守太平軍手段。永豐縣境在劉繹等人的統籌謀劃下，各鄉鎮紛紛拉起總計數千人的團練隊伍，盤踞在縣境內的太平軍見勢不妙幾乎全部退走。知縣路秉中因辦團練抗敵有功升遷調走，當然此番功勳，劉繹自當有一半功勞。咸豐八年（1858），劉繹率一家老小由永豐藤田遷巘山下塘陂。是年夏秋，曾國荃率領一支精勇的湘軍越過湘贛邊界前來圍攻被太平軍佔領的吉安城。劉繹潛回吉安城郊，被曾國荃邀請至螺子山，親眼目睹了清軍與太平軍在吉安城展開的一場激戰。關於清軍與太平軍吉安爭奪戰，據中國社會科學出版社出版的《太平天國大辭典》「吉安守城戰」條目介紹：

> 1858 年 5 月，傅忠信率太平軍多次突圍，均被堵回。湘軍於贛江內橫架浮橋，旁施鐵鍊竹纜，以防守軍乘船衝出。8 月 15 日，守軍以大小木簰數十架，滿盛火藥，魚貫而下，欲沖浮橋，皆被湘軍戰船奪去。17 日夜，太平軍再次出動小船、木簰，將敵鐵鍊浮橋沖斷，但木簰小船均被奪，全部官兵犧牲。9 月 21 日，湘軍多路分攻各門，吉安陷落。守軍除一部衝出東門出走外，餘全部戰死。至此，江西境內太平軍據點全部被清軍奪回。

清軍在回收吉安城之前，曾駐兵城北螺子山與城內的太平軍對壘，兩軍對戰情況，劉繹親身有過一日體驗並記載：「言登螺子山，山上列營伍。臨高更下眺，萬壘若環堵。誰謂燕巢幕，敢做螳螂局。憑城恃群狐，出穴引眾鼠。公然張爪牙，相當角旗鼓。軍士皆魚麗，么魔亦蟻聚。炮聲轟如雷，彈丸散若雨。困獸猶相持，自辰既過午。豺狼終畏人，蟄蟲乃墐戶。嗟爾兔藏窟，暫作魚游釜。我從壁上觀，全勢已親睹。北望真君山，南臨鷺洲渚。鷺洲渺何處，一片空焦土。惟有水師船，往來伴沙浦。」（《螺子山觀戰》，《存吾春齋詩鈔》卷十）作為封建官僚的一員和吉安城拉鋸戰的親身見證者，劉繹從清軍的立場，讚揚了清軍的營陣嚴整和軍士們的勇猛，對於太平軍則斥之為螻蟻、老鼠甚至豺狼，認為他們是困獸猶鬥，死期已臨。當然，對於心心念念的白鷺洲，劉繹也只能無奈地看著被毀成一片焦土。這一天，劉繹夜宿螺子山清軍大營，與湘軍將領挑燈飲酒賦詩：「張燈觀酒膽，橫槊助詩豪。」（《夜宿螺山營》，《存吾春齋詩鈔》卷十）第二天，在清軍的護送下，劉繹又回到了永豐。

八月中秋夜，吉安城終於被清軍收復，十七日時在永豐的劉繹聞訊後欣喜萬分，有詩記道：「失何容易得何難，露布傳來喜轉歎。兩度楸枰才結局，一年桂魄正團欒。塵霾風掃秋林淨，河漢雲開玉宇寒。已兆連宵燈火盛，山中簫鼓助聲歡。」（《中秋夜郡城克復，十七日聞捷》，《存吾春齋詩鈔》卷十）清軍攻克吉安城後，乘勝追擊，相繼收復峽江、吉水、泰和、龍泉、萬安諸縣城，太平軍基本被趕出了吉安。見局勢穩定情形漸好，劉繹於是重新返回了吉安城內。他目睹兵火後的吉安城一片蕭條破敗景象，內心非常複雜：「荒原故磊自縱橫，遠遠江雲繞郭平。洲挾鷺飛餘斷磧，山圍螺擁剩空營……重拔榛蕪尋舊跡，亡羊無限補牢情。」（《重入郡城》，《存吾春齋詩鈔》卷十）

劉繹準備穩妥停當後再次操辦書院教育之事。然而，計劃不如變化。咸豐十年（1860）秋，第二次鴉片戰爭打得正酣，英法聯軍攻擊到了渤海灣，而太平軍也正在攻城掠地，清政府內外交困，驚慌失措，疲於應付。為應對太平軍作亂危機，江西地方政府再次請求劉繹協助組建團練，隨時用事。第二年（1861）四月，年事已高身帶病患的老母親聶氏因不堪多次四處兵火中奔走，終於離世，享年九十四歲。清廷聞訊後敕封孺人，晉安人，累封淑人，旌表五世同堂。劉繹隨即以丁憂為理由，表示無法協助地方政府組建團練之事。可惜當時江西鄱陽湖一帶情勢仍然緊急，正是清政府用人之際，劉繹的請辭一時沒有獲得回應。或許在江西地方政府和曾國藩的運作下，這一年的十一月，劉繹接到了咸豐皇帝下的詔書：「上諭三品卿銜翰林院修撰劉繹學優品正，告養籍田有年，現在養親事畢，辦理本籍團練等，俟服闋後，即行來京，聽候簡用。」顯然，國家危機之中，朝廷要求年愈六十歲的劉繹領銜督辦江西團練，以抵抗太平軍。劉繹本志不在此，但危機情況下，作為賦閒在鄉的官員又不能違命抗旨，只好硬著頭皮走馬上任前往南昌。鄱陽湖一帶當時是曾國藩的湘軍和太平軍的決戰之地，兩軍拉鋸膠著之際，曾國藩很希望劉繹能夠建立一支勇猛的贛軍加大對太平軍的進擊，因此作為境內地方軍的江西團練責任也很重大，劉繹整天幾乎忙得團團轉，無暇省親永豐。身疲力竭之際，待戰事一緩，劉繹便以自身年老為由再次辭請，表示願意主持白鷺洲書院兼陽明書院主講，為繁榮地方文化付出餘力。

九、重回講壇

同治帝接位後，也下令徵召劉繹入京，但這個時候的他已是年過七十的老朽，自稱衰朽之身，苟延殘喘，恰如日薄西山，來日無多，無力勝任政府工作，表示願意整理地方文化遺產，主持地方書院發展，同治皇帝准請。同治二年（1863），戰亂後的青原山書院重新復學，劉繹也在陽明書院重新開課授徒。從道光二十三年（1843）聘為書院首任山長，此後輾轉各地，事隔二十年後再次登臨會館講壇，劉繹感慨頗多。有詩並序寫道：「重啟青原山館，感念今昔，恰二十年恍如昨夢。胡雪村遠道見訪，信宿話舊，並貽以詩。次韻答之」，新朋舊友難得一聚，詩酒唱酬，共話人生。劉繹詩云：「尚有前緣結此山，山靈應許再追攀。崇林已是凋傷後，陳跡何堪俯仰間。且幸青氈留故物，徂添白髮益愁顏。多情舊日升堂燕，猶逐春風為欵關。」（《存吾春齋詩鈔》卷十一）遭受兵火後的陽明書院草木凋零枯萎，詩人重踏曾經熟悉的地方，風物有變，陳跡仍在，是悲是喜，令人深思長歎。

同治三年（1864）年夏秋，吉安城仍有流寇騷擾，秩序並不太平，而鷺洲書院委實破壞深重，一時也難以復學。為了避難和遣散心情，劉繹在門人弟子的邀請下，不得已乘船溯遊而上出走贛州，經泰和，過萬安，抵達贛州時，受到學生兼老友胡友梅等弟子的熱烈歡迎。經歷過戰亂飄零和兵禍洗禮的劉繹，年近七旬的他從此對人生多了一份淡然與感悟：「鄉關回首渺山城，幻境茫茫雨乍晴。朋友殷勤休戚共，身家離亂死生輕。」（《初到虔州晤雪村，貽詩相慰，次韻和之》，《存吾春齋詩鈔》卷十一）初到贛州，劉繹和友朋們歡聚在贛州的吉安會館——藹吉堂，觥籌交錯之中，大家飲酒賦詩，呈才鬥藝，或指點江山，談興正濃，熱鬧非凡：「樽俎折衝雄略遠，笙歌騰沸客閒情」（《藹吉堂嘯集，和雪村次韻》，《存吾春齋詩鈔》卷十一）。此後數十日，在朋友的邀約和陪伴下，劉繹多有賞景之舉，如登八鏡臺，訪濂溪書院，憑弔慈雲寺，拜贛州陽明書院，攀鬱孤臺，如此等等，贛州城內的文化名勝幾乎全走一遍，直到該年九月才返回吉安永豐，開講永豐縣螺城書院。同治四年乙丑（1865），吉安新任知府定詳視察白鷺洲書院，當時的書院因遭受兵火而「淪為鮫室」，已經不適合再做書院了。時任書院山長的劉繹於是召集廬陵吉安府十縣有關愛心人士，倡議擇址重建書院事宜，知府定詳非常支持贊同。經過多次溝通協商後，決定將書院遷址到城西仁山隆慶寺廢址上。同治七年（1868）十月，書院重建破土動工，歷經一年零兩個月的艱辛，終於在同治八年（1869）十二月竣工告成。第二年冬，知府定詳和山長劉繹分別寫了《重建白鷺書院記》一文，加以紀念，並載入《書院志》書。鷺洲書院的重建，給吉安府的青年學子帶來了向學的希望與力量，尤其是學富五車的老山長劉繹的回歸，更是吸引了廬陵內外大批莘莘學子，他們呼朋喚友，奔走相告，以青年人特有的生機慶祝書院的重生。

劉繹歸居廬陵期間，孜孜矻矻，奮發勤懇，專以培養廬陵後學為務。從道光至同治近三十年間，除了主講白鷺洲、青原書院，劉繹還經常送學下鄉，和廬陵各縣書院保持緊密聯繫，先後如曾經指導泰和的雲亭書院開講，曾到永豐的螺城、義首書院則作短期的巡迴座講，進一步傳播了儒家的義理之學和君子的擔當精神，如此等等，培養、扶植了一大批青年賢才，如肖鶴齡、龍文彬、郭偃、何邦直、胡友梅等均出自他的門下。據說，劉繹主持白鷺洲書院時期，曾培養一科八人中舉登第，轟動朝野。（歐陽勇《清朝江西最後一個狀元劉繹》）。

劉繹晚歲棲居吉安，除了一如既往地主持白鷺洲書院，主講青原山陽明書院，結交四方文化教育界人士，還參編與主纂地方志書。同治、光緒年間，正值清政府下令編修地方志之際。江西省巡撫劉坤一主修《江西通志》，委劉繹任總纂。同治、光緒之交，劉繹參與編纂的《同治永豐縣志》《光緒吉安府志》《光緒江西通志》相繼修成，當時他已經是已屆垂暮之年。劉繹為感謝此生身遇恩典，特在家鄉永豐建詠恩樓一座，並賦作《詠恩樓即目八景》一作以示紀念。對於晚年的生活，劉繹認為有幸「重遊泮水」。而在《八十自序》中說：「平生進未嘗有一日詭遇，退未嘗有一日暇逸」，當是他一生的自我評定。光緒五年（1879）八月，一代科舉狀元劉繹在故鄉永豐逝世，終年八十二歲。光緒皇帝聞告發來唁辭道：「國之賢臣，流芳千古」，江西巡撫劉坤一題云：「一代忠良，萬世楷模」，永豐知縣寫道：「為人師表，萬人敬仰」，極其哀榮。劉繹後與夫人陳氏合葬於永豐縣城西坊傅家壩附近。著有《存吾春齋文抄》十二卷，《存吾春齋詩抄》十三卷等。光緒六年（1880）四月，上准御史彭世昌奏請，劉繹的學行事蹟被選入國史館，列入《儒林傳》。

十、不凡才學

作為狀元出身的進士才子，劉繹的學問與才識自是當時讀書人中的一流水平。不過劉繹從小發奮讀書到科舉登第，以及中年官場的激流勇退，晚年服務廬陵的鄉梓情懷，歸根到底與他的儒學傳人身份和思想緊密相關。

據歐陽勇介紹，劉繹自幼熟讀朱子《小學》，是書強調立教、明倫、敬身、稽古、嘉言、善行六大方面，實際上貫穿儒家傳統的認知修行的目標：明心、見性、修身、齊家、治國、平天下的宏偉藍圖。因此年少的劉繹即以古之儒家君子所為牢記於心，加之他的父親劉振的監管督導，常以「讀書何事，所以學為人也」相規勸引導，所以劉繹從小就養成了學以成人的受學想法。稍長後，又潛心研究學習講求儒家經義，探究名理的學問。所以，劉繹的學問根底即在於儒學，受儒家講究的君子當敬德修業善信的影響，一舉一動，一言一行非常注重先賢規範，並以之作為效法目標，因而劉繹自小養成立身行事，篤實平易，不虛偽不做作，事君忠貞，事親孝道，對待朋友真誠。這些樹立起來的良好德行，加上堅實的學問知識，使他日後走向仕途如魚得水，周遭融洽，正如他晚年自我認定的那樣：「平生進未嘗有一日詭遇」，即生平沒有遭到別人挖坑暗算，這種結果恐怕正是他與人為善、誠摯好學的品行修來的福份。

劉繹講學，堅持「默承淵源，推闡往緒，昌明正學，鼓舞善類，以省察躬行為本，經明行修為要」的辦學宗旨。給生徒講學，不涉偏激，不落虛空。以檢查所作所為為重，也以省察躬行為本。晚年的劉繹教育人才以儒家精神指引為本，主張理論與實際相結合，言與行相一致。強調身體力行，注重社會調查與考察，反對偏激和虛空，激發青年士子以積極的姿態去搏擊人生，學而優則仕，學而優反哺社會，培養年輕人積極入世的擔當精神。但他自身晚年卻受老莊思想影響較為明顯，比如對人生的淡泊情懷和仕途的激流勇退。他曾經感歎道：「只恐京塵衣華素，不嫌官況水同清。「鷗鷺自得江湖樂，不向煙宵羨鳥飛。」等等詞句，均是他晚年參破人生的由衷感悟。

劉繹也是一個文學家。可惜文集難覓。近年有高立人主編的《白鷺洲書院志》收其詩歌數首，另有龔希健整理《存吾春齋詩鈔》十三卷，算是收輯劉繹整理詩歌作品之最多本。另有《存吾春齋文鈔》十卷、續鈔二卷，可惜尚未整理出版。本傳所選詩歌，均出自此兩本，藉此一窺劉繹文學創作大略。

劉繹的文學創作，多以其鄉賢歐陽修文為依歸，論文也以六一為志趣。比如他在《李太守雜文偶存序》中說：「為文之旨有四：曰明道，曰經古，曰闡幽，曰正俗。有是四者，而後可以格律求之。」見出劉繹的文論思想以尊經明道為主旨，要求文學作品具有匡扶流弊的社會作用，具有現實意義，然後再探求格律形式。這與歐陽修主張的文以充道的文論思想不謀而合。實際上，作為吉安府永豐縣人，劉繹非常仰慕歐陽修這個同邑之人的。道光二十二年（1842），劉繹正居鄉永豐侍奉雙親，一次前往沙溪西陽宮瞻仰到歐陽修畫像，不禁感從中來，揮筆留詩一首《歐陽文忠公遺像》：「一醉滁山後，風流七百年。遺容邀睿鑒，褒美及前賢。主眷歎來處，師尊論翕然。昌黎堪配孟，曠代接心傳。」

（《存吾春齋詩鈔》卷三）詩歌高度讚揚了歐陽修的學術思想來源及影響地位，贊同歷史的說法，認為歐陽修是韓昌黎和孟子的傳人，他們的學術思想將世代永續，萬古長青。此後的咸豐六年（1856）冬，闢亂山中的劉繹讀到歐陽修的詩集，感慨萬端：「一代文章真翰林，乾坤清氣助豪吟。論詩北宋誰高韻，衍派西江此正音。韓范宦情憂樂共，蘇梅交誼死生深。暮年縱遂歸田志，不盡匡時報國心。」（《讀六一居士詩集》，《存吾春齋詩鈔》卷九）對前賢歐陽修的道德文章熱情禮讚，並對歐陽修的及時致仕歸隱田園仍不忘報國之心表示由衷敬佩。咸豐七年（1857）小居永豐縣的劉繹還曾瞻仰歐陽修故居西陽宮，並留下組詩《瀧岡懷古》四首，其中《文儒書院》有句道：「聖地前賢想式憑，宮牆瞻近接崚嶒。人才培養關盛衰，世事遷流有廢興。」（《存吾春齋詩鈔》卷九）該詩議論說理，指出人才培養關乎時代興衰的觀點至今都不過時。

文學創作理論上，劉繹主張文以明道和真情、自然，要求言之有物，反對偽飾與虛妄，認為寫文章要做到「文以明道，道則未之有得也。然文生於情，情或有時而至也。彼考辯者，博議論者，肆皆有意而為之，固必須乎其學力矣。若乎不事摹仿，不求工巧，自然流露。若不容已，則雖詞淺旨近，往往見其真焉」。（《存吾春齋文鈔・自識》）劉繹認為，「作詩不必規規唐宋，惟其真而已」。可見「真」是劉繹批評詩歌的第一要旨。我們不妨看看他的作品是否貫徹自己的文學主張。如《重至白鷺洲書院感事》（《存吾春齋詩鈔》卷七）：

> 七度春風久抗顏，緇衣載詠重迴環。卻慚竽濫縻南郭，差幸文移恕北山。萍水有緣離又合，岫云何意去乃還。自憐反哺忙如許，不及洲前白鷺閒。重啟南窗萬綠滋，天恩玉露感芳時。生徒功課煩宸念，定省臣私荷主知。負米勉期循子職，論文仍恐愧師資。讀書學古誠何事，仰對先賢試靜思。

這首詩是劉繹於咸豐元年辛亥（1851），重返白鷺洲書院時有感而作。道光二十四年甲辰（1844），劉繹退居家鄉後第一次光臨聞名吉安府的白鷺洲書院，被其人文和美景吸引。如今彈指一揮間，七年光陰已逝，短暫別離後詩人再次回歸，難免有風景如故而人已殊的感慨。七年來，其間劉繹迫於時局和境況，多次婉辭入京的徵召，就任白鷺洲書院和陽明書院山長，推動廬陵文化與教育的發展。據其自注「去歲應詔入覲，此席承當道虛留以待」，言指道光三十年（1850）夏，因大臣薦舉，朝廷徵召劉繹入京，短暫居京，但書院的山長位置一直保留，待他復位。詩作開頭兩句詠歎所由，交代重回故地的背景。

三、四句謙指自己負責書院是濫竽充數，而幸運地是書院斯文有傳。五至八四句借描寫江洲之自然景物，暗指自己不願捨棄，重回到故地的留戀心態，儘管事務繁忙也樂此不疲，話語雖顯得幾分沉重，實質隱含劉繹願以衰朽殘年獻身書院的微妙心情。九至十二句，寫自己入京彙報工作，感激皇帝對書院事業的關心。劉繹自注道：「召對時，蒙上問書院課程、庭闈、定省」，說明朝廷非常關心劉繹辦學吉安之事，為此讓他感動萬分。後四句言指要不負聖恩，要對得住國家薪俸，勉力而行，要向古人前賢學習，時刻反省，提高學識，管理服務好書院。這首詩歌，以敘事抒情為主，加以寫景，語言自然，情感真切，風格略微沉鬱，反映了劉繹重新歸來後，肩負皇家寄託，發展書院未來的複雜情緒。

同年秋闈，鷺洲書院八名學子鄉試中舉，捷報頻傳，震動府縣內外，劉繹非常高興。然而慶賀之餘，他也為那些落第者深感遺憾，於是賦詩一首並序：「辛亥秋闈後至鷺洲，見諸生鄉捷，既為得者喜，復為失者勗。」

> 文章命達欲重論，滿園秋香桂子繁。二水往來爭彼岸，八元名姓爛吾門。
>
> 遇風莫羨鴻毛順，接翅終期鳳羽騫。慚愧年年人樹計，相看桃李豈無言。（《存吾春齋詩鈔》卷七）

杜甫曾說「文章憎命達」（《天末懷李白》），意即有文采的人總是命運多舛，一生坎坷。劉繹首句反其意用之，認為這種說法需要重新討論，實際指出文章寫得好，其命運前程也會輝煌，所以第二句「滿園秋香桂子繁」，借桂子成熟枝葉香飄喻指書院又迎來舉業考試的大豐收。三四句，抒寫這次鄉試取得的輝煌業績，八名學子中舉，消息頻傳，猶如白鷺洲邊的二水紛爭上岸，爭先恐後，此起彼伏，熱鬧非凡。五六句，委婉安慰落第者，鼓勵他們終究有獲取成功的時候。七八句抒發自己栽培人才的遺憾，末句反用「桃李不言，下自成蹊」句意，表達對忠誠行事的懷疑，寄寓對落榜學生的深深同情。全詩敘事抒情，言之有物，用語自然，個別造語，反用前人說法，別出心裁，情感深沉真摯，中間二聯對仗工整，體現劉繹狀元才子七言律詩的高超成就。

劉繹也不乏一些短小淺近的寫景詠物抒情之詩。如《浴沂亭八詠》其一《螺山曉嵐》：「仰瞻螺嶺雲，俯映螺川水。河嶽炳英靈，萬古此流滯。」再如《梅林晚渡》：「日暮客子情，夕陽隔江路。昨宵春水生，添得渡旁渡。」如此等等，可以見出，劉繹的詩歌以抒寫真性情為主，而短詩風格明快，活潑生新，語意淺近，體現詩風的多樣性。

劉繹的散體文創作成就集中在《存吾春齋文鈔》十卷及續鈔二卷之中，遺憾地是至今未能整理出版和寓目。不過慶幸的是今有劉繹後裔劉啟明先生單獨羅列文鈔十卷篇目，現姑且以篇目一窺劉繹散文創作成就之概況皮毛。

據筆者檢索統計篇目，劉繹的文鈔主題集中以下幾個方面：

第一，數目不少的文集序，計有二十四篇，包括文集序、詩集序，如卷一《李太守雜文序》、卷二《三盛詩鈔序》等。

第二，規模不小的族譜序，如卷三計有二十三篇，涉及廬陵地域二十個姓氏。

第三，應景應俗的壽序十六篇。

第四，人物傳記，如卷七二十四篇，計男性賢良方正傳十二篇，女性節婦烈女傳十二篇。

第五類，墓誌銘二十九篇。

第六，記體文二十篇。

其餘書信、雜文等二十一篇。

從文學研究角度看，詩文序最能體現劉繹的文學觀和文學理論；記體文可以見出其寫作功底與特色。其餘文章可以參資瞭解廬陵地域的族群與劉繹本人的交往圈。

劉繹曾自序其文道：「余以空疏涉世，間有應酬文筆，不可目之為文，其以道也概無所得。而一世情與事合遂率爾，成篇久而漸多。」(《存吾春齋文鈔・自識》)從其上述篇目來看，不完全是自謙之言，比如應景的壽序文，估計多半是受人請託。

作為狀元進士，劉繹還是有名的楹聯書法家，在書法方面也頗有造詣。國家文物局稱其為晚清七大書法家之一。據歐陽勇介紹，翰林院時，道光帝曾將他的書屏條幅懸於內廷；晚年歸家江南後，曾國藩特意請他書寫過對聯。前面已經介紹，主講白鷺洲書院時，書寫的「鷺飛振振兮，不與波上下；地活潑潑也，無分水東西」，以及「陵谷經幾遷，此地依然為砥柱；江河同萬古，斯文有幸見回瀾」至今刻於書院石柱上；隔江相對的鍾鼓樓匾額所書「古青原臺」古樸莊重大氣的四個字也是出自他手，至於永豐縣還有不少地方還保留了他的墨寶手跡。另外在附近府縣也流傳劉繹的楹聯墨蹟。如題江西省樂安縣學署聯：「雖有此不樂，既來之則安。」此聯雁足格，學署名，構思精妙。現在還保留的題樂安縣流坑村楹聯如：「仁靜知流鍾地脈卜世卜年至今喬木蟠根吉壤千秋傳古蹟，讓水廉泉近鄰居徵文徵獻重與枌榆話舊恩江一道共來源」。又如題江西省贛州八境臺：「千里江山控南服；一城圖車詠東坡。」八境臺坐落在贛州市北八境公園內，建於北宋嘉祐年間（1056～1063），因郡守孔宗瀚築臺後繪製《虔州八境圖》，並以圖求詩於蘇軾而得名。歷代文人在這裡的題詠甚多，如今成為贛州市內重要的觀光景點。

參考文獻

1. 劉坤一等修，劉繹等：《光緒江西通志》，上海古籍出版社影印清光緒七年刻本。
2. 王建中、劉繹等：《同治永豐縣志》，江蘇古籍出版社 1996 年影印版。
3. 趙爾巽：《清史稿》，中華書局 1977 年版。
4. 《清實錄》，中國哲學電子化在線網絡本。
5. 王離京：《大清狀元》，齊魯書社 2014 年版。
6. 李天白：《江西狀元全傳》，江西人民出版社 2014 年版。
7. 高立人：《白鷺洲書院志》，江西人民出版社 2008 年版。
8. 歐陽勇：《清朝江西最後一個狀元劉繹》，載劉文源《吉安古代名人傳》，百花洲文藝出版社 1995 年版。
9. 張藹云：《江西歷史上最後一位狀元——教育家劉繹》，《蘭臺世界》2007 年第 19 期。
10. 劉繹：《存吾春齋詩鈔》，龔希健、丁功誼箋注，江西人民出版社 2018 年版。
11. 劉啟明：《劉繹——江西歷史上最後一位狀元》，2016 年自編版。

附錄：部分狀元殿試策

一、曾棨試策

（一）永樂二年（1404）甲申科殿試制策

皇帝制曰：朕聞聖人之治天下，明於天之經，察於地之義，周於萬物之務，其道貫古今而不易也。是故，黃帝、堯、舜統承先聖，垂裳而治，神化宜民。朕惟欲探其精微之蘊。「曆象」《禹貢》《洪範》載於《書》，大衍《河圖》《洛書》，著於《易》。古今異說，朕惟欲致其合一之歸。興學有法，立賢無方，而古今異制，朕惟欲通其所以教育，參其所以明揚。古者禮、樂皆有書，今《儀禮》《曲禮》《周禮》僅存，而《樂》書缺焉。朕惟欲考三禮之文，補《樂》書之缺，定黃鐘之律，極制作之盛，皆人治道所當論也。諮爾多方多士，承朕皇考聖神文武、欽明啟運、雋德成功、統天大孝高皇帝作新餘四十年，必知務明體適用之學，敷納於篇，朕親考焉。

（二）曾棨對策

臣對：臣聞之《中庸》書曰：「大哉聖人之道！洋洋乎發育萬物，峻極於天。優優大哉！禮儀三百，威儀三千，待其人而後行。」至哉言乎！斯道之全體大用，實有待於聖人乎。臣嘗稽之於古，揆之於今。自皇（黃）帝、堯、舜以來，未有不由斯道者也。恭惟皇上受天明命，居聖人之位，得聖人之時。進臣愚於廷，與論聖人之治，是真有志於聖人之學也。故既統言聖人所以明於天之道，察於地之義，周於萬物之務，而又析而言之，始之欲探夫聖學精微之蘊中之欲，會夫《易》《書》同異之說，參夫明揚、教育之方，終之欲極夫禮、樂制作之盛，且以明體適用之學，望於臣策。臣愚知皇上之心，即黃帝、堯、舜之心也。先黃帝、堯、舜而聖者，此心也；後黃帝、堯、舜而聖者，亦此心也。太祖聖神文武、欽明啟運、俊德成功、統天大孝高皇帝，實同此心也。皇上所以善繼人之志，善述人之事也。斯世斯民，何其幸歟！然皇上既以明體適用之學望於臣愚矣。聖人全體大用之學，臣愚敢不以為皇上勸哉！

夫皇帝、堯、舜統承庖犧、神農，垂裳而治，得聖人之時者也。皇上統承太祖之鴻業，以大有為之資，當大有為之日，豈非得聖人之時者乎！是故時乘六龍以御天也，雲行雨施，天下平也。黃帝、堯、舜之通變神化，在皇上此心一轉移之間耳。中庸之道又豈有甚高難行之事乎！臣請得而悉陳之。

自伏羲、神農、黃帝、堯、舜繼天立極，而道統之傳有自來矣。《易》所謂「窮理盡性以至於命」也，「剛健中正，純粹精也」，「聰明睿智，神武而不殺」也。《書》之所謂「安汝止，惟幾惟康」也，「敕天之命，惟時惟幾」也，「惟精惟一，允執厥中」也。《中庸》所謂「尊德性而道問學」也，「致中和，天地位萬物育」也，豈非所謂「聖道精微之蘊乎」！

皇上勿求之茫昧，勿求之泛雜，勿求之艱深。既探而得之，願服膺而守之也。

三辰迭運而有常，所以為天之經；五土分利而有宜，所以為地之義。天地之道可一言而盡也，亦曰求之於心而已矣。《書》曰：「欽若昊天，曆象日月星辰，敬授人時。」歷所以紀數之書，象所以觀天之器，曰欽曰敬，此曆象之統宗也。是故曆法，周天三百六十五度四分度之一。天左旋於地，一晝夜其行一周而又過一度。日月皆右行於天，一晝夜則日行一度，月行十三度十九分度之七。故日一歲一周天，月二十九日有奇，而一周天又逐及於日而與之會，歲十二會。方會則月光都盡而為晦。已會則月光復蘇而為朔。晦後朔前，各十五日，日月相對，則月光正滿而為望。晦朔及望而日月之合對同度同道，則為交蝕。失（疑為朱）序嘗取其說，以傳《詩》之《十月之交》矣。至蔡沈本其父季通之說，以為日行少遲於天，一日，亦繞地一周，而比天為不及一度。積三百六十五日九百四十分日之二百三十五，而與天一會。月行尤遲。一日常不及天三十度十九分度之七，積二十九日九百四十分日之五百九十二，而與日一會。天歲與日一會，而多五日九百四十分日之二百三十五者為氣盈；月歲與日十二會，而少五日九百四十分日之五百九十二者為朔虛。合氣盈朔虛之數，而置七閏於十有九歲之間，則氣朔分齊，是為一章。朱子又曾與門弟子講《書》，而稱此說分明矣。是故若有不同者。

然臣曾考之，天無體，以二十八宿為體；天無度，自行其過處為度。歲有十二月，月有三十日，日有十二時。時刻皆八，而子午卯酉加二焉。天度所歷，則所謂至角、至婁、至井、至奎，某舍某度也；地面所經，則所謂出卯入酉、出寅入戌，某時某刻也。以九百四十分為一日，而復為四分之日以周天。分十二次，次三十度，而復為四分之度所以算也。氣盈者，歲二十四氣之日有餘；朔虛者，歲六小盡之月日之不足也。一歲率多十日有奇，二歲多二十一日有奇，三歲多三十二日有奇，四歲多四十三日有奇，五歲多五十四日有奇。是五歲再閏，而猶不足以備兩月，必十有九歲七閏，而七閏之數均焉。餘分之積亦終不得而齊也。其說何嘗有不同哉？但日者，陽之精，豈有遲於月之理。蓋順而數之，則見其進而與天俱左旋；逆而數之，則見其退而若右轉。歷家以進數闊遠為難度也，故以其退數而紀之，則去度近而易耳。是故自地面而觀其運行，則皆左旋；自天度而考其次舍，則日月五星以漸而東。其行不及天，而次舍日以退也。然次舍雖退，其行未嘗不進也。退雖逆，而進未嘗不順也。左旋右轉之說，其實何以異哉。至其論交蝕，則皆曰：王者修德行政，用賢去奸，使陽盛足以制陰，則日常當蝕而不蝕；若國無政，不用善，小人凌君子，陽微不足以制陰，則日當蝕而必蝕，是亦未當不同也。

世之言天體者三家，一曰周髀，二曰宣夜，三曰渾天。宣夜以為天無形，望之蒼然，蓋積氣也。日月星辰，舉無根系，荒忽闊遠，近於異端，先儒嘗謂其不可考矣。周髀之術以為天似覆釜，蓋以斗極為中，中高而四邊下，日月旁行繞之，日近而見之為晝，日遠而不見為夜，即所謂天如倚蓋，而世傳以為蓋天象者。蔡邕謂其考驗天象多所違失矣。獨渾天之說，以為天半覆地上，半在地下。其天居地上，見者一百八十二度，半強地下亦然。北極出地上三十六度，南極入地下亦三十六度，而嵩高正當天之中極，南五十五度。當嵩高之上，又其南十二度為夏至之日道，又其南二十四度為春秋分日之道，又其南二十四度為冬至之日道。又南下去地三十一度而已是夏至日，北去極六十七度，春秋分去極九十一度，冬至去極一百一十五度，其南北極特其兩端，其天與日月星宿斜而回轉，此必古有其法。遭秦而滅，至漢武帝時洛下閎始於地中為渾象，以定時節，而作太初之曆。東漢延熹中，張衡又為銅儀於密室，具內外規而以漏水轉之。吳王藩制儀立論，宋錢樂因之。後魏造鐵儀，唐李淳風作渾儀，七年而成，表裏三重，曰六合，曰三辰，曰四遊，太宗稱善，置之凝暉閣。至開元時，一行改治新曆，而太史無黃道儀，梁令瓚以木為之，一行是之，而更鑄一銅鐵，以木框為地平，上置木偶，各施輪軸鉤鍵關鎖，機變若神。至宋太平興國初，張思訓亦為銅儀三重，比唐制加密，以汞代水，寒暑不忒。大中祥符中，有韓顯符，元祐中有蘇頌，元初有許衡、王恂、郭守敬、劉秉忠簡儀渾儀之作，極人事之巧；璇璣、玉衡之法，其庶幾矣。然臣愚所取者，南考中星北察斗，建宅四方四隅以定候，審二分二至以測景。隨時修改，以與天合。聖人復起，必不拘拘於有跡之粗，以為無形之妙。其所以察之齊之，在於聖人心術之微，必不專倚於器數之末也。臣謂皇上及今，必求如古之名儒，而後可與論曆象之說。欽若昊天，固非區區市廛卜肆星術之流所能辨也。

昔者，鯀湮洪水，汩陳五行，禹乃嗣興，順其性而治之。濬鑿之功，則由下以及上。故始於冀、兗，以治河、濟之下流，次及青、揚，以治江、淮之下流。下流既殺，漸治其上，故次荊、次豫、次梁，而雍地最高，水患最少，施功獨後。此濬鑿之序也。其疏導之功，則自上以達下。故《禹貢》言導山者四，導水者九，皆自西北極於東南，順其就下之勢，自源徂流，而無壅遏之患。此疏道之序也。於是因山川之形便，以別州域；因土地之生殖，以定貢賦。詳於治內，略於治外，規模素定，經緯有條，以至禽獸、夷狄、遐方、異類，皆得其所。行其所無事，仁之至而義之盡也。然自平成以來，今數千載，兗豫之間，水多潰決。昔之九河碣石，今已淪於海；昔之河趨伾降，今乃南合。清淮滎波，已難指實。而濟漯，亦非其故道。江沱潛漢，出非一所；九江匯澤，名實異同。或以臺朕為堯舜，或以錫圭為錫禹。雜出之說，或以為歲有吉凶，或以為戶有增減，或以為地力有年分之不同。臣愚的然。以九江為洞庭，以匯澤為彭蠡，以臺朕錫圭皆指禹言之。蓋古者君臣一體，非若後世之有嫌疑形跡於其間也。雜出諸說，皆當以蔡沉為當焉。《洪範》者，治天下之大法，其類有九。初一曰五行，而不言用，蓋無適而非用也。五曰建用皇極，而不言數，非可以數明也。五事曰敬，所以誠身，參之五行，天人之合也。八政曰農，所以厚生，見人之所以因乎天。五紀曰協，所以合天，見天之所以示乎人。三德曰義，所以治民撫世酬物之權也。稽疑曰明，所以辨惑，以人而聽於天也。庶徵曰驗，所以省驗推天而徵之人也。五福曰饗，所以勸。六極曰威，所以懲，其重則在於皇極也。前四者極之所以建，後四者極之所以行。大禹敘之，箕子陳之，武王受之，孔子刪而存之，此即周之大訓也。

至於河圖之文，亦載於《書》，著於《易》，前此諸儒，皆以《河圖》授羲，《洛書》錫禹，朱子、蔡氏亦各因之。然《洪範》即彝倫也。彝倫斁異，則

《洪範》不畀；彝倫敘，則《洪範》乃錫。其畀其錫，豈天與帝真有物象予之而集之哉！《易》大傳言「河出圖，洛出書，聖人則之」者，即所謂「仰觀天文，俯察地理，近取諸身，遠取諸物」作《易》之事耳。豈有所謂龍馬，有所謂神龜也哉！後世對禪之說，天書之事，未必不由此啟之也。臣愚嘗為之三歎於斯焉。

伏羲之畫卦也，見陰陽有奇偶之象書。畫一奇以象陽，畫一偶以象陰，而數肇於此矣。是雖有取於《河圖》，未必盡出於《河圖》也。至謂《洪範》本於《洛書》，則《洪範》篇中無《洛書》之文。不知先儒何自而過信之，以起後世之惑。大衍之數，大傳亦明言天一地二，天三地四，天五地六，天七地八，天九地十，即陰陽奇偶之數耳。奇偶生成，理之自然。故又曰天數五，地數五，五位相得而各有合。天數二十有五，地數三十，凡天地之數，五十有五。大衍之數五十，其用四十有九。分而為二以象兩，卦一以象三，揲之以四以象四時，歸奇於扐以象閏，五歲再閏，故再扐而後卦。參伍以變，錯綜其數，通其變，遂成天地之文。極其數，遂定天下之象。此言象數之原，而陰陽五行之往來消長，對待之定體，流行之妙用，揆之萬物萬事，百家眾說之流，兼統貫通，無適而不遇其合；橫斜曲直，無往而不通其流。同此數，則同此理。故非但曰天以一生水，而地以六成之；地以二生火，而天以七成之；天以三生水，而地以八成之；地以四生金，而天以九成之；天以五生土，而地以十成之。《河圖》生出之次，始東，次南，次中，次西，次北。左旋一周，而又始於東。生數則陽下左，而陰上右；成數則陰下左，而陽上右。《洛書》陽數首北，次東，次西北，次東北。合而言之，首北而究於南。其運行則水剋火，火剋金，金克木，木剋土。右旋一周，而土復剋水者，與《大傳》所言吻合而無間。不知後之作此圖者，因《易》《書》有《河圖》《洛書》之名，《大傳》有對待流行之義，遂依仿而為之。故雖支干甲子參同運行之說，亦無不吻合者，一陰陽之理，天下之變也。所謂《圖》者，《經》未嘗言有馬負之。所謂書者，《經》亦未言有龜戴之。自歐陽永叔、司馬君實皆力詆其怪誕者，良以此也。

臣愚謂《易》《書》之文，古今異說，欲致其合一歸，但求之於聖經而明辨其理，揆之於聖人而達宗其道，則渙然而冰釋，怡然而理順。知眾說有異，而至道則同，又何致疑於其間哉？

古者，學校所以教育人才之法，舜之命后夔者至矣。《王制》春秋冬夏之異教。《文王世子》之篇，謂春誦夏弦之類，《燕義》搜之車甲之文。臣恐其皆未盡然，漢儒之所附也。《周禮》師氏三德，保氏六儀，大司樂成均之法，樂師之小舞，大司徒之教象，以鄉三物賓興之；大胥掌士之版，合射以考其藝；旅師黨正州長，鄉大夫書之，論秀而升之，論定而後官之，任官而後爵之。其教之若是其備，進之若是其難，而學校無不修矣。而明揚詢訪，未嘗缺焉。四嶽之所舉，非熊之所兆，審象而旁求者，亦皆非學校之所養也。況乎後世學校之政不修，明揚之法不立，間暇無事之時，不思所以養士，緩急有為之際，則常患於乏才，曷不參之古之人乎？《棫樸》之人才至於濟濟之多，《卷阿》之吉士而有藹藹之盛，皆本於人君克知灼見，迪知德忱恂，非一日也。周宣之中興，則有若張仲導之於左右，山甫垂式於百辟，有申甫為南國之式也，有召虎致四方之平也。漢高顛倒駕馭而得三傑，孝武崇儒重道而得仲舒，孝宣招選茂而得丙、魏之倫，光武推心任人而得寇、鄧之佐。蜀、魏及吳亦各有人才：魏之荀、賈，算無遺策；吳之周、魯，腹心爪牙；蜀孔明，王佐之材。西晉之世無聞，東晉僅有王、謝，寥寥已久。至唐而後，太宗大召名儒，得房、杜、王、魏之流，以成貞觀之盛。開元以來，科舉取士，得張九齡、韓修、裴度、韓愈之徒。宋興，太宗猶篤意儒學，始有范、韓、富、歐陽以及周、程、張、朱、黼黻大猷，闡明斯道。而皆僅見於名揚之一得，而皆非教育之所致。蓋所養非所用，所用非所養。俗吏以文法繩下，恬退者恥而不進，奔競者趨而不顧。升紬之異，視之一言一事之間，而決之立談之傾，烏在其為明揚之法哉？學校不過設徒，多卑污之闒茸之人。考課專事乎虛文，進退不由於德否。充貢之子而遣行役，固不知小學之方為何說，亦不知大學之教為何事，烏在其為教育之道哉？規模節目，疏密詳略，既與古人不同，而躬行心得，精粗誠偽，又與聖人迥異。臣愚以為明揚教育之法，惟三代以上可以參而通之。漢唐以下，明揚之法或有所得，而教育之效，概乎未之聞者，臣不欲為皇上陳之也。皇上但求之聖人之心，不假於後世之法，而後能合於聖人之道耳。

皇上欲考三禮之文，則《經禮》《曲禮》《儀禮》，戰國諸侯惡其害意已而去其籍，孔子之時，已有文獻不足徵之歎，至秦大壞。漢興，高堂生得《古禮》十七篇，河間王所得五十六篇，亦文同而字異。後以其所敘皆禮之儀，因名之曰《儀禮》。略舉其首篇，而謂所傳皆士禮者，非也。又謂《儀禮》非高堂生所傳，而篇數偶同，亦非矣。今日《儀禮》即古禮也。始《士冠・士婚禮》《士相見禮》《鄉飲酒禮》《鄉射燕禮》《大射禮》《聘禮》《公食大夫禮》《覲禮》《喪服禮》《士喪禮》《既夕禮》《士虞禮》《特牲饋食禮》《有司徹禮》，而「郊祀」

「明堂」「廟制」，大典多闕，使後世如聚訟焉。承訛襲舛，可勝歎哉！於是朱子晚而條理之，挈《儀禮》正經以提其綱，輯《周禮》《禮記》諸經有及於禮者，以補其闕，釐為家鄉邦國王朝之目，自天子至於庶人之禮，謂之《儀禮經傳通解》，而亦未及精詳，乃以屬之門人黃榦，而榦復為《通解續》焉。及其晚年，《祭禮》尚未脫稿，又以授之楊復，復始研精殫思，搜《經》摭《傳》，積十餘年，以《特牲饋食》《少牢饋食》為主經，而冠之《祭禮》之首篇。搜輯《周禮》《禮記》諸書，分為《經》《傳》以補其闕。綜之以《通禮》，首之以《天神》，次之以《地祇》，次之以《宗廟》，次之以《百神》，次之以《因祭》，次之以《祭物》，次之以《祭統》。有《變禮》，有《殺禮》，有《失禮》，並見之篇終。《郊祀》《明堂》《廟制》，皆折衷論定，以類相從，各歸條貫，使畔散不屬者，悉入於倫理，疵雜不經者，咸歸於至當，而始得為全書。西山真德秀，嘗稱為千載不刊之典矣。後又因朱子之意，取《儀禮》十七篇，悉為之圖，制度名物，粲然畢備。以圖考書，如指諸掌，庶幾集其大成者焉。近世臨川吳澄又取小戴《禮》而敘次之，取諸儒之說集為《纂言》，既屢易稿，而自謂《月令》《檀弓》尤為精密。其諸儒之中，科分櫛剔，以類相從，上下相承，文義聯屬。至其篇義，次第則《大學》《中庸》既為程、朱所表章，與《論語》《孟子》並為四書，固不容復次於《禮》篇；《投壺》《奔喪》，禮之正經，亦不容雜之於《記》。《冠婚》《鄉飲》《燕》《射》《聘義》，正釋《儀禮》，別輯為《傳》，以附於《經》。此外，猶三十六篇，曰《通禮》者九，《曲禮》《內則》《少儀》《玉藻》，通記小大儀文，而《深衣》附焉；《月令》《王制》專記國家制度，而《文王世子》《明堂位》附焉。曰《喪禮》十有一，則喪之義也。曰《祭禮》者四，則祭之義也。曰《通論》者十有二：《禮運》《禮器》《經解》為一類；《哀公問》《仲尼燕居》《閒居》為一類；《坊記》《表記》《緇衣》為一類；《儒行》自為一類；《學記》《樂記》，其文雅馴，非諸儒篇之比，故以為是書之終焉。自謂篇章文句，秩然有倫，先後終始，頗為精審。考《禮記》之文，亦庶幾矣。若夫《周禮》，朱子嘗謂其廣大精微，周家法度，盡在此書。而蘇穎濱以為秦、漢諸儒以意損益之者眾矣，非周公之完書也。誠哉是言！周之西都，今之關中，短長相補，不過千里，古今一也。而今《周禮》王畿，四方相距千里，則其畿內遠近諸法皆空言也。孟子曰：「天子之制，地方千里，公侯百里。」而今《周禮》諸公地方五百里，諸侯四百里。鄭氏謂周公斥大九州，始皆益之，尤謬論也。公邑必井，鄉遂必溝，是立法以強人也。五峰胡氏謂今《周禮》《五官》之外，更有《治典》，劉歆之妄也。《天官》有「宰夫考都鄙縣，失財者誅，長財者賞。」此劉歆欲使上下交征也。《天官》「甸師喪事，代王受眚」，楚昭、宋景之所不為也。官正比宮中之官，府去其寄柔之民，是簾陛不嚴矣。士庶子衛王官，示人不廣矣。內宰建國，左右立市，豈王後之職？後有好事於四方，則安用君矣？以隱宮刑餘，近日月之側，內祝掌宮中禳會之事，此亂亡之事。甚矣，歆之誣周公也！九嬪世婦，內政女功，后夫人之職也。而王安石以為統於冢宰，悖理莫甚焉。王者，以天下為家，乃有王之金玉良貨賄之藏，四方之獻，共王之好賜，是以恒靈之事罔成王而誣周公也。司喪有九官，膳夫有十官，醫師有五官，皁隸之作亦置五官，皆執技以事上役於人者，而以為冢宰進退百官之屬，夫豈周公之制哉？蓋其為書，一壞於歆，再壞於蘇綽，又再辱於安石之手，其間改易舊文者多矣。其所載之禮，皆當有所定正而後可也。幸而中經朱子、楊氏、吳氏之所考訂，今亦庶幾焉。他如杜佑之書，與唐開元《禮曲臺禮》，宋之《開寶通禮》，賈昌朝《太常新禮》，蘇洵《太常因革禮》，伊洛《遺禮》，陳祥道《禮書》，朱子亦嘗喜其博者，皆當取以輔翼二書，而立之學宮，傳之天下，可以為萬世之法矣。

若夫定黃鐘之律，尤本於皇上之一心。致中而天地自位，致和而萬物自育。所謂心正而天地之心亦正；氣順而天地之氣亦順。天地之和順應，而候氣之法可用。氣正而尺度均，尺度均而中聲得，可以制黃鐘之律。而黃鐘之律，其長九寸，中分釐毫絲忽，皆以九為度。故九寸，八十一分，七百二十九釐，六千五百六十一毫，五萬九千四十九絲，五十三萬一千四百四十一忽者，黃鐘一律之長也。又置一而三乘之，得十七萬七千一百四十七之全數。三分損益，以生十一律，而各得其管之長短。由是被之以五聲，為十六調，又使其不相凌犯也，用正律、正半律，變律、變半律。亦三分損益，以生徵、商、羽、角、變宮、變徵，均之為八十四調，則清濁高下相濟，而庶幾八音克諧，此固制作之先務，尤在皇上以和致和也。若秦、漢以來，尺牘隳廢，中聲不定，或求之累黍，而有圓橢之殊，或求之指尺，而有短長之異。代變新樂，議論紛紜，皆徒事其末，而不求其本；求之外，而不求之內，安能定黃鐘之律，以極制作至盛哉？

若夫樂書之闕，則《樂記》一篇可以為樂經，而宋太常博士陳暘所撰《樂書》，亦可刪繁蕪以附其後。若宋之《景祐大樂》《皇祐樂記》，蜀人房庶之《樂書補亡》，蔡元定之《律呂新書》，吳仁傑之《樂舞新書》，皆可考正輔翼之，以追咸英韶濩於千載之上，以熙天地民萬物於泰和之中，以明聖賢道學於千萬世之下者，實在於皇上之一心也。且漢文帝有其質，而謙讓未遑也；唐太宗有其才，而功利害之也；宋太祖有其志，而泥於言語文字之末；真宗溺於誇詐，仁宗偷於燕安。數千年之機會，非有待於今日歟？然皇上所以策臣者，皆禮樂之文也。禮樂之本，臣實深有望於皇上也。心中斯須不和不樂，而鄙詐之心入之矣；外貌斯須不莊不敬，而慢易之心入之矣。況人主一心，萬化之原，萬事之幹，萬物之休戚所由關，萬幾之治所由繫，千萬年聖人道統之所由，繼中兩間而立，為三才之主宰，可不以聖人全體大用之道任之於身而力行歟？

請因聖問所及者，統而論之，則論黃帝堯舜之道，而探其精微之蘊者，聖學之全體也。明於天之經，察於地之義，周於萬物之務者，聖學之大用也。非聖人之道，不足以為學；非聖人之學，又何以明斯道也哉？又因聖問所及，析而言之，亦各有體用焉。明於天之經，曰欽曰敬為體，而器數之屬為用焉；察於地之義曰祗曰德為體，而政治之事為用焉；周於萬物之務曰中曰極為之體，而三德八政為用焉；興學校必以躬行心得為體，而以教育之方為用焉；作禮樂必以和敬為體，而儀文度數為用焉。聖道之體用，固無不在矣。然必在知之至而行之篤，而後體之具而用之全。必其時與學俱進，德與位俱隆，而後先黃帝堯舜而聖者，質之此心而無愧；後黃帝堯舜而聖者，揆之此道而無異。推之四海而準，傳之萬世而信。窮天地，亙古今，四三皇，六五帝，而不失天下之顯名也。惟皇上其留意焉。

臣謹對。

附御批：

貫通經史，洞達天人。有講習之學，有忠愛之誠。擢魁天下，昭我文明。尚資啟沃，惟良顯哉。（《曾棨集》卷首）

二、羅倫試策

（一）成化二年（1466）丙辰科殿試制策

朕惟古昔帝王之為治也，其道亦多端矣。然而有綱焉，有目焉，必大綱正而萬目可舉也。若唐虞之治，大綱固無不正矣，不知萬目亦盡舉歟？三代之隆，其法寖備，宜乎大綱正而萬目舉也。可厲指其實而言歟？說者謂漢大綱正，唐萬目舉，宋大綱亦正，萬目未盡舉。不知未正者何綱，未舉者何目，與已正已舉之綱目，可得而悉言歟？我祖宗之為治也，大綱無不正，萬目無不舉，故無異於古昔帝王之治矣，亦可得而詳言歟？朕嗣承大統，夙夜惓惓，惟欲正大綱而舉萬目，使人倫正於上，風俗厚於下，百姓富庶而無失所之憂，四夷賓服而無梗化之患，薄海內外，熙然泰和，可以爭光祖宗，可以匹休帝王，果何行而可，必有其要。諸士子學以待用，其於古今治道，講之熟矣。請明著於篇，毋泛毋略，朕將親覽焉。（張朝瑞《皇明貢舉考》卷四）

（二）羅倫對策

臣對：臣聞居天下之大位，必致天下之大治；致天下之大治，必正天下之大本；正天下之大本，必務天下之大學。堯舜禹湯文武之位，天下之大位也；堯舜禹湯文武之治，天下之大治也；堯舜禹湯文武之心，天下之大本也；堯舜禹湯文武之學，天下之大學也。有其學然後能正其心，有其心然後能致其治，有其治然後能保其位。治也者，帝王保位之良圖；心也者，帝王出治之大本；學也者，又帝王正心之要道也。古先聖王知其然，是以堯學於君疇，舜學於務成昭，禹學於西王國，湯學於成子伯，文王學於鉸時子，武王學於虢叔，其所以精一此學，維持此心者，無不至也。故德澤加於當時，名聲垂於後世，功高天下，名並日月而不可及。自漢而唐，自唐而宋，其間英君誼辟，非不欲致治如唐虞三代。志士仁人，非不欲致君為二帝三王。然寥寥千載，未有一二庶幾乎此者。或君有可學之資，有欲學之志，而不遇其臣，如高祖之於蕭、曹，太宗之於房、杜，神宗之於安石，是非其君之罪也。或臣有匡國之才，有格君之學，而不遇其君。如賈董之於漢，陸贄之於唐，二程朱子之於宋，是非其臣之罪也。此君臣相遇，自古以為難，而有志之士所以扼腕憤歎而不能自已也。此漢所以止於漢，唐所以止於唐，宋所以止於宋，而不能唐虞三代者，此也。臣每見前史，見君有向學慕道之心，而臣不能成之，則悲其為臣。臣有匡國致君之學，而君不能用之，則悲其為君。陛下繼祖宗列聖之位，即堯舜禹湯文武之位也。稟天縱聰明之資，即堯舜禹湯文武之資也。治已至矣，猶以為未至。德已盛矣，猶以為未盛。乃萬機之暇，進臣等於廷，降賜清問，首詢唐虞三代，下逮漢唐宋諸君，惓惓欲正大綱舉萬目，以明人倫，以厚風俗，以富庶百姓，以賓服屬國，以增光祖宗，匹休帝王。臣有以知陛下此心，即堯舜禹湯文武之心也。陛下之有此心，非特臣之幸也，實宗廟社稷之幸，天下生靈之幸也。臣敢不以堯舜禹湯文武之所學者，為陛下勉哉！昔范祖禹上《帝學》八卷，以為自古治日常少，亂日常多，推原其故，由人主不學也。朱熹將入對，或曰：「正心誠意之學，上所厭聞。」熹曰：「某平生所學在此，若有所迴護，是欺君也。」

陛下有志於唐虞三代之治，而無漢唐宋諸君之失，固無不學之心，亦非厭聞正心誠意之說者，臣敢不以平生之所學者告陛下，而自陷於欺君之罪哉！使愚臣於此，犬馬之誠有未盡，芻蕘之言有或隱，上負朝廷，下負所學，臣恐後之悲今者，無異於今之悲昔也。臣請因聖問，而畢言之，陛下試垂聽焉。

臣聞道之大原出於天，是道也，極於至大而無外，入於至小而無內。語其大也，則為父子、為君臣、為夫婦、為長幼朋友之倫，若網之有綱，所以根柢乎人心，紀綱乎世道，乃天地之常經，所謂為治之大綱也。語其小也，則為禮樂、為刑政、為制度、文為之具，若綱之有目，所以扶植乎三綱，經緯乎國體，乃古今之通誼，所謂為治之萬目也。是道之綱，非吾心主宰之，則無自而正，是道之目，非吾心維持之，則無自而舉。此心也者，又所以主於身而為正大綱舉萬目之根本也。心雖主宰乎是綱，非學則有所惑，綱何從而正？心雖維持乎是目，非學則有所蔽，目何從而舉？此學也者，又所以正其心而為正大綱舉萬目之根本也。大綱不正固不可以言治，萬目不舉亦非盡善之道也。故古昔帝王之治，其道雖多端，然必大綱既正而萬目兼舉。若堯之肇唐，舜之起虞，禹之創夏，湯之建商，文武之造周，皆不能外乎此也。在堯之時，親睦九族以廣愛敬之恩，釐降二女，以正閨門之禮，館甥二室，以厚朋友之倫，堯之大綱無不正也。在舜之時，底豫瞽叟，而父子之位定；克諧傲象，而兄弟之化成；刑於二女，而閨門之儀肅，舜之大綱無不正也。欽若昊天，敬授人時，命羲和以秩東作，命羲叔以秩南訛，命和仲以平西成，命和叔以在朔易，命鯀以治洪水，命四嶽以明揚側陋，允釐百工，咸熙庶績，萬目之舉於堯，何如也？察璣衡以齊七政，舉祀禮而朝諸侯，命四嶽以明四目、達四聰，命十二牧以修內治、服遠人，命禹以宅百揆，命契以敷五教，命皋陶以明五刑，命伯夷、後夔以作禮樂，命龍作納言。四方風動，庶政惟和，萬目之舉於舜，何如也？唐虞之大綱無不正，萬目無不舉如此，豈徒然乎。本於堯舜之心，惟務大學，以正其大本也。不寶淫泆，不視玩好，而允執其中，堯之學也。罔遊於佚，罔淫於樂，而允迪厥德，舜之學也。使唐虞之君，不事乎此，則學有未至，而大本不立矣。綱何自而正，目何自而舉哉？其在禹也，典常之率由，彝倫之攸敘。其在湯也，舊服之載纘，人紀之肇修。其在文武也，麟趾以厚公族，棠棣以燕兄弟，鹿鳴以饗群臣，樛木思齊以嚴閫教，故其子孫，或敬承繼禹之道，或布德服禹之跡，或率乃祖攸行，或鑒先王成憲，或篤敘正父，或對揚光命，或率德以蓋前人之愆，或脫簪以輔中興之治。此三代之所以正大綱也。其養民也，夏以貢，商以助，周以徹焉。其教民也，夏曰校，殷曰序，周曰庠焉。其制刑也，夏有禹刑，殷有湯刑，周訓祥刑焉。其建官也，夏商官倍，亦克用乂。周人六典，阜成兆民焉。其作樂也，禹作大夏，湯作大濩，武作大武焉。其正朔也，夏建寅，商建丑，周建子焉。其習尚也，夏尚忠，商尚質，周尚文焉。三代之大綱無不正，萬目無不舉如此，豈徒然乎！本於禹湯文武之心，惟務大學，以正其大本也。祗臺德先，不自滿假，懋昭大德，不邇聲色，禹湯之學也。不盤遊田，緝熙敬止，不作無益，克慎明德，文武之學也。使禹湯文武不從事乎此，則學有未至，而大本不立矣，綱何自而正，目何自而舉哉？此堯舜禹湯文武惟能務天下之大學，以正天下之大本，所以能致天下之大治。

三代而下，漢唐宋諸君雖有天下之大位，而不能務天下之大學，所以天下之大治卒不能致也。漢就高祖言之，如發義帝之喪，戮丁公之叛，庶乎明君臣之義。高四皓之名，割肌膚之愛，庶乎全父子之恩。立白馬之盟，定同姓之封，庶乎廣昆弟之愛。故繼世之君，子不敢叛其父，弟不敢制其兄，婦不敢駕其夫，臣不敢專其君。豈不由高祖之作則哉，此其大綱可謂正也。然其養民也，阡陌之壞未久，而井田之制不復；其教民也，坑焚之禍未久，而學校之制不復；郡縣之設未久，而封建之制不復；五禮六樂之廢未久，而禮樂之制不復。此其萬目未盡舉也。況兄弟不容，兆於羹頡之錫封；夫人同席，兆於戚姬之見寵；大將見殺，兆於韓彭之葅醢。先儒謂漢大綱正，以臣觀之，漢之大綱亦未能盡正如唐虞三代也。漢非惟萬目未盡舉，而大綱亦未盡正，以其或不事於詩書，或溺於黃老，或雜於刑名，或荒於土木神仙，而聖學也雜。聖學既雜，則大本不立，何怪其大綱之未盡正，萬目之未盡舉哉！唐就太宗言之，脅父臣虜，逼奪神器，父子之親何在？推刃同氣，蹀血禁門，兄弟之義何在？納巢剌妃，媚武才人，閨門之禮何在？故繼世之君，子攝兵叛其父，臣攝兵叛其君，婦駕其夫，兄戕其弟，豈不由太宗之作俑哉？此其大綱可謂不正也！然設府衛之法，彷彿古人寓兵於農之意；設覆奏以審刑，彷彿古人欽卹之意，此其萬目可謂能舉也。然法令之行，比之先王未純也；田疇之制，比之先王未備也；學校之教，比之先王未盛也；禮樂之具，比之先王未修也。先儒謂唐萬目舉，以臣觀之，唐之萬目亦未能盡舉如唐虞三代也。唐非惟大綱不正，而萬目亦未盡舉如此，以其或蔽於異端，或荒於游畋，或錮於女色，或甘於小人，而聖學也怠。聖學既怠，則大本不立，何怪其大綱之未盡正，萬目之未盡舉哉！宋就太祖言之，其厚兄弟也，金匱之書，千古不磨，神器之重，一朝脫屣。其厚勳舊也，杯酒解柄，終全勳名，雪夜再幸，不改殊恩。其待臣下也，鞭扑不行於殿陛，罵辱不及於公卿。其嚴閫範也，內言不出於外，私恩不害於公，故繼世之君，持盈守成，家庭之間，雖不能匹休乎麟趾之盛也，而操戈之事則未聞。閨門之內，雖不能齊美乎關雎之化也，而聚麀之恥則未有。此其大綱亦云正也。然制度頗因五代之舊，不能復先王之制。勸課農桑，美則美矣，視三代養民之制何如？修廣學校，盛則盛矣，視三代學校之制何如？禮樂紛諸儒之喙，視三代制禮樂之遺意何如？兵財由朝廷之制，視三代制兵財之遺法何如？以至贓吏之戒不嚴，敗軍之法不立，設官之制太冗，任子之恩太濫，此其萬目亦未盡舉也。先儒謂宋大綱亦正，萬目未盡舉，以臣觀之，黃袍加身，未免來人之公議；燭影避席，未免起人之疑心；德昭之死，未免不厭夫眾心；郭后之事，未免有疵於盛德，則宋之萬目固不舉矣，而其大綱亦豈盡正乎？宋之諸君見於行事如此，雖曰夜分讀書，未免徒侈乎虛名；雖曰炎暑談經，未免不關乎實踐。聖學既無其實，則大本不立矣。其大綱之未盡正，萬目之未盡舉，又何怪其然哉。漢唐宋所以不能致唐虞三代之治，皆由大學不講，大本不立故也。

我太祖高皇帝龍飛淮甸，混一區宇，心堯舜禹湯文武之心，而大本以立；學堯舜禹湯文武之學，而大學以明。故以其大綱之正言之，觀其祭畢便殿，泣下不止，遣祭皇陵，哀感不勝，則我太祖之聖孝，一虞舜之大孝，周武王之達孝也。觀其剖符錫壤，建封諸王，上衛國家，下安生民，則我太祖之親睦，一虞舜之敦敘九族，周武王之時庸展親也。觀其君臣同遊之言，則與唐虞之都俞籲咈，商周之左右篤棐同一揆也。觀其申明五常之誥，則與唐虞之敦典庸禮，商周之建中建極同一揆也。大綱之正，有不如唐虞三代者乎？以萬目之舉言之，則法井給民之言，互知丁業之戒，與古人重農之意相出入也。學校教民之制，鄉飲勵俗之禮，與古人立教之意相表裏也。內設六卿以總治天下，外設布政司以分理郡邑；內設都察院以肅朝廷之紀綱，外設按察司以為四方之耳目，則其治官之意，庶幾乎古人六卿九牧相倡和也。兵部帥府相繼於內，而將帥無偏重之勢，布按都司相制於外，而藩鎮無專恣之患，則其制兵之意，庶幾乎古人司徒司馬相統屬也。命牛諒以制禮，則斟酌先王之典，以還中國之舊；命陶凱以制樂，則務宣和平之意，而屏褻狎之習。萬目之舉，有不如唐虞三代者乎？列聖相承，心太祖之心，學太祖之學，聖德日新而無不正之綱，聖化日廣而無不舉之目。然法久則弊自生，世久則俗自降。故人倫有不明，風俗有不厚，而我祖宗之綱目漸以倫斁，百姓有不富，屬國有不服，而我祖宗之綱目，漸以乖張。

陛下嗣承大統於茲三年，夙夜惓惓，惟此之慮。陛下此心，即堯之兢兢、舜之業業、禹之孜孜、湯之栗栗、文王之翼翼、武王之無貳之心也。然自即位以來，躬行大孝以先天下，已有意於明人倫，而人倫至今猶未明。斥去邪佞，禁制奢侈，已有意於厚風俗，而風俗至今猶未厚。躬耕籍田，蠲免租稅，已有意於富庶百姓，而百姓至今猶未富庶。簡練將帥，嚴飭邊備，已有意於賓服屬國，而夷狄至今猶未賓服。陛下有堯舜禹湯文武之心，而不能致堯舜禹湯文武之治，意者陛下於堯舜禹湯文武之學有未至乎？何其心之惓惓，而傚之邈邈也。臣請為陛下熟言之。以陛下望治之切，求治之篤，必憤發於中，憂形於色，而惓惓之誠，益有所不能已也。夫天下之事，未有不行於上，而行於朝廷者；也未有不行於朝廷，而行於天下者也。

以人倫言之，今公卿大臣，雖軒墀之內，有霄壤之隔。是非不及於面諭，則腹心無所託，而下情不得以上通。可否惟出於內批，則耳目有所蔽，而上心不得以下究，何有乎君臣相親之義也？陛下誠能體腹心手足之義，略崇高貴重之勢，召見不時，諮訪非一，使願輸忠悃者得以獻其誠，務為蔽欺者無以施其詐，則君臣之化行於天下，而無有不厚也。閭閻小民，忍心害理生則私妻育子，別籍異財，曾禮義之不知；死則食稻衣錦，火葬水瘞，曾禽獸之不若，何有乎父子相愛之恩也？陛下誠能望陵興哀慕之悲，致養勤定省之誠，公卿守終制之典，士夫嚴匿服之禁，則父子之化行於下，而無有不親也。隔形骸而分秦越，弟或戕其兄，同門戶而設藩籬，幼或賊其長。何有乎兄弟之愛也？陛下誠能厚同氣之恩，廣友於之愛，嚴犯上之律，敦敬長之風，則兄弟之化行於下，而無有不愛也。妾媵無數，庶人僭公侯之分；婚娶論財，嘉禮啟貪鄙之風。何有乎夫婦之道也？陛下誠能則關雎之化，正宮闈之禮，申明婚嫁之式，定著妾媵之數，則夫婦之化行於下，而無有不正也。所貪者利祿，誰同心而相濟？所附者權勢，誰同道而相益？落阱下石者紛如，貽書爭諫者寂若，何有乎朋友之交也？陛下誠能親君子之朋，遠小人之黨，燭擠陷之奸，獎協恭之正，則朋友之化行於下，而無有不善也。人倫之明自於上，非務學不能知。臣願陛下惓惓聖學以正大本，急求所以明倫之道，則人倫庶乎可明，無異於唐虞三代也。

以風俗言之，朱扉一開，燕鵲駢集，諛佞詭隨者，名之曰變通；緘默自便者，目之曰忠厚；直言正色者，非之曰矯激；持心操節者，刺之曰干名，此士夫之風喪也。陛下誠能塞奔競之門，杜諂諛之口，獎名節之士，張正直之氣，則士夫之風振矣。庶人帝服，娼優後飾；雕楶畫棟，惟恐其不華；珍饈綺食，惟恐其不豐；錦繡金玉，惟恐其不多；姝色麗音，惟恐其不足；此奢侈之風盛也。陛下誠能躬節儉之實，抑浮靡之費，重僭踰之罪，定上下之等，則奢侈之風降矣。典學校之教者，尸虛位而無實行；由科貢之途者，飾虛譽而乏實才，此學校之風衰也。陛下誠能重師儒之任，使無實行者不得以濫叨；嚴科貢之選，使無實才者不得以倖進，則學校之風興矣。珠宮梵宇，照耀雲漢，髡首黃冠，充斥道路，此道佛之風熾也。陛下誠能監梁武、宋宗之失，斥禍福、報應之論，惟崇乎正道，毋惑於邪說，則道佛之風熄矣。苞苴一入，賤可使貴，賄賂一通，滯可使達，贓貨載歸，里閭稱慶，琴鶴自隨，妻子怨讟，此貪贓之風盛也。陛下誠能綜覈名實，督行勸懲。廉介者必彰而無隱，貪墨者必誅而無赦，則貪贓之風止矣。風俗之厚自於上，非務學不能知。臣願陛下惓惓聖學，以正大本，急求所以厚風俗之道，則風俗庶乎可厚，無異於唐虞三代也。

以言乎百姓之失所，則徵求極於錙銖，而漏卮於寵幸之費；苛斂至於毛髮，而尾閭於異端之奉，此吾民之困於賦斂者可恤也。徵舸貢艦，動連千夫，工匠輿臺，延及數戶，此吾民之困於征徭者可恤也。田連阡陌，利累羊羔，家雞圈豕，惟其所啖，此吾民之困於豪家巨室者可恤也。囊帛籯金，飫鮮醉醲，市虎門妖，恣其所欲，此吾民之困於貪官黠胥者可恤也。刦掠踐蹂，雞犬一空，脅持抑逼，肝腦塗地，此吾民之困於兵戈盜賊者可恤也。父食其子，夫鬻其妻，壯者散於四方，老稚轉乎溝壑，此吾民之困於飢饉流離者可恤也。百姓之失所，固可恤矣。然恤之有其道焉，大要在於重守令，急務在於節財賦。守令者，民之父母。守令不重則好民之所惡，惡民之所好，豪猾由此而橫，盜賊由此而起。財用者，民之命脈。財用不節，則以一而科百，因十而斂千，賦斂由此而苛，征徭由此而濫。欲重守令，在於慎選科貢，疏理冑監，嚴勵風紀，精立銓法。欲節財賦，在於簡閱軍士，沙汰冗官，杜抑私愛，斥絕異端。科貢既慎，則專圖僥倖者不得以倖進。冑監既理，則苟延歲月者，不得以幸選。風紀既嚴，則貪濁有狀者，不得以幸免。銓法既精，則文理不達者，不得以幸用，政績不聞者不得以幸遷，而守令自重矣。軍士既閱，則老弱無能者不得以幸食。冗官既汰，則備員充位者不得以幸祿。私愛既杜，則貴戚近習之屬不得以幸賜。異端既斥，則佛老邪怪之徒不得以幸干。而財用自節矣，何患百姓之不富庶哉！百姓之富庶自於上，非務學不能知。臣願陛下惓惓聖學，以正大本，急求所以富庶之道，則百姓庶乎可富而無異於唐虞三代也。

以言乎軍政之宜修，則河套難復，羌黠於西，變詐之不測，侵掠之不常，驅之不足於兵，守之不足於食，此西方之邊事可慮也。阻山川以為固，結流民以為援，鬼出神沒，蜂屯蟻聚，此荊襄之諸寇可慮也。丹崖千仞，青壁萬重，攻之則據險，守之則廢時，此兩廣之諸寇可慮也。團聚山砦，流俘鄉邑，我進則彼去，我退則彼來，此川蜀之諸寇可慮也。夷狄之梗化，固可慮矣。然服之有其道焉，大要在於修內治，布恩信；急務在於擇將帥，足兵食。內治不修，則根本不固。恩信不立，則人心不服。將帥非人，則敵人不畏，士卒不附。兵食不足，則士氣不振，眾心不守。欲修內治，在於戒逸樂，足民用，任君子，退小人。欲布恩信，在於宥脅從，綏降款。欲得將帥，在於收人望，專委任，戒欺罔。欲足兵食，在於廣屯田，增士兵。逸樂既絕，則主心日正。民用既足，則邦本日固。君子既用，則群策日陳。小人既退，則奸弊日銷。脅從既宥，則叛亂日懷。降款既綏，則歸附日眾。人望既收，則將才日至。委任既專，則將士日奮。欺罔既戒，則賞罰日明。屯田既廣，則儲蓄日富。士兵既增，則兵力日振。何慮屬國之不賓服哉。夷狄之賓服自於上，非務學不能知。臣願陛下惓惓聖學，以正大本，急求所以賓服之道。則屬國庶乎可服而無異於唐虞三代也。

嗟乎！陛下惓惓於唐虞三代之治，而臣惓惓勉陛下以唐虞三代之學者，誠以大綱之未正，臣不憂也；人倫之不明，風俗之不厚，臣不憂也；百姓之未富庶，夷狄之不賓服，臣不憂也。臣所憂者，陛下之大本雖已正矣，或不能如堯舜禹湯文武之光明；陛下之大學雖已講矣，或不能如堯舜禹湯文武之精一！陛下由臣之言，持惓惓圖治之心，致惓惓為學之力，如堯舜，如禹湯，如文武，則天理日明，人慾日消。妖豔之色，淫哇之聲，不足以蕩此心；便辟側媚之言，不足以蠱此心；神怪佛老異端之說，不足以惑此心；沉湎荒淫盤遊之事，不足以荒此心；華麗珍怪奇玩之物，不足以侈此心；土木刑名征伐之類，不足以雜此心，而大本立矣。大本既立，由是大綱可正，萬目可舉，人倫由是而可明，風俗由是而可厚，百姓由是而可富庶，夷狄由是而可賓服，薄海內外由是而可熙然太和，宗廟由是而可以永安，神器由是而可以永保，聖壽由是而可以永延，祖宗列聖由是而可以增光，二帝三王由是而可以匹休。而漢唐宋諸君不足以望陛下之下風也。若大本不立，則雖疲精憊神，以求正夫大綱，舉夫萬目，以遂數者之效，而快陛下之心，亦將徒為文具，而天下之事，無一可為者矣。此臣所以欲陛下從事於學也。然臣之所謂學者，非稽同合異以為博也，非鉤深致遠以為奇也，非繡章繪句以為美也。臣之所謂學者，即《大學》之道也，是學也，即堯舜禹湯文武之所學者也，其目有八，而各有其要。平天下治國齊家之要，在於修身。修身之要，在於正心誠意。正心誠意之要，在於致知、格物。宋儒衍繹其義，以進告其君齊家之要有四：曰重妃匹，嚴內治，定國本，教戚屬。修身之要有二：曰謹言行，正威儀。誠意正心之要有二：曰崇敬畏，戒逸欲。格物致知之要有四：曰明道術，辨人才，審治體，察人。是書也，乃先聖之心法，萬古之元龜，制治之良圖，保邦之大道。陛下必惓惓於此，晝而誦之，夜而思之，親近儒臣，質問疑義，毋徒事虛文，毋徒應故事，毋徒聞之於耳而不識之於心，毋徒聽之於人而不復之於已，毋徒能之於始而或忽之於終，毋徒講之於百辟雲集之時，而即棄之於宮闈深嚴之地，毋以朝夕而有間，毋以寒暑而有輟。或摘其要語而列之屏幃，或參以祖訓而銘之座右，考之於經，證之於史。如某事也，古人以之而治，以之而安，以之而興，以之而壽，即惕然以省曰：吾今日之所行有合於此者乎？如某事也，古人以之而亂，以之而危，以之而亡，以之而夭，即惕然以省曰：吾今日之所為有類於此者乎？念念在此，此念之外無它念。事事在此，此事之外無他事。如是然後可謂之惓惓也。如是然後所存必正念，所出必正言，所行必正道，所親必正人。如是然後身無有不修，家無有不齊，國無有不治，天下無有不平也！

嗟乎，人主之心，未嘗不好治而惡亂也，好安而惡危也，好盛而惡衰也，好壽而惡夭也。然治常少，亂常多；安常少，危常多；盛常少，衰常多；壽常少，夭常多，往往違其所好，蹈其所惡！夫豈其本心哉！以不能惓惓於學，而陷於不知故也。如人之療病，未嘗不欲其生，而卒至於死者，亦豈其本心哉！以方書不熟，而用藥不精故也。方今天下之勢，如人受病，非不枵然且大形猶人也。內自心腹五臟，外達四肢百骸，無一毛一髮不受病者。識者以為寒心，而庸醫委之曰安，病者不悟其非，和之曰吾無病也。昔扁鵲見齊桓侯曰：「君有疾，不治將深。」桓侯曰：「寡人無疾。」如是者三，扁鵲望見桓侯而走。後五日桓侯病作，召扁鵲，扁鵲已逃去。臣願陛下以本心為元氣，以賢臣為明醫，以古聖賢經史、祖宗寶訓所載之言為古方、為藥石，懼病之將深而預治之，信任明醫，熟閱古方，深察脈理，精擇藥石，節嗜欲，慎防護，日調理其元氣，急求病根之所在而剗除之，則元氣日固於內，邪氣不攻於外，則百病自消，天年自固。何憂壽不如堯舜，不如禹湯，不如文武者乎？及今猶可為也，及今不為，臣恐扁鵲望之而走矣，雖噬臍無及也。唐虞三代與我祖宗列聖之大綱無不正，萬目無不舉，元氣本固，客邪難入，病無自而生也。漢唐宋之或大綱正而萬目不舉，或萬目舉而大綱不正，元氣未固，客邪易奸，隨病而施藥者也。

自唐虞而三代，自三代而漢唐宋，用是道則治，不用是道則亂；用是道則安，不用是道則危；用是道則盛，不用是道則衰；用是道則壽，不用是道則夭；用是道則延長，不用是道則短促。然則是道也，乃世道治亂之所繫也，社稷安危之所關也，風化盛衰之所由也，人主夭壽之所本也，國祚長短之所在也。陛下可不大儆於心乎？《易》曰：「正其心，萬事理。差之毫釐，繆以千里。」董仲舒告武帝曰：「尊其所聞則光明矣，行其所知則高大矣。」高大光明，不在乎他，惟在乎加之意而已。臣願陛下加意於臣之言，毋如武帝不加意於仲舒之言也。蘇軾對仁宗曰：「天下無事，則公卿之言輕如鴻毛；天下有事，則匹夫之言重如丘山。」今天下不可謂無事矣，臣願陛下不視臣言如鴻毛，而視臣言如丘山，則天下幸甚，生民幸甚。

臣俯拾芻蕘，上塵天聽。不勝戰慄之至。臣謹對。(《明代狀元史料彙編》)

三、劉繹狀元試策

(一)道光十五年(1835)乙未科殿試制策

朕寅紹丕基，撫綏方夏，仰荷昊穹篤祜，列聖垂庥，函夏鏡清，黎民康乂。庶几上理克臻，躋群倫於仁壽之域，兢兢業業，彌切疇諮。惟恐敬德之未昭，戎律之未嫻，民俗之未醇，轉輸之未利，宵旰講求，冀聞讜論。爾多士對揚伊始，庶明化道，以贊大猷，諮汝昌言，其敬聽朕命。治法莫盛於唐虞，《典謨》所載，一則曰惟危惟微，一則曰無怠無荒。自古帝王，未有不謹小慎微，允迪厥德，而能底久安長治之庥者也。三代而下，如漢之文景，唐之文皇，稱極盛矣，而治終不及古，將世變不同，抑所尚各異耶？《大學》之教，統內聖外王而歸於修身。真德秀《衍義》一書，略外而詳內，豈有說歟？保泰之道，在於謹幾，《論語》寬信敏公之旨，有與經義相發明者歟？清淨可以致治，而高談名理者，或長浮華；兢業所以揆幾，而衡石傳餐者，難言政體。治忽之故，固當辨之於微歟？禹貢揆文，必兼奮武；周官立政，特訓詰戎。兵可百年不用，不可一日無備。古有搜苗獮狩之法，所以嫻步伐，習威儀也；漢有都試、都肄、都講、貙劉諸制，果名異而實同歟？唐太宗親臨閱射於顯德殿，賞勞有差，不誠以訓練諸政為亟亟歟？府兵彍騎，沿革若何？宋沈括論九軍政法，臧景陳馬射六事，明于謙創團操之議，王驥定練兵之制，皆可參酌用之歟？朕嚴飭武備，鼓勵戎行，直省督撫、提鎮宜如何隨時操演，加意稽查，老羸之必汰，惰窳之必懲，器械之必精，伍兩之必協，以期一兵有一兵之用歟？稂莠不去，嘉禾不生，王制所以嚴左道之誅，周禮所以設奇衺之禁也。夫愚民莫不自重其利，自愛其生，一惑於邪說，而金錢取以奉人，身家置之不顧，豈非守土之吏化導之不先歟？其初視為無害，姑息養奸；其後懼幹嚴譴，隱匿不報，為長吏者，其何以糾察之？漢之亭長、嗇夫，唐之里正、坊正，皆以里閈相習之人，察耳目至近之事，猶有閭胥、比長遺意。故詰奸之法，莫善於保甲。然王安石行之於宋，而民不勝擾；王守仁行之於明，而盜無所容，其故安在？張敞之治京兆，尹翁歸之治東海，枹鼓稀鳴，姦邪震懾，所以發奸摘伏者，果何道之從歟？漕運之法，其來尚矣。禹貢州末系河，即唐裴耀卿節級轉輸之所由昉，而法至漢唐而大備。漢仰漕於山東，唐仰漕於江淮，顧引渭穿渠之謀，不見於高文之時，而見於武帝之世；溯河入渭之說，不見於太宗之日，而見於代宗之後者，何歟？漕糧為天庾正供，挽粟飛芻，歲有常額，顧逾江淮而達京師，南則患河身之高仰，清水不能敵黃；北則患河流之微弱，湖水不能濟運。治河先於治漕，啟閉之節，疏濬之宜，瀦蓄之利，可不講歟？夫慎德所以圖治，講武所以衛民，除莠所以安良，治河所以利運，皆經國之遠猷，立政之要圖也。多士學古通今，蘊懷有素，其勉悉乃心，臚列見聞，詳著於篇，毋泛毋隱，朕將親覽焉。(《清實錄·道光十五年》)

（二）劉繹對策

臣對：臣聞建極者，綏猷之本，整軍者經武之規，防民者正俗之原，重粟者阜財之要。古帝王酌元御宇，錫福諴民，將欲嚴至德於肅雍，申明威於軍旅，令典昭而閭閻胥靜，民生厚而輸轉惟勤，則必本持盈保泰之心，以懋咸五登三之治。逖稽往牒，《易》微（「微」疑「孅」之誤）乾健，《詩》美師干，懸書特著於《周官》，咸賦備詳於《禹貢》。是故惟時惟幾聖德也，有嚴有翼神功也，相保相愛，引養引恬，安民裕國之善經也。仁聖道賅，粲乎同揆，所由亮敷天之業，豐壽世之規者，胥視此道耳。

欽惟皇帝陛下績懋修和，法詳簡閱，昭蕩平之正軌，普樂利之深仁，固已搶蜀嚴刑而舞干敷德，播琴化俗而納秸輸忱矣。乃聖懷沖挹，猶切勤求，攝細埌以崇山，導涓流而益海，進臣等於廷，而策之以慎德、講武、衛民、利漕諸大政。臣占畢庸愚，曷足以知體要？顧當時伊始之時，敬念敷奏，以言之義，敢不即平日所誦習者，藉攄葵藿之誠，用效芻蕘之猷乎？

伏讀制策有曰：保泰之道在於謹幾，而因推原夫治法心法所由懋。此誠聖學王道之大要也。臣維唐虞之世，危微傳心，怠荒進戒，千古之極立矣。三代哲王，世有令聞，曰「祗承」，曰「聖敬」，曰「緝熙」，曰「執競」，夫孰非謹小慎微，以允迪厥德？鋪觀載籍，其賾可探也。後世如漢文景、唐文皇稱極盛矣。然文帝治尚黃老，不克修先王之政，景帝遜焉；唐太宗雖有《帝範》之作，而其德終有慚於往古，固世變之不同，抑所尚之各異也。夫聖治之盛，即聖學之精。《大學》一篇，統內聖外王而歸於修身，持源握要，端本皇躬。真德秀《衍義》一書，綱舉四條：曰「格致」「誠正」「修身」「齊家」。意在以本貫末，故治平略焉。程《傳》於《泰》之九二，備陳處泰之道。蓋包荒則心體天地，道盡君師，而又斷以行之，明以周之，公以處之，無不合於中道。實與《論語》恭、寬、信、敏、惠之久相發明。先聖後聖，道法同源，雖世越千祀，而理本一貫。循帝王之軌，察治忽之幾，斷可識矣。皇上德本日新，治徵風動，修五品之常教，盛三雍之上儀，調玉燭而澤暢九垓，運璿而德流六幕，不允紹唐虞之治哉？

制策又以兵可不用，不可無備，而爰念夫器械必精，伍兩必協之政。臣謹按《周官》大司馬之職，蒐苗獮狩，立法綦詳；而置旌為門，覆盾為槷，車循軌，馬候蹄，其軼往往見於他說。夫善用兵者，取若拔𧆞，烈若掃葉，豈驍勇之特異？實訓練之有常。漢制，八月太守都尉令長丞會都試，課殿最，而《通典》有「十月都試」之文。其後，光武罷之。《禮儀志》載：立秋日肄兵習儀，用牲名曰貙劉，一曰貙膢，肄孫吳兵法六十四陣，名曰乘之，猶西京之都肄也。所謂陳虎旅於飛廉，正壘壁於上蘭，輶車霆激，驍騎電騖，雖鋪張之辭，可想見駢部曲列校隊之盛焉。唐初府兵之制，為三代以後良法，開元中更為彍騎，沿革之由，張馳斯寓，守沈括詳定郭固等所討論九軍陣法，謂九軍各占地利，又合為一大陣，中分四衢，如井田法。他如臧景陣馬射六事，明于謙分十營而團操，王驥綜五練以立制，所以講習而稽查者咸備也。我朝北征豫順，吉葉師貞，謀及於長治久安，慮周乎有備無患，際偃武之時，廑衛民之計，所由兔罝才美，鷺堠鳳清也與？

制策又以稂莠不去，嘉禾不生，而因思所以發奸摘伏，震慴邪慝。此尤致治保邦之至計也。臣考比閭族黨之法，師司八成之治，所謂防微杜漸，弭盜於未然者也。且夫盜之發也，始出於一時射利之意，繼或逞乎一時好勝之心。至於惑邪說，而金錢取以奉人，身家置之不顧，則陷溺日益深矣。為長吏者，其初視為無害，而姑息養奸；而後懼於嚴譴，而隱匿不報，則所以糾察之者，抑又疏焉。夫安良必先弭盜，而弭盜莫如保甲。保甲之設，源於《周官》。管子因而變通之，創執里連鄉之法，皆以里閈相習之人，察耳目近識之事，其法最為盡善。其後，亭長嗇夫稱於漢，里正坊正置於唐，猶此制耳。惟是有治法，尤貴有治人。王守仁行之南贛，而民以為便；王安石行之熙豐，而民不勝擾。夫豈有異術哉？蓋稽敫必協於畫一，而法令惟恐其紛更。至如龔遂守渤海，以散為彌；張敬治京兆，以用為彌。尹賞守長安，志在鋤奸；郭伋守穎川，意存安撫。是皆善於禁暴防民者也。聖朝保赤推恩，群黎遍德。美風俗，則學校如林；普樂利，則閭閻安堵；塗邪穢，則海宇鏡清。於以汴舞康衢，籲勺群慝，豈不懿與？

制策又以治漕濟運，必先治河，而因講求啟閉之節，疏濬之宜，瀦蓄之利。臣考《禹貢》州末系河，先儒以為運道。至於青達濟，揚達泗，荊止於南河，雍止於西河，此正唐裴耀卿節級轉輸之法所由昉。其時水通則舟行，水淺則寓於倉，法至美也。漢高帝時，漕運山東之粟，以給中都官。武帝時，用鄭當時言，引渭穿渠，起長安，修南山下至河三百餘里，而漕大便利。所謂通溝大漕，潰謂洞河是已。唐初，江淮漕租米至東都，輸含嘉倉，陸運至陝。至代宗以後，泝河入渭，而漕事益詳。其他四河通漕者，日汴河、黃河、廣濟河、惠民河。通河濬而南北之運常通。其疏清河之浦，鑿二洪之石，則明初平江之功，全河允賴焉。夫漕糧為天庾正供，逾江淮而達京師，南則患河身之高仰，漕水不能敵黃；北則患河之微弱，湖水不能濟運。求所以治河即治漕者，導之防之，成規具在。所貴任事者深究其順流，庶有濟耳。國家歲豐玉粒，軌順金堤，安流飛挽，洵與禹之明德俱遠矣。

若此者，治心者其學，奮武者其猷，保俗者其規，豐財者其政。以端王治，則三才之道備焉；以詳武略，則五權之法昭焉；以肅憲章，則四民之生遂焉；以興水利，則千倉之積盈焉。洋洋乎治邁鴻軒，祥呈象緯，蓋亙古獨隆矣！臣尤伏願皇上日新進德，天健昭行，本至誠無息之衷，臻累洽重熙之盛。辰居其所而無為，葉恭已之休，甲士奏功而有勇，獲強丁之用。編民已到臻善俗，而申命彌勤；高廩屢慶豐年，而辛祈猶切。於以奉三無，安九有，揚休於六寓，式化於八埏，則我國家億萬年有道之長視此矣。

臣末學新進，罔識忌諱。干冒宸嚴，不勝戰慄隕越之至。臣謹對。

御批：寫作俱佳，通榜無有出其右者。（錄自劉繹七世長孫劉啟明《劉繹——江西歷史上最後一位狀元》，自編本）